#MOIPRÉSIDENT

#MOIPRÉSIDENT

——

69 JEUNES LEADERS AFRICAINS DESSINENT LES CONTOURS DE L'AFRIQUE ÉMERGENTE

Montage et illustration : Knowdys Cameroun
Éditeur : BoD-Books on Demand,
12/14 rond point des Champs Élysées, 75008 Paris, France
Impression : BoD-Books on Demand, Norderstedt, Allemagne
ISBN : 978 -2-322-04383-5
Dépôt légal : Décembre 2015

Dans la même collection et du même auteur :

- Maroc-Afrique : ils ont trahi le roi
- 70 Chroniques de guerre économique

REMERCIEMENTS

De nombreuses personnes, toutes plus remarquables les unes que les autres, m'ont aidé à recueillir, à authentifier, et à partager les avis de jeunes leaders africains sur l'émergence de l'Afrique. Qu'elles préfèrent l'anonymat ou pas, le livre #MoiPrésident leur doit son existence.

Mes remerciements vont d'abord aux 69 jeunes leaders qui ont spontanément accepté de répondre à mes questions par le biais d'Africadiligence.com. Artistes, avocats, politiques, universitaires, entrepreneurs, écrivains, ou journalistes, ils ont joué le jeu de la transparence pour contribuer à produire un ouvrage pour l'Histoire. Ressortissants de 26 pays, tous ont l'ambition et le pouvoir de changer le monde en contribuant, de manière originale, à l'émergence de l'Afrique. Je ne doute pas que l'une ou l'autre, parmi ces jeunes leaders, devienne chef de l'Etat dans les prochaines années.

Toute ma reconnaissance à la formidable équipe d'Africadiligence.com qui a œuvré, avec professionnalisme, veillant à ce que chaque jeune leader sélectionné bénéficie d'un traitement juste. Je salue tout particulièrement l'enthousiasme et le dévouement de Martine Blot, Gaétan Awa Omgba, Eliane Djou, Benjamin Bessala Ombe, Franck Foute et Vanessa Beleng. Je pense également à Diane Ngoume Ewotti et Christian Batela dont les critiques nous ont été d'un apport considérable dans la rédaction du livre.

J'adresse des remerciements spéciaux à Diane Audrey Ngako, responsable des réseaux sociaux au *Monde Afrique*. En portant la campagne #MoiPrésident à l'écran, lors du journal télévisé de TV5 Monde du 15 septembre 2015, elle a donné à notre projet un écho totalement inattendu.

Ma sympathie va enfin à nos fidèles *followers* sur Facebook, LinkedIn, Twitter et Viadeo. Leurs nombreux « j'aime », *tweets*, *retweets*, autres partages et commentaires, ont contribué à créer le *buzz* autour de ce concept innovant, participatif et utile à la gouvernance du continent africain.

Que toutes et tous trouvent ici l'expression de ma plus sincère gratitude.

L'auteur

SOMMAIRE

INTRODUCTION

Quelle émergence pour l'Afrique ?

Dans les batailles que livrent les pays africains, sur les terrains de la guerre de l'information et de la contre-influence, se trouve celle de l'émergence. Conçues et imposées par des pouvoirs étrangers au continent, les conditions de l'émergence économique auront du mal à être remplies par les pays d'Afrique. Les Africains ont l'obligation de créer leur propre grille d'évaluation pour rendre compte de l'évolution intégrale de leurs sociétés. C'est l'effet final recherché par cet ouvrage.

Malgré les habituelles divergences de chapelle, la communauté des analystes financiers admet, de manière consensuelle, que l'expression « économies émergentes » a été utilisée pour la première fois en 1981 à New York. Sa paternité est en effet attribuée à Antoine Van Agtmael, un économiste néerlandais en service à la Société financière internationale, filiale du groupe de la Banque mondiale en charge du secteur privé. Au commencement, l'Afrique n'était pas au programme... L'expression qui faisait alors appel à un « fonds d'investissement pour le tiers-monde » visait davantage le bloc Brésil-Inde-Chine, bien loin du « quart-monde » africain...

À l'état actuel de la littérature scientifique, il n'existe aucune définition consensuelle de l'expression « Économie émergente ». C'est la raison pour laquelle les analystes sont contraints d'observer une « émergence » à conceptions diverses et visages multiples sur le continent africain. Trois principales caractéristiques s'en dégagent cependant. Pour qu'une économie soit dite « émergente », d'après la pensée dominante, il faut que le discours qui l'accompagne respecte trois paramètres : (i) le descriptif qui rend compte du taux de croissance ; (ii) le prescriptif qui invite à la libéralisation des activités économiques ; et (iii) l'évolutif qui marque le passage d'une économie dirigée à une économie ouverte aux échanges internationaux.

En 2005, la banque d'affaires américaine Goldman Sachs lance l'expression « BRIC », par la voix de son économiste, Jim O'NEILL, pour désigner le Brésil, la Russie, l'Inde et la Chine comme marchés émergents. Quelque temps après,

Goldman Sachs y ajoute onze « grandes économies en développement » : Bangladesh, Égypte, Hongrie, Iran, Mexique, Nigeria, Pakistan, Philippines, Thaïlande, Turquie. En 2011, les BRIC deviennent BRICS (dont le « S » désigne South Africa) avec l'entrée dans le club de la nation arc-en-ciel lors du sommet de Sanya en Chine. En 2007, la Banque mondiale crée la catégorie « économies émergentes » pour ranger la Chine, l'Inde, et « d'autres pays » : Bangladesh, Colombie, Égypte, Hongrie, Iran, Malaisie, Mexique, Nigeria, Pakistan, Philippines, Pologne, Thaïlande & Turquie.

En 2008, c'est au tour du Boston Consulting Group (BCG) de désigner 14 « économies à croissance rapide ». Sa liste intègre les BRIC + l'Argentine, le Chili, l'Égypte, la Hongrie, l'Indonésie, la Malaisie, le Mexique, la Pologne, la Thaïlande et la Turquie. La même année, Ernst & Young liste sept « économies émergentes ». Son classement est composé du Brésil, de la Russie, de l'Inde, de la Chine + l'Argentine, le Mexique, l'Arabie saoudite et la Corée du Sud. Toujours en 2008, PricewaterhouseCoopers (PwC) distingue 20 marchés émergents. Sa liste comprend : les BRIC + la liste BCG + le Bangladesh, l'Iran, le Nigeria, le Pakistan, les Philippines, l'Arabie saoudite, l'Afrique du Sud et le Vietnam, mais sans le Chili et la Hongrie.

De la pléthore de définition et de classements *sui generis*, Knowdys Consulting Group (KCG) a extrait sept dénominateurs communs. (i) Une progression du commerce extérieur supérieure à celle des échanges internationaux ; (ii) la hausse régulière du PIB et du revenu par habitant ; (iii) la présence de capitaux étrangers placés sur une longue durée ; (iv) la possession des entreprises de taille mondiale dans le pays; (v) une économie diversifiée qui ne repose pas seulement sur l'exportation de matières premières ; (vi) une démographie consistante pour constituer une masse critique de consommateurs ; et (vii) l'optimiste, voire la foi des jeunes dans un avenir meilleur. Ces critères posent une question centrale aux Africains: sont-ils atteignables dans le temps imparti ?

En plus des BRICS, les 24 pays suivants ont déjà été classés parmi les « économies émergentes » au moins une fois : Arabie Saoudite, Argentine, Chili,

Colombie, Corée du Sud, Égypte, Hongrie, Indonésie, Israël, Jordanie, Malaisie, Mexique, Nigéria, Pakistan, Pérou, Philippines, Pologne, Singapour, Sri Lanka, Taïwan, Tchécoslovaquie, Thaïlande, Turquie & Venezuela. En dehors de leur poids démographique, force est de constater que les seuls pays africains cités (Égypte et Nigeria) ne présentent pas plus de mérite au regard des 7 dénominateurs communs ci-dessus.

L'Afrique, prise globalement, se rapproche davantage de la trajectoire russe. 70% des exportations de la Russie sont, en effet, constituées d'hydrocarbures, une configuration similaire à celle des pays tels que le Gabon ou le Congo. De plus, depuis 1990, le secteur tertiaire russe représente 62% du PIB tandis le taux d'équipement des ménages en véhicules particuliers ne cesse de croître depuis 2000, d'après les graphiques de l'OCDE. Toutes proportions gardées, la même courbe exponentielle est suivie par le secteur tertiaire africain depuis le début du millénaire.

Suivant le critère de la formation d'une élite économique résidant à l'étranger, les exemples les plus couramment cités sont : l'Indien Sabeer Bhatia (cofondateur de Hotmail) le Chinois Jerry Yang (cofondateur de Yahoo) et le Russe Sergei Brin (cofondateur de Google), les Africains étant assez peu présents au cœur des champions mondiaux de l'information et du numérique. Cette situation pourrait changer dans les prochaines années, sans que cela soit nécessairement un critère décisif d'émergence inclusive pour l'Afrique.

Le rapatriement de l'élite intellectuelle reste d'ailleurs un problème majeur pour les pays classés « émergents », de manière quasi unanime, et les autres. Dans le cas de l'Afrique, malgré l'accession de la diaspora au statut de « sixième région » du continent, les dispositifs nationaux demeurent peu attrayants pour les Africains de l'étranger. Il est peu probable, sauf circonstances exceptionnelles, que l'on observe un renversement de tendance conséquent avant 2035.

Du côté des brevets, si depuis 2008, la Chine fait partie du top 5 des plus grands dépositaires mondiaux, c'est aussi à cause de sa démographie. Il sera difficile – même pour le pays le plus peuplé d'Afrique (Nigéria : 170 millions d'habitants) - de disputer le leadership cognitif avec le géant chinois (peuplé de plus d'un milliard de citoyens) avant une ou deux décennies.

Entre 1990 et 2010, la part de la Chine, du Brésil, de l'Inde et de la Russie dans la richesse mondiale a presque doublé. Les BRICS ont fait un bond de 8,4 en 1990 à 16,6% en 2010 alors que l'Afrique entière stagnait à moins de 4% du fait de la structure de son économie. Croire que la Côte d'Ivoire, la Gambie et la Zambie augmenteront substantiellement leur contribution à la richesse mondiale avant 2020, date prévue de leur émergence, relève de la fiction.

Sur le plan des investissements directs étrangers attirés, l'Afrique du Sud, l'Arabie Saoudite, la Chine, le Brésil, l'Inde, le Mexique et la Russie ont doublé leurs gains entre 1990 et 2010. La part d'investissements directs étrangers dans les sept pays est ainsi passée de 5,3 à 1990 à 10,5 en 2010. Sur ce point, quelle que soit la grille d'évaluation retenue, les Africains doivent continuer à œuvrer, sans relâche, à l'amélioration du climat des affaires dans leur pays pour attirer plus d'investisseurs internationaux. Relever ce défi passe inéluctablement par une approche du marketing-pays capable de séduire les investisseurs grâce à une meilleure étude de leurs attentes, en remplacement de l'auto-congratulation si largement répandue.

De 2000 et 2009, le stock des investissements directs à l'étranger du Brésil, de la Chine, de l'Inde et de la Russie a été multiplié par 7. À titre d'illustration, le Russe Digital Sky a pris des parts chez Facebook ; le Chinois Geely a racheté Volvo ; l'Indien Tata a racheté Jaguar. Mis à part les pays d'Afrique du nord et des producteurs de pétrole tels que l'Angola, la Guinée équatoriale et le Nigéria, les opérateurs africains sont davantage encouragés à investir sur leur continent où les besoins en financements sont considérables dans les secteurs de pointe. Accroitre les investissements directs africains à l'étranger - en plus de la fuite des capitaux qui anémie déjà le continent - serait contreproductif « à moyen terme» pour l'économie africaine.

L'émergence de l'Afrique ne procèdera pas uniquement à un rééquilibrage économique au niveau mondial. Elle induira également une nouvelle distribution des cartes sur les échiquiers géoéconomiques et géopolitiques. L'Afrique émergente occupera une place qui n'était pas vacante jusque-là... Elle se fera au détriment de certaines puissances parce que l'Afrique exigera, avec plus d'insistance, une meilleure représentativité au sein du système des Nations Unies et des autres institutions de coopération multilatérale. Parvenue à une taille critique, elle tendra inéluctablement à bouleverser l'ordre international si jalousement défendu par les vainqueurs de la Grande Guerre en sollicitant plus fortement une nouvelle gouvernance mondiale.

Pour ne pas rester au stade si habituel des incantations et des bonnes intentions, les institutions multilatérales, les centres de recherche, les cabinets de conseils et les jeunes leaders africains sont instamment invités à proposer des grilles d'évaluation capables de raconter l'histoire d'une Afrique qui émerge à sa manière. À défaut, la nature ayant horreur du vide, le terrain laissé vacant sur le territoire de la production des connaissances continuera d'être occupé et influencé par les colonisateurs de la sphère des idées. Car c'est de guerre cognitive et d'influence qu'il s'agit ici.

Tout bien considéré, l'émergence de l'Afrique sera africaine ou ne sera pas, parce qu'émerger, c'est exercer le courage de remettre à plat les schémas de pensée dominants pour ré-apprivoiser son histoire et reconquérir son destin. Véritable changement de paradigmes, ce revirement fondamental mobilise, autant que les décideurs, l'ensemble communauté scientifique africaine comme jamais auparavant.

Dans les pages qui suivent, j'ai demandé à 69 jeunes leaders africains originaires de 26 pays, sur 100 présélectionnés, de me dire s'ils croient en l'émergence de l'Afrique, sur quels leviers on pourrait agir pour les aider à contribuer au développement rapide de leur continent, et ce qu'ils feraient s'ils devenaient chefs d'Etat dans les 24 heures. Aussi diversifiées que soient leurs réponses, les dénominateurs communs de leurs propos restent : la foi dans une Afrique émergente, la nécessité de faciliter la vie aux entreprises et d'améliorer l'intégration de la diaspora au tissu économique, l'indispensable révolution de l'éducation, le renforcement des infrastructures de santé et de communication, avec une pointe d'honneur sur l'internet. Pour ces jeunes leaders, comme pour moi, l'émergence de l'Afrique devra être fondamentalement africaine pour avoir du sens.

Guy Gweth

SERGE WILFRIED ADJALLA
DIRECTEUR DE SWA & CO SARL
BÉNIN

Crédit Photo : Serge Wilfried Adjalla

Juriste spécialisé en droit des affaires et fiscalité depuis 2007, Serge Wilfried Adjalla a été certifié en propriété intellectuelle par l'académie de l'organisation mondiale de la propriété intellectuelle en 2010. Ancien journaliste d'investigation, conseil en intelligence économique, cet expert anti-fraude traque les pratiques illégales de ceux qui tentent de profiter de l'émergence du Bénin.

"Je suis expert anti-fraude, gouvernance risque et crise; et consultant formateur en intelligence économique et stratégies de développement » se présente d'entrée de jeu celui qui traque les pratiques anticoncurrentielles, au Bénin, au profit de ses clients.

Serge Wilfried Adjalla a d'abord exercé comme journaliste d'investigation économique jusqu'au grade de directeur de rédaction de *la gazette du golfe* le premier média privé d'information du Bénin. Administrateur de société depuis 2009, il est aujourd'hui à la tête de SWA & Co sarl, une unité spéciale d'investigation et d'intelligence stratégique et juridique spécialisée dans l'antifraude.

À bientôt 40 ans, le jeune leader béninois se prépare à la recherche en droit international privé à l'Université d'Abomey-Calavi (UAC) et à l'Académie de la Haye pour étoffer son parcours d'enseignant. «J'ai eu l'occasion d'encadrer avec plaisir des auditeurs de Master 2 de l'institut international de management au Bénin pour les années académiques 2011 à 2013 dans des matières comme le droit de l'information et de l'intelligence économique, le management de l'innovation, la conduite de projets d'intelligence économique et *benchmarking*. Ce fut une très enrichissante expérience qui me permettait de mettre à la disposition de nos étudiants des notions pratiques du métier de stratégiste.» C'est un expert peu disert mais soucieux de la manifestation de la vérité qui a accepté de répondre à mes questions.

Croyez-vous en l'émergence économique du continent africain ?

Serge Wilfried Adjalla : je crois en l'émergence de l'Afrique, c'est sûr. Mais nous sommes encore loin, très loin des conditions pour arpenter la voie de l'émergence économique et du développement. La cause est simple : la plupart des dirigeants africains fonctionnent sans prospective. Et ce même comportement se ressent chez les cadres. Prenez le cas des urbanistes de nos villes ou les ingénieurs des ponts et chaussées. Cela se passe de commentaire.

De l'autre côté, l'éducation n'est pas à la hauteur. Nous sommes plus portés vers la critique de ceux qui construisent quelque chose alors que nous sommes purement incapables de faire le même effort à cause de notre paresse sociale. Il faut que l'esprit destructeur arrête de nous animer pour que nous apprenions à apprécier le bien, le beau et le bon, afin de nous en inspirer pour être meilleurs.

S'il fallait vous aider à contribuer au développement rapide de l'Afrique, quels leviers pourrait-on activer ?

Les leviers de l'éducation et de la formation me paraissent les plus importants. Vous savez , j'estime que celui qui a l'information, ou si on veut, la connaissance, est absolument celui qui a le pouvoir de faire aller les choses dans un sens ou dans un autre. Le savoir est la meilleure des richesses. Il faut lui donner de la valeur dans nos pays.

Si vous étiez élu chef de l'Etat de votre pays, dans les 24 heures, quelles seraient vos trois premières décisions ?

Je vais être succinct. Refaire les programmes d'enseignement adaptés aux besoins des populations de mon pays ; faire de notre agriculture une vraie richesse en accroissant la capacité réelle de production de nos espaces encore peu exploités, en la rendant bien plus autonome sur les débouchés de la production agricole. Elle doit cesser de n'être qu'une production de rente. Enfin, reconstruire une vision très forte du développement par l'autonomie énergétique grâce aux solutions naturelles et renouvelables, et à la modernisation de nos infrastructures de base.

Lynda Amadagana

Avocate chez Orrick

Cameroun

Crédit Photo : Lynda Amadagana

Avocate au sein du département énergie et infrastructures du bureau parisien de l'américain Orrick, Herrington & Sutcliffe LLP, Lynda Amadagana intervient sur des opérations et financement de projets dans le secteur de l'énergie en Europe et en Afrique. Secrétaire Générale du Club Diallo Telli, et spécialiste de l'OHADA, sa vision de l'émergence africaine est structurée.

Après des études de droit à l'Université de Paris Ouest Nanterre La Défense et des programmes d'échanges à l'étranger sanctionnés par l'obtention d'un Master en Droit international, Lynda Amadagana a obtenu son Certificat d'Aptitude à la Profession d'Avocat et intégré le Barreau de Paris. Juriste au sein du département énergie et infrastructures du bureau parisien de l'américain Orrick, Herrington & Sutcliffe LLP, elle vit entre Paris et l'Afrique.

Très engagée, elle assure le secrétariat général du Club Diallo Telli, un Think Tank qui promeut une croissance inclusive et durable en Afrique. Elle fait également partie du bureau de l'Association des Juristes Camerounais de France (AJCF), un espace de rencontres et de promotion de l'émergence du Cameroun. La jeune leader qui a accepté de me répondre est aussi active au sein de l'African Business Lawyer's Club (ABLC), un club dédié à l'amélioration de la pratique des affaires en Afrique. C'est dans la même veine qu'elle a récemment participé à la création de *Maua*, une plateforme sociale de soutien à l'entreprenariat en Afrique.

Croyez-vous en l'émergence économique du continent africain ?

Lynda Amadagana : l'expérience accumulée lors de mes séjours personnels et professionnels en Afrique accroit ma conviction que l'Afrique dispose d'un potentiel considérable. Je crois fermement que le facteur clé de l'émergence économique du continent est avant tout la rigueur dans la planification et la mise en œuvre de bonnes politiques de développement. L'Afrique en prend progressivement conscience et les prémices sont visibles. C'est toutefois un fait que sur le plan du développement économique, l'Afrique est en retard par rapport aux autres. Mais si, au lieu d'être perçu comme un obstacle à son émergence, ce retard devenait une opportunité ?

J'ose, en effet, penser que les défis auxquels nous devons faire face en tant qu'Africains peuvent nous fournir la motivation nécessaire pour construire l'Afrique de nos rêves. Notre retard peut être l'occasion de nous inspirer des autres continents tout en intégrant nos propres réalités culturelles pour développer des modèles de développement adaptés et innovants.

Un exemple concret est celui de l'éducation. À l'image de l'*African Leadership Academy*, qui s'est donné pour mission de former 6 000 leaders africains en 50 ans dans tous les domaines, l'Afrique est en mesure d'inventer des modèles innovants d'éducation et de formation dans les secteurs prioritaires à son émergence. Les technologies sont également une illustration de cette possibilité pour le continent d'exploiter son retard économique. Le Kenya est aujourd'hui le pays pionnier des services de paiement par téléphone mobile - *Mobile Money*, grâce à la plateforme M-Pesa lancée par la société Safaricom. Cet exemple illustre le fait que l'Afrique peut être une inspiration et un modèle d'innovation pour le monde entier.

S'il fallait vous aider à contribuer au développement rapide de l'Afrique, quels leviers pourrait-on activer ?

Je parlais tout à l'heure de potentiel. Je pense que le levier le plus puissant dont regorge le continent est son potentiel humain. Le dernier rapport du Fonds des Nations Unies pour la Population (FNUAP) intitulé « *Le Pouvoir des 1,8 milliards* » révèle que l'Afrique est à l'aube d'une révolution démographique similaire à celle des pays asiatiques. D'ici à 2050, 300 millions de jeunes entreront sur le marché du travail en Afrique. Cette force de travail peut permettre au continent de bénéficier d'un véritable dividende démographique. Mais ce levier est également à double tranchant. En l'absence de politiques volontaristes d'éducation et de d'emploi, à destination de cette jeunesse, le continent pourrait faire face à des crises sociales majeures.

Je pense également qu'un autre levier majeur est la promotion du secteur privé. L'essor de l'économie africaine doit reposer sur les entreprises qui créent de la valeur et fournissent des emplois. Elles contribuent à l'éclosion d'une véritable classe moyenne. Il faudrait donc à mon avis, lever toutes les barrières administratives, fiscales et légales à l'entreprenariat pour favoriser l'innovation et l'émergence de champions régionaux et sous-régionaux.

Un dernier levier à mentionner est évidemment celui de la bonne gouvernance. Nos États ne peuvent fonctionner en l'absence d'institutions fortes et bien structurées qui sont au service des citoyens. La bonne gouvernance avec comme corollaire, la lutte contre la corruption, sont essentielles à l'émergence économique de l'Afrique.

Si vous étiez élue chef de l'État de votre pays, dans les 24 heures, quelles seraient vos trois premières décisions ?

Nous sommes dans un véritable scénario hollywoodien ! Je vais néanmoins me prêter à l'exercice. En tant que chef de l'État de mon pays X, je prendrai les décisions suivantes :

Organisation d'un audit général des institutions publiques en vue de la mise en œuvre de réformes structurelles.

Identification des 5 secteurs socio-économiques prioritaires pour le pays et mise en place d'un plan stratégique et opérationnel pour chacun des secteurs, avec un calendrier précis d'exécution et d'évaluation pour l'énergie et de l'agriculture notamment.

Organisation des états généraux de l'emploi avec tous les acteurs (publics et privés) dans l'optique d'identifier les secteurs à forte demande et d'adapter les offres de formation en conséquence.

DELALI ATTIOPOU
FONDATRICE DE RHEMA CONSULTS
TOGO

Crédit Photo : Delali Attiopou

Après un passage de 4 ans à la Direction régionale Centre de la Croix-Rouge française, Délali Attiopou décide de se consacrer entièrement à la communication 2.0. Elle crée et anime alors la communauté virtuelle « *PolemiQ'alement vôtre* » qui s'impose dans le débat politique togolais comme une voix de proposition. Le dispositif se veut « factuel », « analytique » et « en quête de vérité ». Elle dirige par ailleurs Rhema Consults.

Ses publications et analyses, sans langue de bois, lui ouvriront les portes de la communication et le monde du consulting, domaine dans lequel elle exerce depuis trois ans via son agence Rhema Consults.

En 2014, Delali Attiopou fait son entrée officielle dans le paysage politique de son pays, aux côtés du Dr Alberto Olympio, président du Parti des Togolais. Au sein de ce dispositif de conquête du pouvoir, elle occupe les fonctions de Conseillère et Chargée de communication. Cette expérience a profondément marqué sa vision de l'émergence africaine.

Croyez-vous en l'émergence économique du continent africain ?

Delali Attiopou : parce que les conditions n'ont jamais été aussi bien réunies, je répondrai sans hésiter OUI, tout en précisant ma vision de l'émergence. Je la vois comme un accroissement de la création de richesse et de valeur par des acteurs nationaux. Il ne s'agit donc pas seulement de créer de l'activité sur le territoire national.

Contrairement aux autres continents qui sont confrontés à la raréfaction de leurs ressources naturelles et des matières premières indispensables à leurs chaînes de productions, l'Afrique peut encore se targuer d'avoir, en son sein, les ressources naturelles et énergétiques qui alimenteront sa croissance et sa production.

Le deuxième facteur de création de valeur c'est le facteur humain. Là encore, l'Afrique n'a pas, ou devrais-je dire, n'a plus à rougir de sa forte démographie présentée par certains comme un frein. C'est elle qui, aujourd'hui, lui apporte un vivier durable en main-d'œuvre, en compétences innovatrices et en potentiels consommateurs. Au moment où la Chine est confrontée aux limites de sa politique de contrôle des naissances, l'Afrique de demain montrera que lorsque les bons leviers sont activés, les hommes sont et demeureront toujours une opportunité de création de richesse et non un frein à la prospérité.

Le dernier ingrédient du succès africain se trouve dans la disponibilité des capitaux qui permettront de lancer des activités génératrices de revenus et faire émerger une classe moyenne audacieuse, décomplexée. Plus que jamais l'Afrique est la destination privilégiée des investisseurs. Il appartient aux décideurs et aux acteurs économiques de ne pas juste « subir » la chose, mais de l'utiliser en faveur des leviers de croissance endogène. Le fameux « *Trade not Aid* » n'a jamais autant été d'actualité.

S'il fallait vous aider à contribuer au développement rapide de l'Afrique, quels leviers pourrait-on activer?

L'agriculture, l'éducation et la santé : l'agriculture, parce que pour tendre vers le progrès et l'émergence, nous devons sortir de la survie. Nous ne pouvons plus continuer à nier le fait que l'Afrique est majoritairement rurale et que c'est dans ce vivier que nous allons équiper prioritairement ceux qui vont contribuer à la création de richesse de notre continent. Le défi de l'agriculture africaine est de produire plus et mieux. Produire plus pour créer les excédents qui la propulseront dans sa révolution agro-industrielle. Produire mieux, pour améliorer sa compétitivité et répondre efficacement aux enjeux environnementaux du moment.

Nous devons nous développer tout en gardant en tête la nécessité de préserver cette terre nourricière que nous partageons pour les générations futures.

L'éducation, pour équiper notre jeunesse et la former prioritairement aux métiers qui vont accélérer cette émergence africaine. Le défi de notre système éducatif sera de réconcilier les standards de connaissance internationaux avec des formations répondant aux besoins et au contexte du marché africain. Dans mon pays, le Togo, nous avons officiellement un taux de chômage environnant les 30% pour une jeunesse évaluée à 65% de la population. Nous ne pouvons plus nous laisser aller à la facilité en formant des cerveaux destinés à l'oisiveté. Nos centres de formations et universités doivent devenir des antichambres du marché de l'emploi. Elles doivent encourager la recherche, l'innovation et l'utilisation des TIC. Pour cela, le secteur privé premier, pourvoyeur d'emplois, et les structures éducatives de l'État, devront s'associer dans des partenariats gagnants-gagnants.

La santé, enfin, parce que la situation actuelle est génératrice de pauvreté. Nous ne pouvons continuer à miser sur les infrastructures routières, portières, ferroviaires et aéroportuaires sans inscrire dans nos priorités la nécessité de moderniser notre système de santé. L'Afrique de demain ne pourra être forte tant qu'en son sein il sera aussi simple de rencontrer des maladies dont on peut guérir. Quasiment plus personne ne meurt d'une grippe, d'un rhume ou même d'une pneumonie en Occident. Il est temps qu'en Afrique le paludisme cesse d'être la première cause de mortalité. c'est un défi totalement à notre portée.

Si vous étiez élue chef de l'État de votre pays, dans les 24 heures, quelles seraient vos trois premières décisions?

La première décision sera politique : je remettrai les garde-fous institutionnels et constitutionnels m'obligeant à borner et placer sous contrôle l'exercice de mon pouvoir. La fonction présidentielle doit se réhabituer à rendre des comptes et à se soumettre aux exigences d'éthique et de résultats. La destitution doit redevenir possible pour des actes violant la Constitution ou portant atteinte à l'intégrité de la fonction présidentielle.

La deuxième décision touchera le niveau des salaires et des bourses : c'est un coup de pouce visant à créer l'enthousiasme et redonner l'envie. Il en faudra pour la suite. Les salariés du secteur public sont trop souvent victimes de retards de paiement et subissent une grille de salaire en totale inadéquation avec le coût de la vie. Le retour à la bourse, sur critère social, est tout autant indispensable. Ce sera un effort budgétaire à fournir, mais je le vois comme un pari sur un avenir plus stable et apaisé. Par les temps qui courent, garder une jeunesse oisive et vivant dans la précarité parce qu'elle n'a pas les moyens de se former est la pire des décisions d'un point de vue économique, sociétal et sécuritaire.

La troisième décision, enfin, visera à réduire la part de l'informel dans le commerce qui est une de nos principales sources de revenus après l'agriculture. Pour financer les réformes à venir, comme la couverture maladie et la formation professionnelle, nous aurons besoin de rentrées fiscales du secteur privé. L'idée est d'inciter, dans un premier temps, les commerçants à sortir de l'informel, avec une exonération d'impôt sur la première année, hormis une contribution forfaitaire finançant leur couverture maladie, et de leur mettre à disposition, en contrepartie de ce pas fait vers nous, un accompagnement pouvant aller d'un à trois ans, en fonction de la taille de l'entreprise et du type d'activité. Cette mesure, non seulement permettra à l'État de récupérer une partie de la TVA qui s'évapore dans la nature chaque année, mais aussi d'agir sur le taux de bancarisation, ce qui, à la longue, sera profitable pour tous les acteurs.

Je suis heureuse que vous ne me demandiez pas d'en citer plus, car il faudra aussi avoir le courage de prendre des décisions impopulaires en vue de remettre durablement notre économie sur les rails et nous réinventer au-delà des diktats de nos financeurs. La dette non maitrisée et finançant des dépenses de fonctionnement ne peut plus se conjuguer avec la nouvelle émergence que nous voulons pour l'Afrique.

GRACE KELLY AZIZET

CONSULTANTE EN STRATÉGIE, FONDATRICE DE WILD FLOWERS

GABON

Crédit Photo : Grace Kelly Azizet

C'est à l'âge de 25 ans que, Grace Kelly Azizet a créé Wild Flowers, cabinet de conseil en stratégie de marque et communication 360°. Quatre ans plus tard, elle compte parmi ses clients de grands groupes de luxe internationaux tels que LVMH et L'Oréal. Co-organisatrice, en août 2015, de la *Brazza Fashion Night*, la Gabonaise semble avoir trouvé dans la culture africaine, les strasses et paillettes qui feront briller la face du continent.

Diplômée d'un Master 2 en marketing et stratégies commerciales, Grace Kelly Azizet a passé ses six premières années d'expérience professionnelle dans la distribution sélective et la communication dans l'industrie de la mode et du luxe. À l'âge de 25 ans, elle décide de se lancer dans l'aventure entrepreneuriale en créant Wild Flowers, un cabinet de conseil en stratégie de marque et communication 360°.

Consultante en stratégie, animée par le désir de construire des marques africaines fortes, la jeune Gabonaise, âgée de 29 ans au moment où paraît cet ouvrage, compte parmi ses clients et partenaires des grands groupes de luxe tels que LVMH et L'Oréal. Elle a également la confiance des organisations publiques à l'instar du ministère des PME et de l'Artisanat du Congo avec lequel elle a co-organisé, en août 2015, la *Brazza Fashion Night*. But de cette opération exceptionnelle : mettre en lumière le potentiel économique des filières textiles et mode originaires d'Afrique.

Persuadée que la richesse de la culture africaine a le pouvoir de changer l'image du continent, Grace Kelly Azizet accompagne aujourd'hui des femmes entrepreneures dans leur développement. La princesse qui a accepté de répondre à mes questions accompagne également des institutions publiques et privées dans la structuration des industries créatives afin de contribuer à « la construction et au rayonnement de marques africaines fortes et responsables ». selon ses termes.

Croyez-vous en l'émergence économique du continent africain ?

Grace Kelly Azizet : oui, je suis convaincue de l'émergence économique du continent africain. L'Afrique est une terre vierge où tout reste à faire. Nous avons la chance d'avoir une jeunesse nombreuse et créative, il faut l'aider à faire germer ses idées et grandir. De nombreux entrepreneurs sur le continent et issus de la diaspora s'inscrivent dans une modernité à l'africaine en imaginant des entreprises innovantes qui construirons les économies de demain. Je pense à des exemples comme Vérone Mankou, de VMK Groupe, qui a créé le premier *smartphone* imaginé et produit en Afrique, et des femmes comme Magatte Wade, de Tiossan, qui génère un chiffre d'affaires important grâce à la mise en lumière de produits de beauté inspirés par les savoir-faire ancestraux sénégalais, ou à la valorisation de boissons locales comme Bissap, avec la marque Adina, sa première aventure entrepreneuriale. Aujourd'hui, il est possible de créer des emplois sur le continent si on ose croire en ses rêves et qu'on travaille dur pour les réaliser. Je suis convaincue que cette émergence ne sera possible que si nous réussissons à changer les mentalités en encourageant la jeunesse africaine à prendre son destin en main.

S'il fallait vous aider à contribuer au développement rapide de l'Afrique, quels leviers pourrait-on activer ?

Tout d'abord, je crois que le levier culturel est un critère primordial dans la croissance économique du continent. Avant d'espérer émerger, nous avons besoin d'éduquer nos sœurs et frères, parfois même nos parents, à être fiers d'être Africains, apprendre à valoriser nos savoir-faire, nos produits en développant une culture de l'excellence qui, à terme, nous aidera à construire un nouveau système de pensée.

Ensuite, nous grandirons quand le facteur féminin sera représenté dans l'économie. Beaucoup de sociétés africaines étaient matriarcales (Ashanti, Fani, Fang, Baïnouk, etc.) et ont construit des royaumes et sont des exemples à suivre pour nos sociétés dites modernes. Il convient à chacun de trouver un équilibre dans le foyer, mais je suis convaincue que la femme jouera un rôle déterminant dans le développement du continent si elle ose prendre sa place.

Enfin, je crois à l'action collective et à la force du groupe. Il faut savoir travailler avec les autres pour grandir, il faut être prêt à apprendre pour mûrir, les pays africains doivent s'ouvrir. Ouvrir leurs frontières, permettre une meilleure cohésion sociale entre les pays frontaliers, se spécialiser dans quelques secteurs et mettre en place des partenariats stratégiques forts avec des économies complémentaires.

Si vous étiez élue chef de l'État de votre pays, dans les 24 heures, quelles seraient vos trois premières décisions?

Moi Présidente, je m'attaquerais prioritairement à un chantier qui, à mon sens, est à la base du vivre ensemble comme le droit à l'eau potable pour tous. Et par eau potable, je veux dire pouvoir boire et utiliser une eau saine partout, à toute heure du jour ou de la nuit. C'est un besoin humain fondamental qui ne devrait jamais être remis en question.

Ensuite, je mettrai en place une loi qui faciliterait l'accès au financement, et exonèrerait totalement de charges sociales, chaque entrepreneur dont le projet contribue au rayonnement du *Made in Gabon*.

En dernier lieu, je convoquerais des représentants de la jeunesse gabonaise, des entrepreneurs, des activistes écologistes et quelques acteurs culturels autour d'un dîner pour écouter ce qu'ils pensent du Gabon.

Asmâa Morine Azzouzi

Présidente de l'Association des Femmes Entrepreneurs du Maroc

Maroc

Crédit Photo : Asmâa Morine Azzouzi

Fondatrice de Cais Consulting, Asmâa Morine Azzouzi est la nouvelle présidente de l'Association des Femmes Entrepreneurs du Maroc, une puissante entité qui siège au sein du patronat marocain et dans plusieurs conseils d'administration d'agences nationales du royaume chérifien. De sa fenêtre, cette consultante diplômée de l'École de guerre économique de Paris porte un regard à 360° sur l'émergence de l'Afrique.

T rès active au Maroc, Asmâa Morine Azzouzia a cumulé diverses expériences en conseil financier, gestion du patrimoine et en développement straté- gique de 1992 à 2004. Cette année-là, elle crée Cais Consulting, une so- ciété spécialisée dans l'accompagnement global des investisseurs au Maroc. Au plan du développement international, elle a aidé de grands groupes étrangers à s'installer au Maroc et permis à d'autres de s'étendre hors du royaume chérifien.

Modèle d'entreprenariat au féminin, Asmâa Morine Azzouzi est également pré- sidente de l'Association des Femmes Entrepreneurs du Maroc (AFEM), une puis- sante organisation siégeant dans divers conseils d'administration d'agences na- tionales et de la CGEM, le patronat marocain. « Je mets tout mon savoir et mon savoir-faire au service des femmes aspirant à des projets de création d'entre- prise et à plus de responsabilités dans la vie économique et sociale par le biais d'incubateurs au féminin 'Maroc Pionnières' installés dans diverses régions du Maroc et partenaires de la fédération française des Pionnières », confie-t-elle.

Diplômée de l'Institut supérieur de commerce et d'administration des en- treprises (ISCAE) Casablanca, titulaire d'un troisième cycle en commerce in- ternational, Asmâa Morine Azzouzi est aussi une ancienne de l'École de guerre économique. C'est une redoutable femme d'affaires résolument africaine qui a accepté de répondre à mes questions.

Croyez-vous en l'émergence économique du continent africain ?

Asmâa Morine Azzouzi : le continent africain est en train de vivre ses années glorieuses. Il y a 20 ans à peine, il n'y avait pas grand monde qui pariait sur ce continent. Les guerres, les famines, les maladies, l'instabilité économique et po- litique en faisaient une région quasi sinistrée. Le sursaut est quand même arrivé, d'une manière insidieuse mais néanmoins soutenue. Le continent pourvoyeur de matières premières, l'Afrique a réussi le pari de la croissance soutenue. Et cela n'est pas prêt de s'arrêter car tout est à construire et, la démographie aidant, les pays africains peuvent agir en faveur d'un développement régulier de leurs économies.

S'il fallait vous aider à contribuer au développement rapide de l'Afrique, quels leviers pourrait-on activer ?

Cette conjoncture favorable doit être accompagnée par des réformes structurelles favorisant la consolidation des infrastructures et la poursuite de politiques volontaristes en faveur du développement économique et social. L'élément humain devrait être, de ce fait, le point central de toutes les stratégies, avec la lutte contre l'analphabétisme, les inégalités sociales, le déficit sanitaire et autres tares entravant le développement inclusif et durable.

Si vous deveniez chef de gouvernement de votre pays, dans les 24 heures, quelles seraient vos trois premières décisions?

Un vaste chantier de réformes de l'enseignement, avec changement des méthodes, des rythmes et des priorités. Nous continuons avec un système conçu au 20ème siècle pour des enfants nés dans le 21ème.

Deuxième décision, la mise à niveau du système public de santé avec réhabilitation des hôpitaux et des médecins y exerçant, et l'instauration d'une carte de santé individuelle retraçant toutes les données personnelles des individus concernant leur santé et avec d'autres fonctionnalités pratiques.

Troisième décision, la libéralisation des changes afin de conforter définitivement le Maroc comme plaque tournante et hub de l'économie régionale au carrefour de l'Europe, l'Afrique et la région MENA.

Bako Rambinintsoa

Consultante indépendante
en création de mode

Madagascar

Crédit Photo : Lalie Rabeharison

Ancienne auditrice chez Mazars Allemagne, puis chez Rio Tinto Alcan, en France, Printsesy Bako Rambinintsoa a longtemps résisté à sa passion pour la mode. Descendante du Prince Andriandranando, cette Malgache issue d'une famille tananarivienne, qui a habillé l'armée française pendant la colonisation, rêve à présent de porter haut la mode africaine. Consultante, elle optimise les performances des créateurs de mode.

Bako Rambini, comme on la nomme couramment dans la communauté de la mode, a grandi en Algérie, en Allemagne et à Madagascar. À Antananarivo, sa famille est connue pour avoir habillé l'armée française pendant la colonisation grâce à un atelier ouvert en 1937. Élevée au milieu des ateliers, elle découvre sa passion pour la couture très tôt, mais elle tente de lui résister.

À l'âge de 17 ans, elle renonce même à la formation de designer/styliste à laquelle elle s'était inscrite, à Düsseldorf, et décroche une bourse d'excellence du gouvernement français pour suivre des études en école de commerce durant cinq ans. Brillantissime, la jeune leader démarre sa carrière dans l'audit chez Mazars, en Allemagne, puis chez Rio Tinto Alcan à Paris.

Puis, un soir de mai 2008, alors qu'elle est en mission d'audit, à Pékin, elle craque. « En plein entretien, mon dos s'est insurgé contre cet univers macabre, confiera-t-elle plus tard. Il s'est bloqué. Pas moyen de bouger. On m'a transportée à l'hôpital. J'ai passé une heure, peut-être deux, le regard figé sur un plafond blanc, à me poser plein de questions ». Cette épreuve transfigure littéralement la jeune Malgache et la ramène à ses premières amours : la création de mode. Au moment où paraît cet ouvrage, elle conseille les créateurs de mode, notamment en matière de gestion. Parmi ses principaux faits d'arme : la réalisation, cousue main, du business plan de « Front de Mode », un concept store éthique lancé en 2015 par la créatrice Sakina M'Sa dans la capitale française.

Membre de la Jeune Chambre Économique de Paris, et responsable qualité au sein de la commission Erasmus Entrepreneurs, la princesse qui a accepté de répondre à mes questions promeut aussi les échanges d'entrepreneurs au sein de l'Union européenne.

Croyez-vous en l'émergence économique du continent africain ?

Bako Rambinintsoa : je crois profondément en l'émergence économique de l'Afrique car, à mon sens, il ne peut en être autrement. J'ai toujours perçu le retard de l'Afrique comme une anomalie. Nous avons toutes les ressources minières, agricoles et humaines nécessaires pour prospérer. Mais, surtout, au fur et à mesure des rencontres que je fais avec des entrepreneurs africains, je me rends à l'évidence qu'un trend supplémentaire est de plus en plus perceptible : l'Afrique a envie de prendre son envol. L'Afrique bouge. L'Afrique parle et fait entendre sa voix. L'Afrique crée. L'Afrique pèse davantage sur l'échiquier mondial et cela se voit. De plus en plus d'individus ont envie de changer les choses. Et, à mon sens, c'est le facteur essentiel qui relèvera le continent. Quand les gens en ont vraiment envie, rien ne peut les arrêter.

S'il fallait vous aider à contribuer au développement rapide de l'Afrique, quels leviers pourrait-on activer ?

Ma formule consisterait à trouver un mode de développement propre au continent. Il faudrait pousser des initiatives naissantes, inscrire le continent dans le futur en exploitant le plus possible les ressources et les savoir-faire disponibles au niveau local.

Avant tout, il faudrait résoudre le problème énergétique. Au cours des quelques années que j'ai pu passer à Madagascar et dans le cadre des missions d'audit que j'ai pu effectuer en Afrique, je me suis rendu compte du handicap et de la perte de revenus que cela peut représenter. L'électricité est coûteuse et instable, ce qui, pour le moment, limite le potentiel industriel local. À mon sens, ici encore plus qu'ailleurs, il faudrait promouvoir les entreprises locales qui offrent des sources d'énergie alternative issues de ressources qui existent en abondance sur le continent. Je pense notamment à l'énergie solaire, à l'énergie thermique et aux biocombustibles. Il nous faut développer des solutions pour distribuer cette énergie à un coût supportable localement.

Dans un deuxième temps, il faudrait rétablir l'écosystème local. Ces dernières années, les pays étrangers se sont précipités pour acquérir les terres arables en Afrique subsaharienne. Il faudrait rétrocéder ces terres aux agriculteurs et leur permettre de vivre décemment de leur métier, tout en contribuant efficacement à nourrir les populations locales dans de meilleures conditions.

Ensuite, dans les savoir-faire uniques existants, il faudrait promouvoir l'industrie textile. J'ai eu l'occasion de collaborer brièvement avec l'*Africa Fashion Day Berlin* , une plateforme qui met en avant des créateurs issus du continent et de la diaspora africaine. Je me suis aperçu, au cours de cette mission, de la richesse et de l'unicité du point de vue africain sur la mode. Notre continent offre une palette de couleurs ainsi que des volumes inimitables auxquels la clientèle d'aujourd'hui est très sensible. Il faudrait permettre aux locaux d'accéder à des formations pour apprendre à construire des collections cohérentes et de très haut niveau.

Pour finir, il faudrait renforcer les capacités des populations afin qu'elles se réapproprient leur histoire, pansent les blessures de la colonisation – une fois pour toutes – et se rendent compte de l'impact réel qu'ils peuvent avoir sur l'émergence de notre continent. Plus que jamais, je vois une Afrique de gens confiants qui croient en eux et en leur avenir.

Si vous étiez élue chef de l'État de votre pays, dans les 24 heures, quelles seraient vos trois premières décisions?

Moi Présidente, je suivrais les préconisations faites dans les questions précédentes. Je lancerais un mégaprojet pour développer les sources alternatives d'énergie, je rendrais leurs terres aux agriculteurs, et je structurerais l'industrie textile – entre autres – en proposant des formations de stylisme aux créateurs de mode afin qu'ils visent haut et loin pour une Afrique qui émerge.

Tinno Bang Mbang

Fondateur de la société
Africom Services
Cameroun

Crédit Photo : Tinno Bang Mbang

Fondateur de la société Africom Services, Tinno Bang Mbang a tout risqué pour atteindre la réussite. Ancien migrant, autodidacte, il ambitionne de créer le plus grand empire médiatique du continent noir. Pour lui, l'émergence de l'Afrique passe inéluctablement par le renouvellement des élites politiques et la moralisation de la vie sociale.

À 38 ans, Tinno Bang Mbang est un entrepreneur et un père de famille accompli. Mais rien ne lui a été servi sur un plateau d'argent. Ancien migrant et autodidacte assumé, il a tout gagné à la force du poignet. « J'ai laissé les études très tôt au lycée de New Bell, à Douala, pour me lancer dans le monde des affaires. Je me suis retrouvé en Europe à l'âge de 22 ans par mes propres moyens. Pas pour continuer les études, mais pour me chercher et découvrir le monde en quelque sorte » explique-t-il. Son premier port d'attache est l'Espagne où il décidera finalement de s'installer après avoir exploré la France et la Suisse.

S'il estime qu'il n'y a pas grand-chose à dire sur son parcours professionnel, c'est parce qu'il s'est formé seul. « Tout ce que je sais faire aujourd'hui, je l'ai appris de moi-même contrairement à ce que beaucoup pensent. « Lorsque les gens me disent : 'Tinno, c'est impossible de faire ce que vous faites sans l'aide de quelqu'un.' Je réponds juste en disant que tout est possible si l'on croit à ce qu'on fait » confie le Camerounais.

Au cours des trois dernières années, il a fondé la société Africom Services et lancé deux médias en ligne orientés sur l'Afrique : africa24monde.com et regard-surlafrique.com. Le jeune entrepreneur qui a accepté de répondre à mes questions rêve ni plus, ni moins, que de créer un empire médiatique sur le continent.

Croyez-vous en l'émergence économique du continent africain ?

Tinnon Bang Mbang : oui, je crois en l'émergence économique du continent africain. Parce que l'Afrique est le continent le plus riche et en même temps le plus pauvre du monde. Sa situation économique progresse cependant rapidement. Selon la Banque mondiale, la plupart des économies africaines sont susceptibles de rejoindre la catégorie des pays à revenu intermédiaire avant 2025. Toutefois, le Nigeria, l'Afrique du Sud et les pays du Maghreb sont plus prospères que les pays de l'Afrique centrale et d'Afrique de l'Ouest. Les disparités régionales sont si importantes que l'Afrique subsaharienne et le Maghreb sont souvent analysés séparément. Le continent est riche en ressources naturelles, mais celles-ci ne suffisent pas à tirer de la pauvreté une population toujours en croissance tout simplement parce qu'il y a une mauvaise gestion de la part des gouvernants. Le secteur des services représente la plus grande part du PIB avec 44,7%, suivi de l'industrie à 41,5% et de l'agriculture à 13,8%. En 2006, les secteurs industriel et agricole ont enregistré la plus forte croissance avec respectivement 5,7 et 5%. Le cadre institutionnel est instable dans la plupart des pays et présente un obstacle au développement économique. Prenez les exemples de la RCA, du Mali, du Nigeria, de la RDC ou de la Libye pour ne citer que ceux-là. La masse migratoire qu'on observe depuis un certain temps montre tout simplement que les choses sont mal faites. Au plan financier, l'Afrique de la zone CFA doit se libérer de cette monnaie si elle veut prospérer. Voilà la clé de la réussite.

S'il fallait vous aider à contribuer au développement rapide de l'Afrique, quels leviers pourrait-on activer ?

Il existe plusieurs sortes d'individus qui, au cours de l'histoire, se sont pris de passion pour ce continent vaste et extrêmement divers. Mais, rares sont ceux qui, malgré cette passion, ont véritablement considéré l'Afrique comme un continent majeur, avec lequel peuvent se tisser des relations d'égalité. Moi je dirais que pour contribuer au développement, il faut mobiliser des acteurs capables d'innover, de réduire les inégalités, de produire une politique de communication efficace.

Si vous étiez élu chef de l'État de votre pays, dans les 24 heures, quelles seraient vos trois premières décisions ?

La première décision serait de donner les plein pouvoirs à la Justice ; ensuite d'octroyer une plus grande marge de manœuvre aux mairies pour davantage d'autonomie ; enfin de baisser la production et la vente des boissons alcoolisées. On ne peut construire un pays avec des soulards.

WILDILEY BARROCA

PRÉSIDENT DU CONSEIL NATIONAL DE LA JEUNESSE

SAO TOMÉ-ET-PRINCIPE

Crédit Photo : Barroca Wildiley

La promotion des Objectifs du Millénaire pour le Développement (OMD) et le panafricanisme sont deux axes sur lesquels travaillent principalement Wildiley Barroca. L'activiste de Sao Tomé-et-Principe étend son leadership et son expertise dans tant de domaines liés à l'émergence de la société civile africaine, qu'on peut raisonnablement se demander d'où il tire son énergie.

Wildiley Barroca, est entre autres, le fondateur du Parlement national de la jeunesse pour l'eau (PNJA - STP) ; le fondateur et le premier point focal du Réseau des jeunes d'Afrique centrale pour les forêts (REJEFAC – de Saint Thomas). Il est par ailleurs le premier Santoméen à faire partie du Parlement Mondial de la Jeunesse pour l'Eau (PMJA).

Elu président de l'Union littéraire et artistique de la jeunesse, une organisation de jeunesse fondée par la poétesse Alda do Espirito Santo, auteur de l'hymne national de Sao Tomé-et-Principe, il est aussi le président-fondateur d'une fondation qui porte son nom. L'institution est principalement dédiée à l'entrepreneuriat social et à l'action humanitaire. Au niveau national, il a participé à presque tous les événements, séminaires et ateliers liés à la jeunesse et œuvré à l'élaboration de la Stratégie nationale pour la jeunesse dans son pays.

Sur le plan international, il a notamment pris part à de nombreuses rencontres de haut niveau. Il a ainsi participé au lancement de la Stratégie jeunesse panafricaine pour le développement durable à Nairobi en 2013, au Sommet de Bruxelles des dirigeants Afrique-Europe de la Jeunesse 2014, à la Conférence de l'Union africaine sur le silence des armes ou au 4e Congrès de l'Union panafricaine de la jeunesse à Johannesburg. Son engagement lui a permis de rencontrer plusieurs dirigeants africains à l'instar du Président Joseph Kabila.

Titulaire d'une licence en études administratives internationales, c'est un activiste exceptionnel qui a accepté de répondre à mes questions.

Croyez-vous en l'émergence économique du continent africain ?

Wildiley Barroca : J'y crois, parce que l'Afrique a toujours été le berceau de l'humanité et de l'économie mondiale. L'Afrique a toujours eu toutes les conditions nécessaires à la survie et au développement de l'humanité, en particulier les matières premières et les ressources humaines. Il faut y ajouter notre place centrale sur la carte du monde, près de l'Asie, non loin de l'Europe et de l'Amérique. Cet emplacement stratégique permet une connexion facile avec tous les continents. D'autre part, il convient de noter qu'il y a encore deux espaces pas assez exploités, l'air et la mer, qui sont générateurs d'énormes richesses. Même du point de vue climatique, l'Afrique est l'avenir du monde.

S'il fallait vous aider à contribuer au développement rapide de l'Afrique, quels leviers pourrait-on activer ?

Je pense que la libre circulation des personnes et des biens constitue un facteur essentiel et même décisif. Il n'y a pas encore assez d'échanges entre les Africains. Si nous voulons, par exemple, partir de Sao Tomé et Principe pour l'Éthiopie, nous devons aller en France et ensuite atteindre le pays de destination. Pour aller au Tchad, nous devons aller en France, puis retourner en Afrique après plusieurs escales. Il en va de même pour les communications téléphoniques. Pour passer un appel de Sao Tomé-et-Principe vers un pays voisin, il faut transiter par Lisbonne, au Portugal, avant de revenir. *Idem* pour téléphoner au Gabon : la communication transite d'abord par la France avant d'atteindre mon destinataire africain. C'est vous dire à quel point il est crucial de résoudre le problème de la communication intra-africaine.

Autrefois, nos ancêtres communiquaient grâce aux tambours. Le canal était efficace et peu coûteux. Aujourd'hui, nous devons faire preuve d'inventivité pour réduire l'impact de notre déficit actuel de communication, notamment sur les plans économique, commercial et même culturel. Il y a des pays africains ayant des traits communs en termes de ressources naturelles, voire de développement économiques. Mais à cause de ce qui précède, ils sont forcés de coopérer davantage avec des pays lointains plutôt qu'avec leurs voisins d'Afrique. Nous avons encore des pays africains présentant de forts accents nationalistes. Certains refusent l'entrée des citoyens africains sur leur territoire en mettant en place des politiques d'immigration drastiques.

Un nombre incalculable d'Américains considèrent l'Afrique comme un pays, alors que nous vivons notre séparation au quotidien. L'Afrique est trop morcelée. Notre continent est divisé en régions qui, à leur tour, sont divisées en pays, puis en tribus et en ethnies. Nous sommes capables de remédier à cette situation par l'éducation. Nous sommes capables et nous serons toujours en mesure de construire une Afrique nouvelle, avec nos propres forces, à condition d'y croire.

D'un autre côté, nous devons créer des politiques visant à promouvoir des politiques de recrutement des jeunes africains spécialisés dans les solutions aux problèmes du continent. Conformément aux politiques et priorités nationales. Il faut établir des structures qui encouragent et aident les jeunes de la diaspora à revenir en Afrique pour leur permettre de contribuer efficacement aux processus de développement de leurs pays d'origine.

Si vous étiez élu chef de l'État de votre pays, dans les 24 heures, quelles seraient vos trois premières décisions ?

Conformément à la Constitution de mon pays, la première chose que je ferais serait de convoquer une réunion du Conseil suprême de la Défense nationale, avec les représentants de tous les organes souverains nationaux, pour élaborer conjointement un plan directeur pour le développement national spécialement dédié à la paix, à l'unité et l'inclusion sociale de tous les citoyens. Cela permettra, sans aucun doute, que tous les citoyens participent à la gestion des affaires de la cité, loin de toute forme de discrimination raciste, ethnique, tribale ou secteur.

TOUSSAINT BILLA
FONDATEUR DE TB PARTNERS,
CO-FONDATEUR ACC ET BPMC
GABON

Crédit Photo : NYFA

Toussaint Billa est né le 1er novembre 1991 à Port-Gentil au Gabon. En 2012, il intègre la prestigieuse BGFI *School of Management* de Libreville. Deux ans plus tard, il crée TB Partners, conseil pour les affaires internationales et de gestion. Co-fondateur de Audacy Consulting & Coaching et du Bureau des Professionnels en Management et en Comptabilité, il a une vision très business de l'émergence africaine.

Jeune leader ambitieux, dynamique et engagé, Toussaint Billa crée en en 2015, en collaboration avec d'autres jeunes du continent africain, *The Junior African CEO Network* (JAC Network). L'organisation, qui regroupe en son sein les jeunes chefs d'entreprise, dirigeants, investisseurs africains, est une plate-forme panafricaine de promotion des idéaux sur l'entrepreneuriat, l'innovation et le développement économique des secteurs porteurs à haut potentiel en Afrique.

Membre du conseil national de la jeunesse du Gabon (CNJG) dont il dirige la stratégie, les programmes et les projets, Toussaint Billa élabore, met en œuvre, et pilote le Plan d'Actions Stratégique et Opérationnel (PASO) de l'organisation. Le but : mobiliser toutes les ressources nécessaires pour déclencher effectivement et définitivement le processus d'émancipation de la jeunesse gabonaise.

Coach motivationnel en entrepreneuriat, le jeune leader qui a accepté de répondre à mes questions partage partage régulièrement son enthousiasme communicatif et sa vision avec d'autres jeunes.

Croyez-vous en l'émergence économique du continent africain ?

Toussaint Billa : en tant qu'Africain, j'estime qu'il faut être aujourd'hui optimiste. Mon optimisme n'est pas pour l'heure démesuré. Je crois à un essor fulgurant de mon Afrique, car mon continent est un foyer d'opportunités. Mais l'émergence économique ne se décrète pas ! Les hommes politiques l'oublient. Par exemple, dans mon pays, un potentiel agricole exploitable est de 12,5 millions hectares. Les ¾ de la forêt sont donc exploitables mais l'agriculture ne connait malheureusement pas un envol déterminant.

S'il fallait vous aider à contribuer au développement rapide de l'Afrique, quels leviers pourrait-on activer ?

Afin d'activer, de manière irréversible, les leviers de développement en Afrique, je crois qu'il nous faut maximiser sur trois éléments importants. À savoir l'éducation. Nelson Mandela affirmait : « l'éducation est l'arme la plus puissante qu'on puisse utiliser pour changer le monde ». Autrement dit, la connaissance est fondamentale au progrès d'une société.

Nous, Africains, devons miser ensuite sur la paix. Aucune nation, aucun continent n'a pu prétendre au développement sans avoir une stabilité politique ou sociale. La paix est le minimum pour un développement certain.

Enfin, bâtir en Afrique, des infrastructures dignes de ce nom. L'Afrique doit être un modèle et elle le sera.

Si vous étiez élu chef de l'État de votre pays, dans les 24 heures, quelles seraient vos trois premières décisions ?

Il est vrai que la politique « politicienne » ne m'intéresse pas, du moins pour l'instant. Mais moi Président, je prendrai comme décisions premièrement d'interdire d'ici trois ans l'exportation des matières premières à l'état brut. Elles devront subir une transformation locale dans le but de créer encore plus de valeur ajoutée.

Ensuite, je reformerai le système éducatif du Gabon afin de l'adapter aux exigences internationales.

Enfin, je miserai sur la jeunesse. Je mettrai en place une taxe jeunesse de 5 à 10%, dont le but est de financer les jeunes porteurs de projets de création d'entreprise à taux 0,5%. Cette taxe servira également à financer les études des jeunes sortis du système scolaire, et à accorder une aide sociale aux jeunes filles mères.

YACINE BIO-TCHANÉ

ÉCONOMISTE ET CONSULTANTE INDÉPENDANTE

BÉNIN

Crédit photo : Yacine Bio-Tchané

Diplômée de la London School of Economics and Political Science et de l'Université de Rutgers, dans le New Jersey, Yacine Bio-Tchané est spécialisée sur les questions de gestion financière en Afrique. Après ses débuts chez International Budget Partnership à Washington DC, et un passage remarqué au prestigieux programme de fellowship de l'Overseas Development Institute, elle a travaillé comme analyste par le Trésor sud-africain. L'Afrique, elle ne l'a jamais lâchée pas.

Yacine Bio-Tchané

Economiste et consultante indépendante

Bénin

Crédit Photo : Yacine Bio Tchané

Diplômée de la London School of Economics and Political Science et de l'Université de Rutgers, dans le New Jersey, Yacine Bio-Tchané est spécialisée sur les questions de gestion financière en Afrique. Après ses débuts chez International Budget Partnership à Washington DC et un passage remarqué au prestigieux programme de fellowship de l'Overseas Development Institute, elle est recrutée comme analyste par le Trésor sud-africain. L'émergence de l'Afrique, on ne la lui raconte pas.

Durant son aventure américaine, Yacine Bio-Tchané se consacre à la promotion de l'apprentissage entre pairs sur les réformes entreprises dans la gestion des finances publiques d'une douzaine de pays africains. Elle participe à la mise en œuvre de réformes budgétaires des États analyse des rapports, rédige des articles, et organise des conférences et des séminaires pays.

En 2010, elle rentre dans son pays natal et occupe le poste de Coordinatrice des études commanditées à l'Institut de Recherche Empirique en Économie Politique (IREEP). Pendant une année, elle se consacre à la gestion de projets et participe à l'étude sur le financement basé sur les résultats en santé maternelle et néonatale au Bénin.

Depuis avril 2011, elle fait du conseil, principalement dans les pays francophones d'Afrique de l'Ouest et centrale, ainsi que dans d'autres pays d'Afrique et d'Europe. Elle conduit des études de marché et des plans d'affaires et assiste des entreprises, PME et autres institutions sur diverses questions : ingénierie financière, restructuration, pénétration dans les marchés africains, gestion des finances publiques, gestion de la dette et l'aide publique au développement.

En marge de cela, Yacine Bio-Tchané opère dans une entreprise où elle prodigue des conseils et assiste les entrepreneurs et les TPE au niveau stratégique et financier à concrétiser leurs projets où à identifier des partenaires/financiers appropriés. Elle accompagne également à la recherche d'emplois et la préparation d'entretiens.

Titulaire d'un Bachelor en économie et en sciences politiques de l'Université de Rutgers, dans le New Jersey, et d'un Master en gestion de développement de la London School of Economics and Political Science, c'est une « passionnée d'initiatives sur l'Afrique qui bouge », comme elle se définit, qui a accepté de répondre à mes questions.

Croyez-vous en l'émergence économique du continent africain ?

Yacine Bio Tchané : je trouve le terme émergence réducteur, il représente plus un slogan politique ou une tendance qui traduit les stratégies nationales à moyen terme. Je crois plutôt au potentiel de l'Afrique que chaque pays peut exploiter pour son développement. Grâce à ses ressources naturelles et humaines, aussi bien sur le continent que dans la diaspora, ainsi qu'aux avancées technologiques, je suis persuadée que l'Afrique dispose de tous les atouts pour réussir.

Avec une réelle volonté politique et surtout la bonne gouvernance, les fléaux comme l'insécurité alimentaire, l'extrême pauvreté, la fracture en matière de services sociaux de base, feront place à des économies modernes et performantes.

Aussi, un focus sur la rentabilité économique des stratégies de développement est crucial. Des milliards de dollars sont distribués et des centaines de conférence organisées, pourtant les progrès sur le terrain sont timidement perceptibles. Osons remettre en question les modèles en place et apprendre de nos erreurs afin d'emprunter un nouveau chemin.

Enfin, les États africains doivent renforcer leur crédibilité face aux populations mais également vis-à-vis de la communauté internationale.

S'il fallait vous aider à contribuer au développement rapide de l'Afrique, quels leviers pourrait-on activer ?

Les leviers que je trouve les plus porteurs sont les infrastructures, les TIC et les services.

Les infrastructures concernent aussi bien les infrastructures routières, ferroviaires, aéroportuaires que l'énergie et l'eau. Elles sont primordiales, tout d'abord, pour faciliter le bien-être des populations et impulser le développement d'un secteur privé, alternative indéniable pour le développement du continent.

Les TIC représentent désormais un puissant canal d'accès aux biens et aux services en Afrique et offrent des plus-values très importantes. Nos États doivent absolument tirer profit de la révolution du mobile et de l'Internet en marche, en libéralisant ces secteurs pour en faciliter l'accès aux populations et surtout en jouant leur rôle de régulateur.

Enfin, les services. J'entends : des services financiers et industries récréatives, au tourisme, en passant par les services de logistiques, qui représentent un ensemble de sous-secteurs qui sont porteurs et hautement créateurs d'emplois. Ces secteurs valorisent également l'image du pays.

Mais il est important de mentionner que, sans la bonne gouvernance, aucun de ces secteurs ne représentera un levier de développement quels que soient les investissements consentis.

Si vous étiez élue chef de l'État de votre pays, dans les 24 heures, quelles seraient vos trois premières décisions ?

Si je me retrouvais à la tête de mon pays, le Bénin, mes trois premières décisions seraient les suivantes :

Je permettrais au secteur informel - qui représente plus de 90% des activités économiques - d'évoluer dans son écosystème actuel tout en mettant en place des mesures de taxation simplifiées et en identifiant de nouveaux instruments d'accès aux financements.

Aussi controversé que cela semble, l'objectif, à moyen terme, ne devrait pas être de pousser à la formalisation des structures informelles mais à élargir l'assiette fiscale et à promouvoir l'activité économique.

Liée au premier point est l'épineuse question de l'emploi qui doit être une priorité à tous les plans des stratégies nationales : je m'assurerais de stimuler les secteurs porteurs de l'économie qui sont une importante source d'emplois, notamment dans les services, en boostant les compétences techniques d'entre-preneurs, en leur facilitant l'accès à des marchés, et en les accompagnant dans la recherche de partenariats étrangers.

Enfin, dans le secteur de l'agriculture, je régulerais les filières porteuses telles que l'anacarde, le maïs et le soja, afin que les producteurs en profitent di-rectement et que le Bénin puisse assurer son auto-alimentation et approvisionner le géant voisin le nigérian.

ZOHRA BOUCHENAK

TRADUCTRICE-INTERPRÈTE, CONSEIL
EN INTELLIGENCE ÉCONOMIQUE
ALGÉRIE

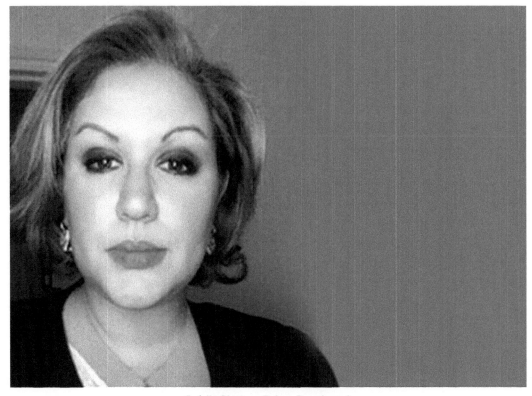

Crédit Photo : Zohra Bouchenak

Après plus de sept ans au Ministère français de la Défense en tant que traductrice-Interprète d'arabe et analyste, la Franco-Algérienne Zohra Bouchenak s'est spécialisée dans le conseil en intelligence économique dès 2013. Désormais, c'est à travers les technologies de l'information qu'elle observe l'émergence de l'Afrique. Si elle était chef de l'État en Algérie, elle s'attaquerait prioritairement à la corruption, au système de santé et au chômage, trois freins primordiaux, dit-elle, à l'émergence de ce pays.

Zohra Bouchenak est, au moment où paraît cet ouvrage, consultante en intelligence économique (IE) et toujours traductrice interprète d'arabe après une expérience de plus de sept ans au Ministère français de la Défense. Elle est titulaire d'un Master de Langue, Littérature et Civilisation arabe de l'Université d'Aix-Marseille I et d'un Master 2 en Études politiques spécialité Management interculturel et Médiation religieuse de l'IEP d'Aix-en-Provence obtenus en 2005.

C'est en 2013 que cette Franco-Algérienne décide de se former à l'IE à l'Institut des Relations Internationales et Stratégiques (IRIS). Tablant ensuite sur ses compétences linguistiques, ses connaissances fines des enjeux géopolitiques et interculturels, ainsi que sur des capacités de communication éprouvées dans la résolution de crises majeures, Zohra Bouchenak crée un cabinet d'IE afin de venir en aide aux structures publiques et privées qui ont un intérêt économique et commercial ou qui désirent s'implanter en Afrique ou dans le monde arabe.

En parallèle, elle fait partie de l'équipe opérationnelle de SmartDia Alliance, une entreprise spécialisée dans l'édition de logiciels, qui propose une solution innovante en *M-Banking* en direction de la diaspora africaine de France. « Je travaille sur plusieurs projets, plus ou moins à terme, deux d'entre eux sont liés à la *Fin Tech* et au *e-commerce* et visent à promouvoir le développement économique et social de l'Afrique. Nous sommes, en ce moment, à la recherche d'un accélérateur de *startups* et d'investisseurs afin de concrétiser notre projet » déclare-t-elle. C'est donc une jeune leader connectée à l'Afrique numérique et branchée au monde qui a accepté de répondre à mes questions.

Croyez-vous en l'émergence économique du continent africain ?

Zohra Bouchenak : l'émergence de l'Afrique est une évidence, à mon sens. Elle s'inscrit dans une dynamique qui a déjà commencé il y a une quinzaine d'années et ne peut que continuer. L'Afrique est forte de ses deux richesses : sa population et son sous-sol. Le continent africain représente, à lui seul, un marché de près d'un milliard de consommateurs potentiels. Certes ces consommateurs ont un niveau de vie peu élevé, mais achètent des biens d'équipement et de consommation de moyenne gamme et à prix modéré. Selon les prévisions, ce marché pourrait représenter 2 milliards de consommateurs d'ici 2050. Ce qui semble constituer un point positif pour les Africains si ces derniers se saisissent de cet aspect pour générer une concurrence entre leurs fournisseurs. D'autre part, les richesses naturelles pétrolières et minières de l'Afrique sont sources de revenus considérables et sont toujours aussi convoitées par les pays développés et les opérateurs internationaux tels que la Chine. Cette attractivité crée un climat concurrentiel bénéfique au continent.

De même, l'Afrique montre des signes encourageants en termes de stabilité politique. On y enregistre une nette diminution des conflits et surtout des coups d'État depuis le début des années 2000. La chute du Mur de Berlin et la fin de la confrontation des blocs Est-Ouest a eu un effet positif sur le continent. Toutefois, les guérillas, les rébellions et la montée de l'intégrisme religieux, notamment du terrorisme islamiste, comme forme nouvelle de violence sur fond de trafics, ne poursuivent pas toujours des buts de puissance ou de prise de pouvoir par la force ; les enjeux sont différents.

L'émergence est en marche. L'Afrique est convoitée à la fois par son marché et ses richesses, un certain nombre de « poches » de réussites économiques et sociales en témoignent. D'autre part, on peut citer le formidable bond numérique qu'a connu l'Afrique ces dernières années, boosté par la téléphonie mobile. Cette exception africaine a profité aux plus démunis et aux régions les plus reculées. Cette évolution, plus globalement celle des NTIC, constitue à elle seule un puissant facteur de désenclavement et d'émergence.

Le retour en scène de puissants acteurs, en Afrique, tels que les États-Unis, renforce le jeu des compétitions et exacerbe les convoitises, notamment vis-à-vis des anciennes puissances coloniales. Autrement dit, l'Afrique n'est plus, en quelque sorte, la chasse gardée des anciennes puissances coloniales comme cela était encore le cas il y a une quinzaine d'année. *A priori*, l'intérêt grandissant des États-Unis pour l'Afrique est économiquement un bon signe. À titre d'exemple, en 2006, les USA s'étaient fixés pour objectif d'augmenter de 5% à 15% , en 10 ans, le passage de leurs intrants pétroliers en provenance du golfe de Guinée, en contrepartie d'une prise de distance calculée avec les pays du golfe persique , au premier rang desquels l'Arabie Saoudite.

La prise de conscience réelle des populations africaines et de leurs dirigeants que l'Afrique doit changer et évoluer est encourageante. L'accès à l'éducation contribue à cette prise de conscience de son environnement extérieur, internet ayant facilité l'accès à l'information. Toutefois, pour que perdure cette démarche vers le développement, les dirigeants africains doivent saisir cette opportunité, dans l'intérêt des populations tout comme de leurs pays respectifs.

S'il fallait vous aider à contribuer au développement rapide de l'Afrique, quels leviers pourrait-on activer ?

Des leviers politiques et économiques, s'ils sont activés, peuvent effectivement accélérer le développement de l'Afrique. Encore faut-il savoir de quelle Afrique il s'agit, tant les disparités régionales sont encore importantes et le retard de nombreuses zones rurales, en périphérie ou à distance des villes, est frappant.

En tout état de cause, un renforcement des institutions est primordial. On pense, en premier lieu, aux institutions et aux administrations publiques. C'est de nature à renforcer et à favoriser un climat de confiance propice aux affaires, aux échanges, ainsi qu'aux investissements étrangers. Je pense aussi à l'éducation, essentielle pour les jeunes générations. Une démographie soutenue est certes un atout, elle stimule le développement, mais cela devient réellement fructueux et propice au développement si les populations bénéficient d'un système éducatif performant.

Économiquement et financièrement, la priorité irait à l'élaboration de budgets étatiques qui cesseraient d'être principalement basés sur les recettes générées par une situation de rente sur la vente des matières premières ; je pense au syndrome hollandais. Les conséquences de la baisse du cours du pétrole le démontrent chaque jour. Elle a conduit à une situation de déséquilibre budgétaire. Au risque d'énoncer des évidences, je préconise de mettre en place des fonds de développement pour les générations futures et de préparer l'après pétrole en encourageant l'innovation et entrepreneuriat. Parallèlement, le développement des industries de transformation diminuerait la dépendance des États africains aux importations, tout en donnant du travail qualifiant à une main d'œuvre locale à la recherche de formations professionnelles et d'emplois. En complément, et même si les pays occidentaux ne donnent pas le meilleur exemple en la matière, les pays d'Afrique doivent chercher à se libérer de leurs dettes afin de s'émanciper des bailleurs de fonds et d'accroitre leur souveraineté.

Si vous étiez élue chef de l'État de votre pays, dans les 24 heures, quelles seraient vos trois premières décisions ?

En Algérie, aucune mesure efficace ne peut être mise en place si la corruption et le clientélisme ambiants ne sont pas éradiqués. Bien sûr, cela prendrait du temps. Plus que la réglementation, ce sont les mentalités et la culture clanique, qui prévalent encore aujourd'hui en Algérie, qu'il faut changer en profondeur. Faut-il rappeler que l'enjeu réputationnel lié au risque de corruption est dévastateur pour l'économie d'un pays ? Cette réputation qui colle à Algérie est bien connue et redoutée dans le milieu des affaires à l'étranger. *De facto*, de nombreuses entreprises étrangères, souvent les plus petites, renoncent à investir en Algérie pour ces raisons précises. Elles ne sont pas en mesure de prévoir un budget « corruption » souvent assez conséquent. Je préconiserais la mise en place d'un organe indépendant en charge de la prise en compte des plaintes et griefs des personnes ou entreprises victimes de corruption et ce en veillant à l'anonymat de chacun. Je m'attaquerai ensuite au fond du problème, soit le sentiment de toute puissance de certains organes, à tous les échelons hiérarchiques tels que les chambres de commerce, les municipalités ou autres réseaux de pouvoirs et d'influence.

La deuxième chose qui me vint à l'esprit est le système de santé et particulièrement l'état de décrépitude générale des hôpitaux. Je donnerai certainement plus de moyens au secteur. L'urgence est à la construction de nouveaux hôpitaux, à la réhabilitation des plus vétustes d'entre eux, ainsi qu'à la fourniture d'équipements modernes et en nombre suffisant tels que scanners, IRM, radiographie, etc. J'apporterai une attention toute particulière à la prise en charge des cancéreux et en particulier des enfants. Le Plan Cancer 2015- 2017 présenté par le ministère de la santé manque de cohérence. Il y a un déficit cruel de lits d'hospitalisation, une pénurie de chimiothérapie et un retard pour accéder à la radiothérapie. Le Centre Pierre et Marie Curie, qui accueille les malades du cancer, ne suffit plus. Il dispose de seulement 6 lits pour les enfants. Ces lits sont fréquemment partagés par plusieurs patients ! Il est urgent de construire d'autres dispensaires ou centres anti cancer. De plus, il est essentiel de reconnaitre, enfin, le cancer comme maladie chronique en Algérie, comme cela est préconisé par l'OMC, afin d'ouvrir le droit au remboursement des médicaments, souvent très coûteux, et à une prise en charge plus correcte des dépenses de santé.

Enfin, je m'attaquerai au chômage, l'autre cancer de la population algérienne. Il frappe tant les jeunes sans formation ni instruction que les diplômés de l'enseignement supérieur. Il est nécessaire de repenser les formations professionnelles, pour qu'elles soient plus en adéquation avec les attentes du marché de l'emploi. Il faut revoir les mécanismes d'embauche des plus diplômés notamment chez les entreprises publiques nationales. Il faut aussi, soutenir les jeunes créateurs d'entreprises en mettant en place davantage de pépinières et d'accélérateurs de *startups* et en octroyant des crédits d'impôts sur les sociétés et une exonération des charges sociales.

CHRIS BOUKAMBOU BEMBA
PERFORMANCE DEVELOPMENT COORDINATOR
CHEZ HALLIBURTON-BAROID
CONGO

Crédit Photo : Chris Boukambou Bemba

Originaire du Congo Brazzaville, Chris Boukambou Bemba est titulaire d'un *Bachelor in Business administration* de l'*American Business School* et de l'European University Paris, et d'un Master en intelligence économique de l'École de guerre économique de Paris. Ancien d'Extrapole et de Virgin Mégastores, il a rejoint Halliburton- Baroid, au Congo, en 2007. On ne parlait pas d'émergence pour l'Afrique...

Après son *Bachelor in Business administration* en 1995, Chris Boukambou Bemba rentre au Congo et crée *La nouvelle champignolle*, un incroyable dispositif de culture de champignons sous serres qui sera détruit lors de la guerre civile de 1997. « De retour à Paris, se rappelle-t-il, je m'inscris en économétrie où je m'ennuie après quelques cours ».

Fin 1999, tout en travaillant pour des enseignes culturelles Extrapole puis Virgin Mégastores, il créé Ebawa, un cabinet conseil en management dans l'*Entertainment* et le sport. Après son Master obtenu à l'Ecole de guerre économique de Paris, il réoriente Ebawa vers le conseil en intelligence économique.

En 2007, Halliburton- Baroid frappe à sa porte. Le Congolais met alors son cabinet en veille et intègre le département d'ingénierie des fluides de forages et *waste management* du groupe en qualité d'ingénieur. En juillet 2012, il est promu *Performance Development Coordinator*-PDC (Performances, Compétences Développement et gestion de carrières) pour l'Afrique de l'Ouest et du centre. En mars 2014, on lui adjoint la fonction d'*Operations leader* en charge de la pénétration du marché gabonais. Celui qui a accepté de répondre à mes questions est le PDC, pour l'Afrique centrale, de l'Est et de l'Ouest, d'Halliburton-Baroid depuis mai 2015.

Croyez-vous en l'émergence économique du continent africain ?

Chris Boukambou : aujourd'hui la question n'est plus si l'on y croit ou pas. L'Afrique est clairement la dernière frontière de la croissance mondiale. De ce fait, son émergence est une vérité qui s'impose à tous et bien au-delà des slogans. N'en déplaise aux caciques de l'Afrique à papa coincés dans les vieux schémas de dépendance coloniale et aux nostalgiques occidentaux du paternalisme d'hier et du tout-puissant Occident. Dans les 20-30 ans à venir, nous serons près de deux milliards et demi. Un humain sur quatre sera Africain dont plus de 60% âgés de moins de 35 ans. Nous disposerons des plus importantes ressources naturelles, les plus convoitées aussi, sur le plus vaste et le moins densément peuplé des continents. Ainsi donc, « un nouveau monde vient », comme l'annonçait Jacques

Attali. La seule question, en réalité, qui se pose est : qu'allons-nous faire en tant qu'Africains ? Serons-nous invités ou aux commandes de notre propre festin ?

S'il fallait vous aider à contribuer au développement rapide de l'Afrique, quels leviers pourrait-on activer ?

Le plus puissant est sans aucun doute l'intégration régionale. Il s'agit pour l'Afrique de repenser son modèle. L'Union Africaine s'est construite sur un postulat assez curieux. Le modèle est censé être celui de l'Union Européenne qui est basé sur une intégration économique. Cependant les étapes significatives, et même symboliques, ont toutes été dans le sens d'une intégration politique. Chemin faisant, cette dernière s'est vite heurtée à la nécessaire construction des États- Nations basés sur des frontières artificielles issues de la colonisation, et conduit à créer des coquilles quasi vides, sans autorité ni légitimité, sur le terrain. Exemple type : la CEAC et d'autres organismes de même rang qui ont du mal à collecter les cotisations de leurs États membres... Merci à l'UE, à la Chine et aux USA de suppléer. Mais à quel prix ? Il faut donc, sans conteste, travailler à l'intégration économique. L'approche la plus sereine et prometteuse est l'édification de pôles autour d'un ou deux champions régionaux. Un pôle en Afrique de l'ouest autour de Nigeria-Côte d'ivoire ; un pôle Afrique centrale autour de RD Congo-Angola ; un pôle en Afrique de l'Est autour d'un axe Éthiopie- Kenya-Tanzanie, un pôle en Afrique australe autour de l'Afrique du sud ; et un pôle en Afrique du nord sur l'axe Maroc-Algérie- Égypte.

Si vous étiez élu chef de l'Etat de votre pays, dans les 24 heures, quelles seraient vos trois premières décisions ?

Vaste question. N'étant pas un politicien je m'en tiendrais donc à certaines réalités géostratégiques. Chaque pays a son ADN propre et une identité que ses voisins définissent tout autant. Loin de tout nationalisme sourcilleux ou de quelque alter-mondialisme hystérique, la réflexion stratégique évidente veut, depuis longtemps, pour ce qui est du Congo tout au moins, que son marché soit vu et vécu comme un territoire de transit et un acteur agricole. Jusqu'ici l'accent a été mis sur le renforcement de la base transit. Désormais, il faut mettre le paquet sur les ressources humaines qui font défaut, ou sont limitées, notamment dans la formation dédiée.

En sus de cela, il faut remettre l'accent sur l'agriculture et la culture, repenser le secteur agricole en terme stratégique et d'indépendance. L'on ne saurait émerger si l'on n'est pas capable d'autonomie alimentaire, si l'on importe tout. Pour ce qui est de la culture, partie intégrante de l'ADN de mon pays, il faudrait renforcer son identité à l'international. On ne va pas rappeler ici ce que le rayonnement et l'influence des USA doivent à la culture. C'est bien connu. Regardez l'urbanité actuelle sans le *Hip Hop* par exemple. La culture des rives du Congo, c'est plus de cinq décennies d'influence à travers le continent ! Quelle réflexion y a-t-il derrière ? Cela doit évidemment être orchestré dans le cadre d'une réflexion et d'une doctrine de patriotisme économique gagnant-gagnant avec nos partenaires traditionnels et nouveaux.

ABAD BOUMSONG

CONSEIL EN RELATIONS PUBLIQUES, POÈTE,
AUTEUR DE « DUBSTEP » ET « LE LIVRE DU NÉANT »
CAMEROUN

Crédit Photo : Abad Boumsong

Poète avant-gardiste, bâtisseur de nouvelles voies, Abad Boumsong met en place, dès son premier recueil, « Le livre du néant », un concept novateur où ses poèmes sont lus, face à la caméra, par des personnalités telles que Patrick Poivres d'Arvor, Omar Sy, Fred Testot, Sara Forestier, Eric Ebouaney, Sabrina Ouazzani ou Harry Roselmack. Dans ses vers, l'émergence de l'Afrique perd son latin à la recherche du vrai bonheur.

Après des études de lettres modernes, Abad Boumsong a œuvré en tant que journaliste et professionnel des relations publiques avant de se concentrer entièrement à sa carrière d'artiste.

Au long de son œuvre, il espère démanteler la poésie contemporaine et lui donner une impulsion qui ne serait pas cantonnée au seul livre. Il s'étend à toutes les autres formes d'art et supports médiatiques. Il veut faire de sa poésie un modèle de concept trans-médias. Ainsi, son second opus « Dubstep » s'attaque-t-il à un genre inexploré par la poésie: « la science-fiction ». Ce faisant, elle ouvre un large champ de possibilité car l'auteur destine « Dubstep » à des genres comme le film d'animation ou le spectacle vivant.

Le poète camerounais voudrait être à la poésie ce qu'Einstein est à la physique. Sa vision de la poésie est au-delà de la poésie et bien au-delà de l'art lui-même qu'il aimerait transcender. « L'art est à la science ce qu'est le temps à l'espace », explique l'artiste. De ce fait, poursuit- t-il, l'art est une donnée qui permet de comprendre l'univers autant que les mathématiques.

"Parce que j'irai loin, bien au-delà de ce verbe
"Prisonnier du papier dans un cachot superbe
"Je dirai à mes vers : 'allez chercher le son
"Car il est votre frère et soyez des chansons"
clame le poète hors norme qui a accepté de répondre à mes questions.

Croyez-vous en l'émergence économique du continent africain ?

Abad Boumsong : il n'est pas nécessaire d'être Africain pour croire en l'émergence du continent africain. Il est juste nécessaire d'être lucide. Tous les signaux sont au vert pour l'Afrique. Sa démographie décriée, jadis comme une faiblesse, devient plutôt une force et, avec une prévision de 4,4 milliards d'habitants en 2100. À cet horizon, un humain sur trois sera Africain ou sur le continent africain. C'est tout vous dire. L'urbanisation explose avec plus de 100 villes qui dépasseront le million d'habitants à l'horizon 2030. Mais plus que les chiffres comme la croissance moyenne évaluée à 5,5% et ce malgré la crise de 2008, c'est surtout la vitalité de la population africaine en laquelle je crois. On parle beaucoup des matières premières dont le continent africain regorge et la nécessité de se les approprier et de contrôler leur processus de transformation. C'est vrai mais pour moi, en amont, la plus riche matière première de l'Afrique est l'Africain lui-même. C'est sa capacité à se réinventer, à croire en sa destinée, et à vouloir jouer un rôle dans le développement de sa région, de son pays, du monde qui, pour moi, est plus déterminante que toute richesse tirée du sol. Il y a bien des nations qui jouent un grand rôle dans le concert économique mondial sans avoir de grandes ressources du sol. Je suis las qu'on vante les richesses de l'Afrique sans vanter celles de l'Africain lui-même, comme si l'Africain n'était qu'un de ces gagnants de la loterie juste chanceux d'avoir tiré les bons numéros. Je crois bien plus en l'Africain qu'en l'Afrique elle-même. Et s'il faut revenir aux chiffres, un quart de la population s'est lancée dans les affaires en 2014. L'Afrique est donc un continent d'entrepreneurs. Il y a sûrement une corrélation avec les contingences économiques qui poussent les populations à créer d'autres sources de revenus.

S'il fallait vous aider à contribuer au développement rapide de l'Afrique, quels leviers pourrait-on activer ?

Le mot développement me gêne, car à quoi renvoie-t-il ? Au développement économique avec ses indicateurs habituels et ô combien désuets à mes yeux ? C'est-à-dire taux de croissance, produit intérieur brut, monnaie puissante et tout le toutim? Ce n'est qu'un paradigme. On voit bien que ce paradigme ne fonctionne pas et ne rend pas les gens plus heureux. Un drogué parait heureux quand il consomme ses produits jusqu'au jour où ceux-ci le détruisent complètement. L'économie n'est que le corps d'une nation mais où sont l'esprit et le cœur ? Une économie sans esprit et sans cœur donne une économie dans laquelle l'homme n'est qu'un rouage. Il suffit de regarder l'Occident et de voir l'exemple à ne pas suivre, même si certaines choses sont à y copier.

Pour en revenir à la question, je n'activerai aucun levier pour le développement rapide de l'Afrique parce que c'est un non-sens. Pour moi, un développement rapide revient à utiliser des processus non naturels comme ces sportifs qui se dopent pour courir plus vite ou ces animaux qu'on gonfle d'hormones afin de les consommer rapidement. Le développement doit être un concert entre l'homme et la nature, une osmose entre lui et son environnement. Pour moi, le seul levier à activer pour le développement de l'Afrique est un levier humain. Quelle Afrique veut-on ? Au milieu de quelle humanité ? De quoi ont besoin les gens ? Pas seulement ce qu'ils veulent mais surtout ce dont ils ont besoin. En ayant trouvé des réponses fortes à ces questions qui relèvent de l'esprit et du cœur, le corps - donc l'économie - n'en sera que plus fort car lié directement aux cœurs des hommes. L'Occident, avec son économie, me fait penser à un esprit et un cœur humain plongés dans le corps d'une machine d'acier. Elle est forte, puissante, mais ne ressentant pas le goût, le toucher, et plein d'autres sensations, elle est inhumaine. Est-ce cela qu'on veut pour l'Afrique ?

Si vous étiez élu chef de l'État de votre pays, dans les 24 heures, quelles seraient vos trois premières décisions ?

Moi Président, mes premières décisions concerneraient les points suivants :

Le renforcement de l'unité de mon pays et de ma région. Cela passe par l'acceptation d'un idéal qui transcende nos différences. Nous sommes ensemble parce qu'on y croit, quels que soient nos tribus, nos clans, nos villages, nos religions et consorts. Nous sommes ensemble parce qu'on a choisi d'être ensemble, pas parce qu'on est le fruit d'un concours de circonstances historiques. Des accords avec la région et la sous-région seront mes priorités. Comment peut-on bien vivre et bien dormir si on ne s'entend pas bien avec son voisin ?

Le renforcement du rôle de la femme. Le monde va mal parce que la femme va mal, on l'étouffe et on la cantonne à un rôle mineur au lieu d'utiliser son potentiel à 100%. On laisse les femmes gérer les familles mais pas les nations ? Que c'est stupide! Les nations sont juste des familles très étendues et les femmes en sont capables mais, bien entendu, avec le processus consistant à valoriser l'individu au centre de cette nation. D'ailleurs les femmes africaines sont celles qui entreprennent le plus sur la planète.

Le renforcement de l'éducation et la protection de l'enfance. On juge une nation à la manière dont elle prend soin de sa jeunesse. Moi Président, je bannirai l'expression « éducation nationale » pour « instruction nationale ». On éduque des chevaux et des moutons pour s'en servir sans tenir compte de leurs envies. Mais on instruit des Hommes dont on peut être fier demain. On doit juste créer un environnement nécessaire à l'épanouissement de cette jeunesse qui viendra renforcer la société. Vous ne pouvez pas créer un désert et attendre que des fleurs y poussent. Nous devons promouvoir la création des écoles d'art, des maisons de la culture pour valoriser nos cultures, à travers la jeunesse, en leur donnant un format attractif et moderne. Regardez la jeunesse africaine! Elle vibre, elle danse, elle réinvente l'Afrique! Donnez-lui juste un cadre et elle va magnifier ce continent!

Cissé Cheickna Bounajim

Directeur de la Gestion Globale des Risques chez BIM S.A.
Mali

Crédit Photo : Cheickna Bounajim Cissé

Cheickna Bounajim Cissé est plus qu'un dirigeant de banque. Il est l'économiste et essayiste d'une Afrique qui émerge. Diplômé d'études supérieures en banque (ITB - CNAM), il est aussi titulaire d'un MBA de Paris Dauphine et de l'IAE de Paris, d'un Master professionnel en sciences politiques et sociales (option journalisme) de l'Institut Français de Presse, et d'une une Maîtrise en gestion des entreprises. Auteur de « Défis du Mali nouveau : 365 propositions pour l'émergence », il est l'inventeur de l'acronyme « MANGANESE » qui désigne 9 pays d'Afrique représentant plus de la moitié de la population africaine et 70% du PIB du continent.

Co-fondateur du Club Madiba, pour une Afrique nouvelle, Cheickna Bouna-jim Cissé est l'auteur de nombreuses publications, au profit de plusieurs médias écrits et audiovisuels. Il est notamment l'inventeur de l'acronyme « MANGANESE » qui désigne 9 pays d'Afrique représentant plus de la moitié de la population africaine et 70% PIB du continent. Auteur des « Défis du Mali nouveau : 365 propositions pour l'émergence », il a accepté de répondre à mes questions.

Croyez-vous en l'émergence économique du continent africain?

Cheickna Bounajim Cissé : on n'accédera pas à l'émergence économique par hasard ou par chance, ni en Afrique ni ailleurs. Et la solution ne fonctionnera pas à l'envie. Il ne suffira pas d'avoir bien parlé, bien écrit et bien rapporté. Il faut jouer collectif et libérer les énergies. Ne nous embaumons pas d'illusions. Personne ne fera le développement de l'Afrique à la place des Africaines et des Africains. Dans un monde de plus en plus globalisé, aucun État africain, à lui, seul ne peut réussir son développement. Les réalités économiques, politiques, culturelles et de plus en plus sécuritaires sur le continent sont là pour nous le rappeler. Quel avenir à jouer au « *freestyle* » en ces temps brumeux ? Certains pays auréolés de « *success stories* » réelles mais superficielles ont tenté des échappées solitaires en se soustrayant de la masse pour s'ajouter à des nations plus nanties. D'autres, habités par le « rêve du leadership africain », ont initié des actions isolées qui ont vite montré leurs limites, de par leur singularité, leur portée et leur efficacité. En cause, la justesse de leur vision, la cohérence de leur stratégie et surtout la taille de leur économie.

Le poids de l'Afrique sur la scène internationale est presque insignifiant. Sa marginalisation est une réalité. Le continent ne pèse que 3% du commerce mondial et ne contribue qu'à hauteur de 1% à la production manufacturière à l'échelle mondiale. Cette situation perdure depuis plusieurs décennies. Et les perspectives n'annoncent pas une inversion fondamentale de la situation. D'autant que l'engagement attendu des Africains pour la cause de leur continent laisse encore à désirer. Pire, ils ne commercent entre eux qu'à hauteur de 15%

de leurs échanges globaux. À l'évidence, l'Afrique est en sursis. Tenaillée entre peur et espoir, ballotée entre braconniers de grand chemin et garde-forestiers en petite forme, elle est à l'image de ses éléphants. Dans 20 ans, si rien de concret et de durable n'est fait pour sauver les Africains de la misère et de l'insécurité, leur continent est appelé à disparaître dans sa forme actuelle.

L'Afrique est dépecée économiquement, culturellement et politiquement. À dire que le partenariat est devenu une trouvaille originale des dirigeants africains, aussi prompts à répondre aux invitations des puissances étrangères – et même insister à se faire inviter – que d'aller à la rencontre de leurs populations. Cette ruée vers l'Afrique, pour les richesses de l'Afrique et non pour les « beaux yeux » des Africains, tout le monde en a conscience, sauf les Africains. Pourtant, un adage du terroir nous enseigne que « si la tortue rend visite au tisserand, ce n'est pas pour chercher une couverture. Elle a mieux : sa carapace ». C'est dans cette indifférence presque généralisée que les raouts se succèdent en Afrique où les distributions de chèques, d'aides et de crédits des nouveaux partenaires se disputent la partie avec les remontrances, les directives, les mises en garde et les chantages des anciennes puissances coloniales. Tout cela dans une mésestime presque généralisée qui pourrait être qualifiée de « conspiration du silence ».

Attention ! Celui qui excelle à ramasser les serpents morts se ravisera le jour où il sera en possession d'un serpent inerte pris pour mort. L'Africain du 21ème siècle, « réfugié dans le combat pour la survie » – l'expression est de Kofi Yamgnane – a changé. Il a conscience de son extrême pauvreté et de l'immense richesse de son continent et de ses dirigeants. Sa patience a des limites. Il a prouvé qu'il sait se faire entendre quand on le fait trop attendre. Dans le chaudron africain, des ruelles fumantes de Sidi Bouzid, en Tunisie, aux mines de platine ensanglantées de Marikana, en Afrique du Sud, du centre-ville bouillant de Ouagadougou, au Burkina Faso, au littoral mouvementé du Puntland, en Somalie, l'odeur de la colère des peuples africains, délaissés chez eux et indésirables ailleurs, ne cesse de fumer et d'enfumer. Et nul doute, dans les prochaines années, si les gouvernants africains, plus soucieux de la gestion de leur temps de présence que du développement de leurs pays, ne leur proposent pas de meilleures conditions de vie, les populations africaines abandonnées à l'oubli et à la misère montreront du muscle en s'auto-administrant. Peut-être de façon chaotique et sarcastique ? Qu'importe, pour eux, si le sacrifice est déjà consommé ! Ils s'en contrefichent. Et il n'y aura ni recul ni renoncement de leur part. Pour autant, la conscience citoyenne africaine est interpellée pour sa part de responsabilité dans le choix des hommes devant conduire les affaires de la cité. Elle devrait se rappeler ce dicton peul : « Si tu fais d'une grenouille un roi, ne t'étonne pas de l'entendre coasser ».

Plus sérieusement, l'Afrique accuse un retard inadmissible à l'allumage alors qu'elle a tous les atouts pour s'y faire. Que nous arrive-t-il ? Avons-nous tiré toutes les leçons du passé ? Qu'avons-nous fait de l'Afrique, cette vieille dame au silence écouté, qui nous a tout donné et à qui nous avons tout refusé ? Les oreilles des populations africaines ont été tellement travaillées par les gouvernants et les intellectuels, à coup de fausses promesses, de fausses vraies réalisations distillées à travers meetings, conférences, sommets et autres forums que nous doutons qu'elles puissent encore entendre. Or, comme le dirait l'autre: « les bêtises, comme les impôts, tôt ou tard vous allez les payer ». Et si tel est notre destin, assumons-le ! Mais allons- nous hypothéquer l'avenir des générations futures en les condamnant, non à développer leur continent mais à le fuir, en masse, pour survivre à la faim, à la guerre et à la maladie ?

Point de fatalité ! Nous ne pouvons pas être en détention et revendiquer les privilèges de la liberté. Oui c'est nous, les Africains, qui avons mis notre continent dans les liens de la détention et de la servitude. Point de bouc émissaire ! Il faut sortir de la victimisation, assumer ses responsabilités et avoir le regard lucide sur la situation de l'Afrique. Faut-il attendre des « partenaires » de l'Afrique qu'ils développent le continent ? Assurément, non. Ce sera trop leur demander. Et même si c'était le cas, ils ne le feront pas. Ce n'est pas parce qu'ils aiment le foie gras qu'ils doivent forcement s'intéresser à la vie du canard. Les relations économiques internationales sont un jeu à somme nulle. Chaque État veille, légitimement et jalousement, sur ses intérêts. Et tout y passe pour les préserver. Et l'Afrique ne peut pas continuer à tendre la main *ad vitam aeternam*. L'aide a ses limites. Aucun plan de développement crédible et pérenne ne peut reposer principalement sur ce modèle au risque de secréter l'assistanat, la pauvreté et la misère dans le pays adressé. D'ailleurs, si l'aide pouvait émanciper un pays, ça se saurait. Et Haïti aurait été l'une des nations les plus prospères au monde. Ce pays qui a bénéficié de l'équivalent de 120 «Plans Marshall» en trois décennies a enregistré, paradoxalement, une baisse de 20% du niveau de vie de ses habitants ! Cet exemple est assez révélateur du modèle économique dans lequel l'Afrique s'englue depuis plus d'un demi-siècle. Il faut donc changer de logiciel de développement. Il va falloir s'y résoudre définitivement, le développement de l'Afrique ne viendra pas d'ailleurs. Ni maintenant, ni demain. Il viendra, ou ne viendra pas, par le seul fait des Africains. Tant mieux, bien sûr, si un soutien étranger peut y contribuer. Mais, comme le dirait l'autre, ce soutien ne servira rien s'il n'y a rien à soutenir.

L'émergence de l'Afrique n'est pas un choix. C'est une nécessité pour l'humanité, quoi qu'en pensent ou qu'en fassent les Africains. L'Afrique n'est pas l'avenir du monde, c'est le monde.

S'il fallait vous aider à contribuer au développement rapide de l'Afrique, quels leviers pourrait-on activer ?

Pour prescrire la thérapie, il faut d'abord s'accorder sur le diagnostic. Un constat semble être partagé : tant que le commerce intra-africain restera à ce niveau ridicule et minuscule de 15%, contre 68% pour l'Europe et 57% pour l'Asie, point d'émergence pour le continent. Ou l'Afrique intensifie ses échanges avec elle-même ou elle organise son suicide collectif. C'est le substrat du premier levier.

Dans le cadre de la construction continentale de chaînes de valeur, il faut identifier les domaines prioritaires, mettre en valeur les potentialités individuelles, favoriser les actions de synergie à travers une meilleure division des tâches, et libérer le dynamisme du secteur privé. Pour ce faire, on peut imaginer que chaque État africain, à tour de rôle, organise une rencontre continentale pour inviter les 53 autres États sur un ordre du jour précis issu d'un plan d'émergence global du continent avec une feuille de route et un chronogramme de mise en œuvre. Évidemment, à une cadence annuelle, l'état déplorable dans lequel le continent est plongé ne pourrait que s'empirer. Il faut donc forcer le destin et organiser des rencontres trimestrielles avec, comme objectif, de boucler les rencontres à l'horizon 2030.

Il y a deux actions urgentes à poser : transformer nos matières premières en Afrique, et contrôler les entreprises chargées de cette transformation.

Pour financer ce développement inclusif, plusieurs initiatives sont à portée de main. Par exemple, il faut revenir aux vieilles bonnes recettes de l'Afrique profonde : la tontine. Chaque État cotisera trimestriellement l'équivalent de 1 milliard FCFA. À chaque fin de période, la cagnotte (appelée « pari » en bambara au Mali) de 54 milliards FCFA servira au financement d'un projet industriel d'envergure dans le pays hôte du sommet continental. Les produits manufacturés issus de cette usine seront exclusivement destinés au marché intérieur africain. Ainsi, à l'horizon 2030, la solidarité continentale mobilisera, sans pression, sans taux d'intérêt, et sans tracasserie administrative, une enveloppe globale de 729 milliards FCFA pour le financement du commerce intra-africain. C'est un « *quick win* » (victoire rapide) qui permet de donner de l'espoir et de tracer la route.

Le second levier, qui doit être au service de l'intensification du commerce intra-africain, est la réforme du secteur bancaire du continent. Elle doit être basée sur un fort ancrage local. Cette transformation s'articulera autour des points suivants :

Créer des zones franches bancaires pour permettre aux établissements de crédit d'investir les localités rurales ou défavorisés en vue de bancariser les résidents, et permettre ainsi d'améliorer substantiellement le faible taux de bancarisation actuel de 15% dans plusieurs pays africains.

Augmenter la contribution des banques dans le financement des économies nationales qui est actuellement de 25% dans la majorité des pays africains au sud du Sahara.

Créer des banques publiques d'investissement dans chaque État africain, contrôlées par des capitaux nationaux, et destinées à financer les secteurs clés de l'économie comme l'agriculture, l'industrie...

Réviser la réglementation bancaire pour l'ouvrir à la finance islamique avec l'objectif de créer des banques islamiques, de permettre au système conventionnel de commercialiser des produits islamiques, et de permettre aux États de lever des fonds « sukuk » pour le financement des infrastructures publiques.

Renforcer l'éducation financière en vue de vulgariser les concepts de base de l'industrie bancaire et de développer la culture financière de la population.

Faciliter l'essaimage des incubateurs d'entreprises pour renforcer le tissu économique et réduire le taux de « mortalité » entrepreneurial.

Faire évoluer l'approche risques des banques, de créanciers hypothécaires à financeurs du développement.

Tous ces différents points, et d'autres, ont fait l'objet d'un ouvrage que je publierai très bientôt.

Si vous étiez élu chef de l'État de votre pays, dans les 24 heures, quelles seraient vos trois premières décisions ?

Évidemment, une telle charge n'est pas inscrite dans mon agenda. Il y a des autorités démocratiquement élues qui sont en place et qui s'attèlent à mettre en œuvre le programme pour lequel elles ont reçu un mandat du peuple malien. Et dans la situation actuelle, extrêmement difficile, elles doivent bénéficier de l'apport de tous les Maliens, et de tous les amis du Mali. J'avais déjà fait des propositions dans ce sens dans mon livre « Les défis du Mali nouveau » paru en 2013 sur Amazon.fr.

Dans un pays qui sort difficilement de la crise la plus profonde de son histoire, tout est urgent, tout est prioritaire. Et il est difficile de faire comprendre aux populations que les problèmes auxquels elles sont exposées sont tellement nombreux et pressants, et qu'au regard de l'énorme retard du pays, il faut faire preuve de patience. D'autant que la nature des questions à résoudre est structurelle alors que les désirs de changement des populations sont inscrits dans l'immédiateté : «tout, tout de suite! ». Trouver un bon alliage entre les deux exigences n'est pas chose aisée. Et c'est là, toute la difficulté de l'exercice. Et la facilité de se lancer dans des promesses creuses et démagogiques est tentante.

Il faudra à la fois faire face aux urgences et préparer l'avenir. L'urgence, c'est la paix et la sécurité sur toute l'étendue du territoire national. L'avenir, c'est l'émergence économique du pays. Les trois premières mesures, qui symboliseraient le changement et l'espoir, porteraient sur le rassemblement, toutes composantes confondues, autour de la cause nationale, le partage de la vision de l'émergence, et l'exemplarité comme annonce à une lutte implacable contre la corruption.

Il nous faut devenir des « tortues-lièvres » – l'expression est de Hervé Sérieyx - et désigne des animaux bizarres capables de courir vite mais, également, longtemps et sans précipitation. Pour ce faire, deux choses sont nécessaires : la pédagogie pour expliquer des choses sérieuses avec gravité et sans tristesse ; et aussi, c'est important, initier et réaliser des *quick wins* (ou victoires rapides) pour envoyer un message d'espoir et d'engagement au peuple.

DAVID COPHIE
DIRECTEUR DU GROUPE MDA
CÔTE D'IVOIRE

Crédit Photo : David Cophie

Ancien de PricewaterhouseCoopers, David K. Cophie dirige le Groupe MDA dont fait partie Senior Alliance Consulting. Expert grade A auprès de l'UE-ACP, il est titulaire d'un MBA de l'Université Libre de Bruxelles. Responsable pendant 10 ans de plusieurs séminaires internationaux de management et de perfectionnement des cadres africains, il soutient mordicus que « l'Afrique est indispensable à la croissance mondiale. »

"Je dirige aujourd'hui le Groupe MDA dont fait partie Senior Alliance Consulting, un cabinet international de conseil en management, crée en 2000. Nos principaux bureaux régionaux sont basés à Abidjan, pour la zone Afrique, et à Bruxelles pour la zone Europe », engage David Cophie. Après plusieurs années passées au sein de grands cabinets internationaux d'audit dont PwC, l'Ivoirien prêche désormais pour sa propre chapelle.

« Aujourd'hui, poursuit-il, nous comptons parmi les meilleurs cabinets de conseil exerçant en Afrique et sommes leader de la formation professionnelle continue en Afrique francophone avec plus de 200 séminaires internationaux par an. Nous ambitionnons de devenir un centre de référence avec statut d'institution internationale spécialisée dans le renforcement des capacités, le conseil et la formation continue des hauts cadres africains. » C'est donc un auditeur de haut niveau, mais aussi un entrepreneur et un commercial aguerri qui a accepté de répondre à mes questions.

Croyez-vous en l'émergence économique du continent africain ?

David Cophie : je crois fermement en l'émergence économique de l'Afrique pour plusieurs raisons : parce que c'est bien ici que tout a commencé. L'Afrique est le berceau de l'humanité et du savoir. Avant l'empire romain, l'Égypte antique était l'une des civilisations les plus prospères et les plus avancées du monde occidental. L'Afrique a été un acteur majeur, un centre névralgique dans le commerce et les échanges internationaux pendant plusieurs siècles. Rappelons-nous l'époque du commerce triangulaire, avec les pays d'Europe occidentale, et de la colonisation du continent africain qui a eu un impact important, toujours débattu, sur le développement de l'économie africaine.

Aujourd'hui, si nous considérons la réponse rapide que l'Afrique a apportée face à la crise financière mondiale et les croissances élevées enregistrées, cela témoigne de son énorme potentiel économique. Le souci est que la pauvreté reste très répandue sur le continent. Et la question essentielle est de savoir comment transformer le potentiel de l'Afrique en une croissance forte, soutenue et partagée afin d'apporter des améliorations tangibles aux conditions de vie des populations.

Ce qui me rassure, c'est que l'émergence du continent repose sur un certain nombre de facteurs effectifs, y compris un environnement extérieur favorable et des facteurs intérieurs tels que le recul des conflits, les avancées de la démocratie, une stabilité politique accrue et des politiques macroéconomiques prudentes. Plusieurs pays ont amélioré leur environnement des affaires, la réglementation du secteur financier, l'administration publique, et le recouvrement des recettes fiscales. L'accroissement des flux d'échange et d'investissement entre l'Afrique, la Chine, l'Inde et les pays du Golfe garantit aussi cette croissance.

L'Afrique est indispensable à la croissance de l'économie mondiale, même si on nous fait croire le contraire. Andris Piebalgs, Commissaire européen pour le développement, disait : « Investir en Afrique, c'est préparer le futur de l'Europe ». Et moi j'ajouterais du monde.

Pourtant considérée comme étant en marge de la mondialisation, l'Afrique tient en revanche son rang car son potentiel de croissance économique reste immense : les investissements nationaux et étrangers continuent à croître rapidement. Le grand défi, pour l'Afrique, durant les deux prochaines décennies consistera à faire que cette croissance soit créatrice d'emplois et bénéficie aux pauvres.

Nous avons tout pour réussir. Si nous n'y croyons pas, alors les autres qui y croient viendront réaliser leurs rêves sous nos nez. Toutes les grandes conférences, à Genève et dans le monde, portent généralement sur l'investissement en Afrique. Pourquoi donc ? Simplement parce que les économies africaines captivent l'attention mondiale, tous croient en l'Afrique. Alors pourquoi pas nous ?

S'il fallait vous aider à contribuer au développement rapide de l'Afrique, quels leviers pourrait-on activer ?

L'Afrique connaît une croissance économique rapide mais aux retombées inégalement réparties. La question est donc de savoir comment traduire ces performances économiques impressionnantes en une croissance plus inclusive – et, en particulier, comment faire en sorte que la croissance économique génère de l'emploi pour les jeunes, toujours plus nombreux. Un environnement économique stable, de meilleures infrastructures et une hausse de la productivité agricole, peuvent avoir de profonds effets sur l'inclusion et la création d'emplois. Les sujets de l'emploi et de la productivité apparaissent comme étant les enjeux principaux d'une croissance inclusive.

En termes de politique économique, comme l'avait identifié le FMI, deux domaines complémentaires favoriseraient la croissance inclusive. Le premier concerne la création d'emplois, particulièrement au sein des entreprises familiales des secteurs de l'agriculture et des services. L'agriculture est le secteur qui fournit le plus d'emplois, mais elle souffre encore d'une faible productivité et d'un recours limité aux technologies. Le second concerne l'inclusion financière et la facilité d'accès à des sources de financement fiables et abordables. Les nouvelles technologies y contribuent positivement. On peut citer l'exemple des services bancaires sur téléphone mobile qui connaissent une expansion rapide et démocratisent l'accès aux services financiers aux personnes auparavant non bancarisées. La bancarisation demeure un levier du développement socio-économique de l'Afrique.

Le numérique est aussi un levier de croissance qui pourrait permettre aux économies africaines de prendre définitivement leur envol. Comment et à quel rythme ? La première priorité est le développement des infrastructures numériques, qui permettent de booster la productivité agricole, celle des entreprises et des services publics, mais aussi de connecter les populations aux marchés et de leur donner accès aux services financiers.

Devant la demande, de plus en plus forte, de ressources minérales, due à la montée en puissance des pays émergents, l'Afrique, sous explorée et sous exploitée, prend des allures d'eldorado pour les petites et grandes compagnies minières originaires d'Europe, d'Amérique du Nord, et bien sûr de Chine. Le secteur minier, depuis le début des années 2000, est marqué par une hausse ininterrompue des investissements dans cette industrie. Elle ouvre à l'Afrique, au potentiel géologique très important mais peu connu, une « fenêtre d'opportunité » pour pérenniser sa croissance. L'Afrique tient d'ores et déjà une place privilégiée dans cette industrie. Des puissances émergentes comme la Chine s'intéressent aujourd'hui au continent africain : elles y voient une source privilégiée des matériaux dont elles ont besoin pour leurs industries. Cet intérêt est, du point de vue des pays africains qui disposent de ressources minières, une opportunité à ne pas laisser passer. Pour cela, la valorisation du sous-sol doit respecter les principes de bonne gouvernance politique, sociale, économique et environnementale. En ce sens, l'implication de la communauté internationale et des bailleurs de fonds demeure indispensable.

Si vous étiez élu chef de l'État de votre pays, dans les 24 heures, quelles seraient vos trois premières décisions ?

D'abord, améliorer et investir dans l'employabilité et la formation des jeunes qui sont les catalyseurs du développement économique et social.

Ensuite, apporter des améliorations tangibles aux conditions de vie des populations grâce aux nouvelles technologies, un environnement économique stable, de meilleures infrastructures, un système sanitaire et social adéquat, une hausse de la productivité agricole pour l'exportation et la sécurité alimentaire, et à des systèmes de financements accessibles à tous.

Enfin, assainir et améliorer la compétitivité des filières agricoles et du secteur mines/énergies pour les mettre au service d'un développement durable.

Murielle Degbey Mouliom

Consultante et formatrice en Ressources humaines

Niger

Crédit Photo : Murielle Degbey Mouliom

Depuis l'Europe, Murielle Degbey Mouliom avait du mal à palper la réalité de l'émergence africaine. La vie l'a servie au moment de rejoindre son époux sur le continent. Parvenue au poste de *Business Development Manager* dans un grand groupe international de vente de solutions de gestion du risque crédit, cette consultante et formatrice RH voit dans les ressources humaines la clé absolue de l'émergence africaine.

Nigérienne d'origine, Murielle Degbey Mouliom se définit volontiers comme une citoyenne du monde en plus d'être profondément africaine. « En moi coule du sang béninois, guinéen, nigérien, tchadien et, par le fait de l'histoire coloniale de ces pays, libanais, anglais et français » explique-elle. Elle a vécu au Niger pendant les 18 premières années de sa vie avant de s'envoler en Europe où elle a passé les 20 années suivantes à étudier et à travailler.

« Dans l'avion qui m'emmenait en France pour mes études, confie-t-elle, j'élaborais mon plan de carrière. Je listais les types de sociétés que je voulais créer, une fois au pays. Il me fallait, pour cela, acquérir des compétences particulières que je comptais bien apprendre en Europe pour rentrer », explique-t-elle. C'est ainsi qu'elle commence par un cursus d'École de commerce à Bordeaux, spécialité marketing/vente. Elle rejoint ensuite Paris pour se spécialiser en négociation. Dans la foulée, elle entreprend de travailler pour acquérir l'expérience et les fonds qui lui auraient fait défaut si elle avait décidé, du jour au lendemain, de s'établir sur le continent.

Après quelques années, Murielle Degbey Mouliom parvient au poste de *Business Development Manager* dans un grand groupe de vente de solutions de gestion du risque crédit. Elle vit une formidable expérience internationale qui n'étanche jamais sa soif de retour. Son nouveau métier de consultante et formatrice RH va lui apporter une dimension plus constructive dans sa contribution à l'émergence des pays africains qui lui font confiance. Son mari ayant trouvé un emploi en Afrique, le couple s'est établi sur le continent. C'est depuis l'Afrique qu'elle a accepté de répondre à mes questions.

Croyez-vous en l'émergence économique du continent africain ?

Murielle Degbey Mouliom : je dois avouer que j'avais de vrais doutes quant à l'émergence du continent lorsque j'étais en Europe. Même si je voyais les avancées, les chiffres plutôt encourageants, les *success stories* de tel ou tel entrepreneur... Depuis que je suis sur le continent, oui, j'y crois définitivement ! Cependant, c'est un « oui, mais... »

Oui, mais si les ressources humaines étaient mieux formées et accompagnées pour faire face à l'environnement propre à chaque pays.

Oui, mais si le système économique acceptait de laisser la part belle et à encourager l'entreprenariat individuel ou coopératif.

Oui, mais si l'accès à la santé et à l'énergie devenait une réalité pour tous.

Bien sûr, cela va dépendre des pays, mais les conditions ne sont pas toujours réunies pour arriver à cette émergence. Cependant les ressources, les volontés et initiatives sont bien là. Il s'agit de ne pas les épuiser.

Vous aurez remarqué que je n'aborde pas les aspects géopolitiques, car je crois fermement que l'impulsion doit venir de l'individu qui se sera rendu autonome vis-à-vis de l'État, de l'administration, du pouvoir politique.

Il va de soi que ceux-ci sont malgré tout indispensables à la mise en place, la stabilisation et la pérennisation de ces initiatives pour une émergence profitable au plus grand nombre.

Si vous étiez élue chef de l'État de votre pays, dans les 24 heures, quelles seraient vos trois premières décisions ?

D'abord, la convocation des états généraux de l'éducation et de la formation professionnelle pour permettre la réduction de l'analphabétisation, l'accès à l'éducation pour tous – et notamment celle des filles –, l'élévation du niveau de formation des cadres, l'accès à l'emploi ou la promotion de l'auto-emploi.

Ensuite, l'amélioration du système de création d'entreprise, à travers un guichet unique d'immatriculation, la simplification des démarches et des conditions de démarrage, ainsi que l'accompagnement des créateurs tout au long de leur projet.

Enfin, l'accès à la santé pour tous.

GABRIEL-MARCEL DEUTOU
ENSEIGNANT ET CHERCHEUR À L'ESG PARIS
CAMEROUN

Gabriel-Marcel Deutou

Gabriel-Marcel Deutou est un sacbeliois. Titulaire d'un bachelor en administration des affaires internationales de l'American Business School, d'un double MBA en finance et marketing de l'ESG Paris, d'un double MBA en gouvernance et politiques de développement, il est aussi docteur en relations internationales et diplomatie de HEIP. Enseignant et chercheur, au moment où paraît cet ouvrage, il rêve de diriger le Cameroun demain.

GABRIEL-MARCEL DEUTOU
ENSEIGNANT ET CHERCHEUR À L'ESG PARIS
CAMEROUN

Crédit Photo : Gabriel-Marcel Deutou

Gabriel-Marcel Deutou est un surdiplômé. Titulaire d'un Bachelor en administration des affaires internationales de l'American Business School, d'un double MBA en finance et marketing de l'ESG Paris, d'un double MPA en gouvernance et politiques de développement, il est aussi docteur en relations internationales et diplomatie de HEIP. Enseignant et chercheur au moment où paraît cet ouvrage, il rêve de diriger le Cameroun demain.

"J'ai tout d'abord effectué un Bachelor spécialisé en Administration des affaires internationales à l'American Business School (ABS Paris), puis j'ai travaillé comme responsable du développement commercial pour le compte de l'Office universitaire de presse pour le projet grandes-écoles région île-de-France » entame le jeune prodige camerounais. À la suite de cette première expérience, Gabriel-Marcel Deutou intègre l'École Supérieure de Gestion (ESG Paris) pour un double MBA en Finance et Marketing.

« J'ai ensuite occupé le poste de directeur commercial pour deux PME portées sur le *e-commerce* à savoir : l'éditorial ethnique *Shenka* et la plateforme *monbebe.com*» poursuit-il. Par la suite, il obtient un double MPA en gouvernance et politiques de développement, suivi d'un PhD en relations internationales et diplomatie, à l'École des Hautes Études Internationales et Politiques (HEIP Paris).

Ayant choisi l'enseignement, il intervient au sein de grandes écoles françaises parmi lesquelles : ESG, INSEEC, ISCOM, ESAM ou EHED. Fort d'une ambition politique clairement assumée pour le Cameroun, c'est aussi le directeur de programmes de Paris School of Business (option Finance Islamique) qui a accepté de répondre à mes questions.

Croyez-vous en l'émergence économique du continent africain ?

Gabriel-Marcel Deutou : ne pas croire en l'émergence du continent africain serait méconnaitre les besoins liés à la mondialisation. L'Afrique demeure le premier vivier, en termes de ressources naturelles, ce qui justifie la présence chinoise sur le continent. Toutefois, la transition du modèle économique de la Chine passera par une hyper consommation africaine. Il en est de même au regard d'une nouvelle force humaine, bien plus entreprenante et mieux armée, face aux défis de la mondialisation. Toutefois, croire en l'émergence du continent africain reviendrait à croire en l'éradication de la corruption au sein de nos institutions. L'Afrique émergera économiquement, j'en suis persuadé ; mais le quotidien de l'Africain demeure notre véritable challenge.

S'il fallait vous aider à contribuer au développement rapide de l'Afrique, quels leviers pourrait-on activer ?

La mise en place d'une nouvelle politique pour un développement rapide de l'Afrique requiert des infrastructures logistiques en adéquation avec cette ambi-tion retrouvée. Il en est de même du levier humain : être capable d'intégrer la diaspora africaine au cœur de l'émergence africaine. Aujourd'hui, faire le choix d'un retour aux origines n'est pas évident, tout simplement parce que l'accom-pagnement est absent. L'Afrique doit tendre vers un marché commun si elle veut faire face à la présence de pays émergents notamment la Chine ou l'Inde. De même, la mise en place d'organismes de micro-financement, sur le modèle de la finance islamique (partage des pertes et profits), serait un levier viable, mieux adapté aux besoins microéconomiques d'une population où la débrouillardise est le premier vivier professionnel.

Si vous étiez élu chef de l'État de votre pays, dans les 24 heures, quelles seraient vos trois premières décisions ?

Être à la tête du Cameroun est le moteur de mon ambition. Si tel était le cas, dans les 24 heures, je m'attellerais d'abord à désenclaver le pays. Il est inadmis-sible de parler d'émergence économique en l'absence de routes praticables. Le transport joue un rôle primordial, peu importe la politique mise en place, dans le sens où elle a un impact direct sur le coût réel de l'import-export.

Mon deuxième chantier serait celui de la transparence au sein de nos institu-tions, dans l'optique d'accroître le seuil des investissements directs étrangers. Sur le même thème, je suis pour le choix d'un mandat unique - peu importe la durée. À mon sens, l'Afrique est constituée de proto-États pour qui l'assimila-tion d'une démocratie à l'européenne n'est pas en adéquation avec nos mœurs culturelles de chefferie.

Mon dernier défi serait celui de l'éco-tourisme. Le Cameroun porte le nom de «micro-Afrique» car on y retrouve tout son charme : montagnes, océans, volcans, déserts, forêts, faunes, etc. Mettre sur pied un organisme en charge de ce projet, auquel on donnera une dimension propre au management du développement durable, avec l'intégration, puis l'éclosion de la population rurale.

Ibrahim Diabakhate

Fondateur de NXvision

Mauritanie

Crédit Photo : Ibrahim Diabakhate

Ibrahim Diabakhate est le fondateur de NXvision, une société créée en 2014 dans le but principal d'accompagner et de sécuriser les transferts d'argent des migrants à travers le téléphone mobile. Diplômé de l'Université de Shanghai, de l'INSA de Toulouse, et de la Skema Business School, ce Mauritanien parlant couramment chinois refuse catégoriquement de confondre émergence et développement du continent africain.

Après un *Bachelor of Science in Applied Electronics* obtenu à l'Université de Shanghai et un DESS en Microélectronique à l'INSA-Toulouse, Ibrahim Diabakhate décide de compléter sa formation scientifique en se spécialisant en management stratégique de l'information. Il intègre alors CERAM (actuel SKEMA Business School) où il est diplômé, en 2005, du Mastère spécialisé en intelligence économique et gestion des connaissances.

« De 2006 à 2011, précise-t-il, j'ai travaillé comme analyste en intelligence compétitive au sein de sociétés de conseil en innovation. Parallèlement, j'ai développé une expertise en prospective et marketing de projets d'innovation. Je suis membre du Groupement de compétences pour l'information et la compétitivité (GCIC) et du club *ThinkTankers*. »

En 2014, Ibrahim Diabakhate fonde la société NXvision dont la vocation est d'accompagner et de sécuriser les transferts d'argent des migrants par la dématérialisation - via mobile -, la création d'activités économiques et l'accès à des services financiers, notamment en milieu rural. Très sensible aux enjeux du co-développement et du transfert des compétences Nord-Sud, il développe des outils et méthodes d'innovation sociale et de progrès rural, en Afrique, en accompagnant des associations et des collectivités. De par sa formation pluridisciplinaire, son parcours international, et son multiculturalisme éprouvé, c'est un entrepreneur parlant couramment l'anglais et le chinois qui a accepté de répondre à mes questions en quelques mots.

Croyez-vous en l'émergence économique du continent africain ?

Ibrahim Diabakhate : oui, à condition que nous ne rations pas l'occasion. En effet, il ne faudrait pas confondre croissance économique et développement économique. Je crois que ce qui se passe aujourd'hui, c'est plus de la croissance et non du développement. Le risque c'est que l'Afrique s'endette autrement. Il faudrait privilégier des modèles de développement économique axés sur le transfert de compétences.

S'il fallait vous aider à contribuer au développement rapide de l'Afrique, quels leviers pourrait-on activer ?

Soutenir NxVision, dans sa vision, de croire à l'émergence d'un entrepreneuriat local pour une économie rurale formelle.

Si vous étiez élu chef de l'État de votre pays, dans les 24 heures, quelles seraient vos trois premières décisions ?

Ce n'est pas mon rêve. Mais si j'ai la chance d'en conseiller, il s'agirait de mettre en place de véritables moyens de gestion transparente des ressources au bénéfice du peuple ; de multiplier par trois l'accès et la qualité de l'éducation et de la formation professionnelle ; de définir un plan quinquennal de développement basé sur la valorisation et la transformation des ressources locales et la création d'activités génératrices de richesses et le transfert de compétences.

DJIBRIL DIAKHATE
ENSEIGNANT-CHERCHEUR À L'UNIVERSITÉ
CHEIKH ANTA DIOP
SÉNÉGAL

Crédit Photo : Djibril Diakhaté

Enseignant-chercheur en sciences de l'information à l'Université Cheikh Anta Diop de Dakar, Djibril Diakhaté a quitté la France après son doctorat, en 2011, pour répondre à l'appel de l'Afrique émergente. Pour ce panafricaniste, les technologies de l'information et de la communication (TIC) constituent un formidable levier de croissance sur lequel peut surfer la jeunesse africaine si elle est encadrée de manière idoine.

DJIBRIL DIAKHATÉ

ENSEIGNANT-CHERCHEUR À L'UNIVERSITÉ CHEIKH ANTA DIOP

SÉNÉGAL

Crédit Photo : Djibril Diakhaté

Enseignant-chercheur en science de l'information à l'Université Cheikh Anta Diop de Dakar, Djibril Diakhaté a quitté la France après son doctorat, en 2011, pour répondre à l'appel de l'Afrique émergente. Pour ce panafricaniste, les technologies de l'information et de la communication (TIC) constituent un formidable levier de croissance sur lequel peut surfer la jeunesse africaine si elle est encadrée de manière idoine.

A près un Master en valorisation de l'information et médiation des connaissances à l'Université d'Aix Marseille 3 et une thèse de doctorat en sciences de l'information et de la communication soutenue en 2011, à l'Institut d'Études Politiques d'Aix en Provence, Djibril Diakhaté est revenu professer à l'école qui l'a formé au Sénégal. « Aujourd'hui, explique-t-il, c'est avec fierté que j'enseigne les sciences de l'information à l'EBAD, l'école de mes premiers pas en information scientifique et technique et économique (ISTE). Cette institution pionnière, en Afrique, dans ce domaine, m'a fait découvrir pendant quatre années, après le Baccalauréat, l'importance de l'information dans la conduite des affaires et la compétitivité des entreprises.»

Outre ses fonctions d'enseignant, le jeune leader sénégalais est également actif dans le secteur du conseil en management des connaissances, veille et intelligence économique, aussi bien en France qu'au Sénégal. « À Marseille Provence Technologies et à la Chambre de Commerce et d'Industrie de Marseille Provence, argumente-il, j'ai eu la chance de participer à l'exécution du projet *I-Mind*, financé par le Fonds Social Européen pour accompagner les petites entreprises et les porteurs de projets à l'innovation technologique. J'ai aussi récemment aidé une grande banque régionale africaine à la mise en œuvre de sa stratégie de gestion des connaissances. »

Djibril Diakhaté compte renouveler ce type d'expériences, sous diverses formes, afin d'aider les entreprises africaines à prendre en compte la variable « information » dans leur stratégie pour un meilleur positionnement dans la compétition internationale. Malheureusement, «les acteurs publics et privés, à quelques exceptions près, ne semblent pas assez convaincus par l'impact réel des dispositifs de veille et d'intelligence économique dans leur compétitivité », explique le jeune expert-consultant qui a accepté de répondre à mes questions.

Croyez-vous en l'émergence économique du continent africain ?

Djibril Diakahté : définitivement oui ! Être panafricaniste et ne pas croire en l'émergence africaine ne font bon ménage. C'est parce que je crois en l'Afrique

que je n'ai pas hésité à revenir travailler dans mon pays alors que d'autres m'ont incité à rester en France. Ce que je ne regrette pas. C'est parce que je crois en l'émergence africaine que je me mets dans une situation de désolation à chaque fois que je vois des actes anti développement posés par un citoyen ordinaire, un homme politique, un chef d'entreprise ou un homme d'État. C'est parce que je crois en l'homme africain que je suis profondément peiné à chaque fois que des jeunes déçus par l'avenir que leur offre leur pays échouent en mer en migrant vers des prairies qu'ils croient plus vertes. Enfin croire en l'Afrique me met dans une situation d'espérance quand je vois tout le potentiel de ce continent, ses matières premières, la « virginité » dont il jouit dans beaucoup de secteurs et l'usage que ses dirigeants mal éclairés en font. Malgré ces paradoxes je croirai toujours en l'émergence africaine car la population y est encore jeune, dynamique et débrouillarde ; les ressources y sont encore abondantes alors qu'elles s'épuisent ailleurs ; les compétences s'y développent avec des écoles aux standards internationaux et les vagues de retours des Africains formés dans les meilleures écoles occidentales s'intensifient au gré de crises économiques ; l'éveil progressif des consciences africaines à la démocratie, à la liberté, gage de stabilité. La vraie question selon moi, et qui convient à mon état d'esprit, est à quelle vitesse nous acheminons-nous vers cette émergence ? Allons-nous être témoins de cette émergence ? Quels sont les goulots d'étranglement de cette marche vers le développement ?

Il est évident que les obstacles au plein développement sont nombreux en Afrique. Ils sont d'abord d'ordre humain. L'Afrique n'a pas encore les dirigeants qu'il faut pour mener vers l'émergence. La volonté politique que requiert un tel projet manque cruellement. Il nous faut des chefs d'État capables de prendre des décisions allant dans le sens d'affirmer la souveraineté et l'indépendance de nos pays face à certains lobbies. L'Afrique a besoin d'un peuple éduqué, discipliné car le développement est d'abord humain avant d'être économique. Les systèmes éducatifs de nos pays sont en déliquescence. Grèves endémiques, programmes scolaires en déphasage avec les réalités des pays, manque d'infrastructures pédagogiques... minent le quotidien de nos enfants avec, comme conséquences, la disparition des systèmes de valeurs fondamentalement ancrés dans nos cultures, notamment la solidarité, le respect de l'autre, ou l'honnêteté. L'émergence doit aussi avoir comme soubassement des compétences techniques avérées. Il faut travailler à faire revenir la technique au détriment de la politique, pour paraphraser feu Kéba Mbaye. Ce n'est pas la politique politicienne qui va développer un pays mais des hommes et des femmes compétents capables de mener efficacement des projets de développement. Il est triste de constater, dans nos pays, l'émergence de la « profession de politicien », une aberration. Ces gens-là, incompétents et sans expérience qui, par le jeu des récompenses politiques ou de leur proximité avec le parti au pouvoir, sont parachutés à des postes de responsabilités. Ils sont présidents de conseil d'administration, directeurs de sociétés, ministres, directeurs d'agences etc., dans des gouvernements qui disent travailler pour l'émergence. Un paradoxe qui ne gêne plus grand monde. Cela confirme la juste observation d'un vieux sage malien : « pour que l'Afrique soit développée, il faut que le père de chaque Africain devienne Président une fois ». Comme pour dire que l'émergence est bien une réalité pour les familles et proches de nos dirigeants et, pour nos concitoyens, une chimère.

S'il fallait vous aider à contribuer au développement rapide de l'Afrique, quels leviers pourrait-on activer ?

Difficile de répondre à cette question car des leviers, il y en a beaucoup. Je crois qu'il y en a un qui me tient à cœur. C'est l'accompagnement des jeunes à l'entreprenariat. Les États n'ayant pas les moyens d'offrir du travail à tout le monde peuvent néanmoins générer les conditions propices à la création d'entreprises. En Afrique, éclosent de belles idées, mais faute de possibilités, elles se concrétisent rarement. Je crois que la mise en place d'incubateurs de projets, de pépinières d'entreprises spécialisées dans des domaines précis, peut être une solution sérieuse au chômage des jeunes. L'innovation frugale est une réalité en Afrique. De jeunes Africains confrontés à des problèmes du quotidien inventent des solutions appropriées qui, malheureusement, ne sont pas valorisées. Qui peut connaître mieux qu'un Africain le problème de l'Afrique. Et pourtant il existe des solutions africaines aux problèmes africains. Il faut cesser d'apporter des solutions sophistiquées à des problèmes simples, en finir avec ce que Dénis Lambert appelle « le mimétisme technologique », cette tendance à vouloir s'identifier aux « ... réalisations les plus avancées des pays du Nord, abandonnant les voies les plus accessibles ». De la même manière qu'en Inde, en Afrique, des gens ordinaires créent et innovent pour améliorer leur quotidien. Les incubateurs de projets et les pépinières d'entreprises peuvent faire un travail de recensement de ces innovations, accompagner leurs auteurs à la valorisation du produit. Des initiatives sont à saluer dans ce domaine avec le projet Jokkolabs au Sénégal et le CTIC Dakar. Mais il faut accélérer la cadence car le chemin vers l'émergence est encore loin.

Si vous étiez élu chef de l'État de votre pays, dans les 24 heures, quelles seraient vos trois premières décisions ?

Premièrement, remettre dans le giron de l'État les entreprises nationales qui travaillent dans les domaines de souveraineté. Nous ne pourrons jouir de notre pleine indépendance qu'en contrôlant nos entreprises stratégiques.

Deuxièmement, réduire le train de vie de l'État en supprimant les doublons dans l'administration notamment certaines agences budgétivores et inefficaces; réduire le nombre de ministres, supprimer la fonction de ministre-conseiller et utiliser l'argent pour soulager les populations. Les Sénégalais ne mangent pas à leur faim.

Troisièmement, œuvrer pour l'autosuffisance alimentaire. Il est illusoire de vouloir se développer en important ce que vous mangez. Le Sénégal a échappé de peu aux émeutes de la faim d'il y a quelques années.

ABDRAHMANE DIALLO

INGÉNIEUR, CONSULTANT EN INFORMATIQUE ET PROMOTEUR DE GUINEE360.COM
GUINÉE CONAKRY

Crédit Photo : Abdrahmane Diallo

Abdrahmane Diallo est diplômé en ingénierie informatique. Ancien d'Epitech Paris, il a suivi une formation de six mois chez Simplon.co en 2014. Depuis, son champ de compétences couvre la programmation web et les applications mobiles, le *community management* et la stratégie de communication digitale. Fondateur de la *startup* Guinee360.com, la vision qu'il a de l'émergence du continent africain est très digitale.

À la fin de ses études, Abdrahmane Diallo intègre Cardif Assistance, une entreprise de distribution d'oxygène à usage médical. Il s'occupe du support informatique ainsi que de la gestion et de la mise à jour des logiciels internes de la société. Il participe également à la mise en place d'un système de contrôle et de surveillance à distance pour les patients hospitalisés à domicile.

Véritable *geek*, activiste et afro-optimiste, il est aussi consultant en informatique. L'univers du web et ses extensions n'ont presque pas de secret pour lui. Rigoureux au travail et plaisantin dans le social, ce touche-à-tout est toujours à la conquête de nouveaux horizons.

En janvier 2015, il lance, parallèlement à ses activités professionnelles, une *startup* dénommée « Guinee360.com », un quotidien en ligne d'informations générales sur la Guinée. Après quelques mois d'existence, le site d'informations est vite devenu une source de référence pour les internautes guinéens établis à travers le monde.

Mais Abdrahmane Diallo n'entend pas s'arrêter en si bon chemin. « Mon vœu le plus cher, avoue-t-il, est de faire découvrir à la jeunesse guinéenne l'univers fantastique du numérique et les composantes de la programmation informatique. Je rêve de faire découvrir à mes compatriotes ce qui se cache derrière une page web. » Son projet va donc au-delà du clic. Son objectif, à court terme, est d'inciter ses jeunes compatriotes à investir la toile, « dans le cadre d'un vaste élan de formation des jeunes leaders et des futurs managers guinéens. »

Fin juillet 2015, il démissionne de son poste pour tenter une aventure en *free-lance* dans le but de mieux affiner ses projets et aller à la découverte de nouveaux horizons. Il se rapproche alors de Lansana Kouyaté, ancien Premier ministre de la République de Guinée et candidat à l'élection présidentielle d'octobre 2015. Abdrahmane Diallo devient Conseiller en TIC et communication digitale de cet ancien Secrétaire exécutif de la CEDEAO et de la Francophonie. De Paris à Conakry, il accompagne le candidat Lansana Kouyaté dans sa campagne présidentielle de 2015, ce qui lui permet de sillonner de la Guinée profonde.

« Une expérience riche en apprentissage » reconnaît le jeune leader qui a accepté de répondre à mes questions.

Croyez-vous en l'émergence économique du continent africain ?

Abdrahmane Diallo : j'y crois fermement, et je suis persuadé que l'avenir du monde se trouve en Afrique. À titre d'illustration :

30% des réserves minérales mondiales, 12% des réserves de pétrole, 40% des réserves l'or, 80 à 90% des réserves du chrome sont en Afrique.

Le capital humain : une population jeune, de mieux en mieux formée, avec de vraies opportunités de carrière et de développement personnel.

Le capital des ressources naturelles : des richesses du sous-sol (minières, énergétiques, etc.), 40% des terres arables de la planète, des variétés culturales, des productions agricoles, transformation en des produits industriels à forte valeur ajoutée.

Le capital financier : aujourd'hui, l'Afrique étant « la dernière frontière de la croissance économique », il y a un afflux massif des investissements directs, étrangers notamment, à la recherche de profits. Ensuite, il y a tout un dispositif comprenant les banques, les assurances et la micro finance pour apporter aux porteurs de projets les fonds dont ils ont besoin pour démarrer, exploiter, faire croître et développer leurs projets.

Le capital technologique : avec la révolution des TIC, il n'y a plus de frontière entre les pays développés et les autres. On peut être en Afrique, travailler dans des conditions quasi- similaires qu'ailleurs dans le monde.

Au vu de tous ces atouts, l'Afrique a de grandes chances d'arriver à l'émergence économique dans les prochaines années, surtout que certains pays ont conçu et sont en train de mettre en œuvre des plans d'émergence économique dont le but est de booster les secteurs porteurs de croissance à travers l'amélioration de l'environnement des affaires, la promotion de la bonne gouvernance et de l'État de droit, la lutte contre la corruption, des incitations fiscales... Autant de défis qui prouvent, au quotidien, que le combat pour l'émergence n'est pas encore gagné.

À ces différentes potentialités, s'ajoutent la forte présence de jeunes, parfois diplômés et formés de plus en plus dans les meilleures écoles et universités du monde.

La crise financière qui frappe l'Occident a épargné le continent africain dont certains pays obtiennent des taux de croissance à deux chiffres.

Un continent jeune, des potentialités énormes, un marché en pleine croissance font de l'Afrique une région qui bouge et qui ne cesse d'attirer touristes et investisseurs. Donc l'émergence du continent n'est pas simplement un rêve. Elle peut devenir une réalité à condition que certaines questions fondamentales, liées à l'État de droit, au climat des affaires, à la bonne gouvernance, à un nouveau partenariat économique, soient davantage prises en charge.

S'il fallait vous aider à contribuer au développement rapide de l'Afrique, quels leviers pourrait-on activer ?

L'ignorance est la mère des folies, disait Socrate. C'est pourquoi, le premier levier sur lequel il faudrait agir c'est l'éducation. En effet, il est vital d'assurer une éducation de qualité et une formation solide en permanence. Précisément, il est question d'investir massivement dans le secteur à travers un Partenariat Public-Privé qui puisse assurer les intérêts de chaque partie.

Il est tout aussi vital de prendre véritablement en charge l'agriculture pour en faire un pourvoyeur d'emplois, un grenier pour nourrir les populations et une source de devises pour financer les grands projets structurants.

Parmi ces importants leviers, l'on ne peut passer sous silence la santé publique. Il est évident que pour réaliser le développement, il faut nécessairement assurer le bien-être des populations à travers un personnel dévoué et des infrastructures de qualité.

Le secteur du tourisme, grâce au soleil, à la richesse de la faune et de la flore, sans compter de nouveaux réceptifs hôteliers aux normes internationales, ainsi que les nouvelles technologies de l'information et de la communication, offre d'énormes potentialités sur lesquelles l'Afrique peut compter pour décoller.

Toutefois, il est essentiel de rappeler que ce décollage économique passe nécessairement par un climat social apaisé, une stabilité politique portée par une véritable démocratie où le respect des droits humains et la bonne gouvernance constituent des principes sacro-saints. Précisément, il s'agit de créer et préserver à tout prix un environnement où la liberté d'expression, d'entreprendre et d'innover est de mise.

Si vous étiez élu chef de l'État de votre pays, dans les 24 heures, quelles seraient vos trois premières décisions ?

Ma première décision consisterait à proposer les termes d'un « Contrat Citoyen Constructif » (3C) à mes compatriotes pour que chacun considère son prochain comme un frère ou une sœur ; pour que chacun se sente fier d'être Guinéen, se sente investi d'une mission personnelle au service de toute la nation.

Ma deuxième décision consisterait à lancer un appel et initier les démarches nécessaires au retour des Guinéens de la diaspora.

Ma troisième décision consisterait à travailler sur la meilleure manière de fournir l'énergie à tous et une meilleure éducation dans les territoires les plus reculés. Des expériences sont en cours dans d'autres pays qui pourraient être également menées en Guinée.

Ma quatrième décision consisterait à geler tous les contrats non conformes aux lois et normes en vigueur, particulièrement les contrats miniers qui ne profitent ni à l'État, ni aux populations.

Kadiatou Diallo

Entrepreneure et Directrice de projet chez ASCOD

Guinée Conakry

Crédit Photo : Kadiatou Diallo

Non, toutes les Guinéennes nommées Diallo ne travaillent pas au Sofitel. Après ses études de psychologie à Paris V, Kadiatou Diallo se lance dans l'import-export, contre toute attente, en créant « L'Univers de kadi » à Accra au Ghana. En inaugurant prochainement sa marque de vêtements KDM, celle qui assure la direction des projets au sein de l'association humanitaire ASCOD rêve d'habiller l'Afrique émergente en dentelle.

"J'ai fait des études en psychologie à Paris Vème, engage la Guinéenne. Par la suite, j'ai fait de la photographie avant de me lancer dans l'import-export en ouvrant l'*Univers de Kadi* au Ghana.» Si Kadiatou Diallo a fait du négoce d'or, de diamant et de bois, elle est toujours restée une entrepreneure sociale en étant très active dans le milieu humanitaire.

Directrice de projet dans une association de co-développement humanitaire appelée «ASCOD», sa mission consiste, à la fois, à partir avec les jeunes en Afrique afin de leur faire découvrir les différentes cultures et l'histoire de l'Afrique, et aussi à créer des échanges mutuels entre les jeunes Français, issus de l'immigration, et le continent noir en matière de loisirs, de scolarité et de technologies.

«Lors du dernier voyage qui a eu lieu en avril 2015 au Bénin, à Ganvié, une ville construite sur l'eau, nous avons fabriqué des pirogues pour les enfants afin de les aider dans leurs déplacements vers l'école. Jusqu'à présent nous n'avons été qu'au Bénin, mais nous souhaitons partir dans plusieurs pays d'Afrique.»

Kadiatou Diallo a les mains dans le cambouis et la tête dans les étoiles. Celle qui s'apprête à lancer la marque de vêtements KDM ne rêve ni plus ni moins que d'habiller l'Afrique émergente en dentelles. Naviguant allègrement entre rentabilité des affaires et action sociale, c'est une entrepreneure sociale peu diserte, mais pragmatique, qui a accepté de répondre à mes questions.

Croyez-vous en l'émergence économique du continent africain ?

Kadiatou Diallo : oui, je crois en l'émergence économique du continent africain car l'Afrique possède toutes les richesses du monde, par exemple les matières premières: le bois, le pétrole, l'or, le diamant, le cacao, le café. Sans l'Afrique il n'y aurait pas l'Europe. C'est vrai que les dirigeants ne pensent qu'à leurs intérêts, mais je ne perds pas espoir car j'ai confiance en l'Afrique.

S'il fallait vous aider à contribuer au développement rapide de l'Afrique, quels leviers pourrait-on activer?

Je pense avant tout à l'accès à l'eau potable et à l'électricité «en illimité». Il y a beaucoup trop de coupures d'eau et d'électricité en Afrique. Comment peut-on se développer dans un tel contexte ?

Ensuite, je pense à l'agriculture encore trop négligée chez-nous. Les populations locales pensent à tort que l'agriculture n'enrichit pas, alors que la démographie n'a de cesse de croitre et que les besoins en produits alimentaires vont s'aggraver. Il est impératif de moderniser notre agriculture pour nous assurer d'être auto-suffisants et compétitifs dans ce secteur névralgique.

Je pense, enfin, que l'accès à l'éducation doit être facilité pour tous et que le système éducatif doit absolument changer. Aujourd'hui l'enseignement élémentaire reste un luxe pour un grand nombre de petits Africains. Cette situation devient intenable. En ce qui concerne l'enseignement professionnel, il me semble nécessaire de donner la possibilité aux jeunes diplômés, grâce à des incubateurs et à des pépinières d'entreprises, d'oser, de créer et de développer des sociétés en bénéficiant des filets de sécurité mis en place par les États.

Si vous étiez élue chef de l'État de votre pays, dans les 24 heures, quelles seraient vos trois premières décisions ?

Si j'étais à la tête de mon pays, dans les 24 heures, mes trois premières décisions seraient tour à tour : d'améliorer la santé et l'hygiène de la population, perfectionner la technologie, créer plus d'emplois de manière à ce que les Africains puissent avoir le plaisir de travailler dans leur pays et qu'ils ne soient pas attirés par cet «eldorado» qu'est l'Europe.

KATRENSIX DIALLO
PRODUCTEUR, ACTEUR,
AUTEUR ET RÉALISATEUR
GUINÉE CONAKRY

Crédit Photo : Katrensix Diallo

Younoussa Diallo, alias Katrensix, est né le 22 février 1991, à Labé en Guinée. Il a y passé son enfance avant de partir pour Conakry où il a acquis les bases du théâtre. Ancien de l'Institut spécialisé du cinéma et de l'audiovisuel de Rabat et diplômé du Conservatoire libre du cinéma français de Paris, il filme désormais l'émergence de l'Afrique grâce à sa quadruple casquette d'auteur, acteur, producteur et réalisateur.

Diplômé du conservatoire libre du cinéma français à Paris, en 2015, Katrensix a été formé à l'Institut spécialisé du cinéma et de l'audiovisuel de Rabat au Maroc. Mais l'enfant de Labé, qui a grandi dans des conditions modestes, n'oublie pas que c'est à Conakry qu'il a acquis les fondamentaux du théâtre et qu'il s'est passionné pour le cinéma.

Les valeurs traditionnelles et ancestrales restent chères à ce jeune leader multi-talentueux qui rêve d'ouvrir, en Guinée, un studio de cinéma à la hauteur de ses concurrents européens et américains. Co-fondateur de la Société de Production Katrensix Pictures, il a récemment lancé « La Villa 224 », une Sitcom ethnique qui raconte le quotidien de six jeunes adultes en colocation dans une villa en région parisienne. L'Afrique est dans son viseur.

Pour Katrensix, « l'Afrique a besoin de volonté politique et de stabilité pour faire valoir son leadership et assurer un développement intégral à ses populations. Elle a besoin d'une réforme profonde de ses techniques de défense et de sécurité. Pour ce faire, poursuit-il, l'Afrique a besoin, aux niveaux national, régional voire continental, d'unir ses ressources afin de créer des cellules équipées de nouvelles technologies de renseignement pour... »

Croyez-vous en l'émergence économique du continent africain ?

Katrensix Diallo : je crois fermement en l'émergence économique du continent africain.

Nous assistons aujourd'hui au réveil d'une Afrique qui exploite son capital social et son potentiel économique. L'Afrique a une population jeune ; elle a besoin de ses fils pour se développer. De plus en plus de jeunes cadres et entrepreneurs africains émergent et contribuent directement ou indirectement au développement de leurs pays. Ces élites sont présentes dans tous les secteurs d'activités africains. L'expertise locale, provinciale, voire régionale se développe. Beaucoup sont les nations africaines qui garantissent aujourd'hui une stabilité politique et sociale favorables à tout développement économique. Cette croissance économique se caractérise par l'augmentation de la productivité et l'amélioration du train de vie de la population dans plusieurs pays. Selon la Banque mondiale, le Fonds monétaire international, et en mobilisant des sources complémentaires, je citerai quelques exemples de pays ayant connu une forte croissance économique ces dix dernières années.

Prenons l'exemple de l'Angola avec un PIB 2005-2013 de 161,1 milliards de dollars pour passer à plus de 175 milliards de dollars en 2014 avec un PIB par habitant de 7 930 dollars. Un taux de croissance du PIB (moyenne annuelle de 2006 – 2014) de 7%.

Nous avons le Nigéria avec un PIB de 972,6 milliards de dollars en 2013, pour passer à 1,05 milliard de dollars (PPA) en 2014, avec un PIB par habitant de 5 926 dollars. Un taux de croissance du PIB (moyenne annuelle de 2006-2014) de 6,3%.

Nous avons le Ghana avec un PIB de 103,0 milliards de dollars en 2013, pour passer à 109,3 milliards de dollars en 2014 avec un PIB par habitant de 4 137 dollars. Un taux de croissance du PIB (moyenne annuelle de 2006-2014) de 7%.

Le Rwanda, le Kenya, le Botswana, pour ne citer que ces pays-là, et bien d'autres nations africaines, accroissent leur pouvoir d'achat et de productivité. Les indices de développement économique démontrent qu'il est bien possible à ces différents pays de se hisser au rang de pays émergents à l'horizon 2025.

S'il fallait vous aider à contribuer au développement rapide de l'Afrique, quels leviers pourrait-on activer ?

Comme modèle de développement rapide, les leviers que je propose sont les suivants: stabilité politique, entrepreneuriat jeune, technologies de l'information et de la communication.

Sans une stabilité politico-sociale, toute perspective de développement reste relativement utopique.

La population africaine est jeune et en pleine croissance démographique ; la clé du développement passe par l'entreprenariat jeune dont la réussite est conditionnée par l'appui gouvernemental et du secteur privé des différentes nations concernées.

Faciliter l'accès aux nouvelles technologies de l'information et de la communication, à usage civil, au service de l'entreprenariat et, à usage militaire, pour le Renseignement au service de la stabilité.

Ces différents leviers de développement convergent dans une parfaite synergie les uns les autres.

L'Afrique a besoin d'une réelle volonté politique et de stabilité pour faire valoir son leadership et assurer un développement à ses populations. Elle a besoin d'une réforme profonde de ses techniques de défense et de sécurité. Pour ce faire, elle a besoin, aux plans national, régional voire continental, d'unir ses ressources afin de créer des cellules équipées des nouvelles technologies de renseignement pour anticiper et empêcher tout conflit politique, social et religieux. Pour financer de telles initiatives, les gouvernements doivent, dans une première phase, favoriser la création de sociétés spécialisées et indépendantes d'analyses de données. Ces différentes sociétés auront pour mission de diagnostiquer et identifier toutes les zones sensibles de l'échelle locale à l'échelle régionale. Dans une seconde phase, il faudra créer des cellules internes, à l'échelle locale et provinciale, équipées des nouvelles technologies de renseignement. Ces cellules auront pour mission d'identifier et répertorier tous les conflits latents, mineurs et majeurs. Elles soumettront, en temps réel, les informations sécuritaires recueillies, sur le terrain, aux services de défense et de sécurité. La réussite dépend de l'entreprenariat jeune et de l'usage des nouveaux outils technologiques.

La paix et la stabilité créent un environnement favorable aux investissements locaux et étrangers. Il est important de souligner que le développement de l'Afrique passe par l'entreprenariat jeune. Deux facteurs influencent ce levier de croissance économique : l'investissement local et l'investissement étranger.

L'investissement local peine très souvent à s'épanouir pour générer de l'emploi et de la croissance : en cause l'accès relativement restreint aux capitaux privés/publics, à l'expérience, aux partenariats et aux programmes d'aides. D'autres accusent un réel manque d'esprit d'entreprenariat. Une société locale bénéficiant d'une aide bancaire quelconque, très souvent, ne fait recette que pour rembourser le taux d'intérêt élevé de cette même banque. De son côté, la diaspora africaine bénéficie de meilleurs atouts pour participer au développement socio-économique du continent. Les points forts : accès au capital privé et public, à la connaissance et à l'expérience ; opportunités de créer des partenariats avec des sociétés et des particuliers étrangers ; mais aussi de bénéficier directement des programmes d'aide dans les domaines de la santé, de l'éducation et de la culture. La diaspora, est considérée par certains, comme la sixième région d'Afrique, de par son potentiel économique à travers les quantités d'argent envoyées régulièrement en Afrique. Michel Lion, un avocat d'affaire belge, déclarait sur les plateaux d'Africa Europa, citant le Bénin à titre d'exemple, et en se basant sur les chiffres de la Banque mondiale : « La diaspora togolaise a envoyé au pays en 2014 un total de 348 millions de dollars ; 10% du PIB ; ¼ du budget de l'État ; 6 millions d'habitants ; 2 millions dans la diaspora. » Cet exemple démontre à quel point la diaspora a le potentiel d'entreprendre et de se structurer pour créer de l'emploi et assurer la croissance de l'échelle locale à l'échelle régionale. Elle peut, au-delà des partenariats de co-développement et des programmes d'aides, se structurer et créer ses propres sociétés d'investissements dans leurs pays de résidence respectifs. Ces sociétés auront pour première mission de diagnostiquer les problèmes et identifier les différentes opportunités et besoins sectoriels de l'échelle locale à l'échelle régionale.

L'Afrique avec sa population jeune et en pleine croissance est une société de consommation. Les gouvernements doivent faire preuve de volonté politique afin de créer des conditions d'accueil et une fiscalité favorable. Ils doivent encourager l'émergence de structures d'accueil comme, par exemple, des sociétés de services aux entreprises. Ils doivent favoriser l'expertise locale ; réunir les ingrédients nécessaires pour un partenariat fructueux avec la diaspora. Élargir la zone de libre-échange au-delà de chacune des cinq régions de l'Afrique ; Trouver les bonnes astuces nécessaires pour garantir une parfaite synergie entre gouvernement, société civile, diaspora et tout autre acteur économique pour ainsi créer de l'emploi et de la richesse.

Les nouvelles technologies de l'information et de communication constituent une révolution culturelle cognitive et pratique pour toute l'humanité. Le Stockage, le traitement, l'émission et la réception de l'information est ce que la vie a de plus cher. Ces nouvelles technologies de l'information et de la communication sont indispensables à tout développement. Elles prennent une place prépondérante dans nos vies de tous les jours. L'usage de ces différentes technologies se démocratise à grande échelle : internet, téléphones portables. L'Afrique subit directement les conséquences positives et négatives de la mondialisation. Pour intégrer ces nouvelles technologies dans sa culture et son économie, elle se heurte à deux principales difficultés :

L'acquisition et la fracture internet. L'acquisition des nouveaux médias reste un déficit majeur en Afrique. À l'échelle familiale, bon nombre de foyers n'ont pas accès à ces nouveaux outils. La fracture internet, d'ordre géographique, fait référence à l'accessibilité. Elle se traduit très souvent par le déficit énergétique et le manque d'infrastructures dans la plupart des localités africaines. La fracture internet, d'ordre générationnel, est due à la culture limitée d'internet pour une majorité de la population africaine. Pour remédier à cela, il faudrait une politique de démocratisation en construisant des infrastructures adaptées aux situations rurales et urbaines pour servir de cadre à ces nouvelles technologies. Il faudrait intégrer ces nouvelles technologies dans tous les secteurs ; éducation, santé, infrastructures, cultures. L'usage de ces nouvelles technologies à des fins militaires, pour la défense et la sécurité, à petite et à grande échelle, peut également optimiser les chances de prévention et d'intervention dans le cadre du renseignement.

Les nouvelles technologies de l'information et de la communication, que d'autres nomment quatrième et cinquième pouvoirs, permettent de réguler la paix et la stabilité qui conditionnent l'entreprenariat jeune et de créer richesse et emploi.

Si vous étiez élu chef de l'État de votre pays, dans les 24 heures, quelles seraient vos trois premières décisions ?

Moi Président, mes trois premières décisions seraient de reformer le système éducatif, doter mon pays d'infrastructures de qualité et promouvoir la culture.

La première ressource dont une nation peut se vanter demeure et reste la ressource humaine. Ma première mission serait d'allouer au secteur de l'éducatif d'énormes moyens financiers, 30 à 35% du budget de l'État ; des moyens humains pour un enseignement de qualité ; des moyens techniques et technologiques de pointe.

Ma deuxième préoccupation serait de donner au pays des infrastructures de qualité. Pour l'aménagement du territoire et de l'urbanisme, je ferais construire des infrastructures de santé, d'éducation, de culture, de loisirs. Je ferais face à l'explosion démographique en construisant des logements sociaux et des *business center* adaptés aux styles et aux modes de vies de nos différentes sociétés. Je doterais également mon pays d'infrastructures de transport concurrentielles, terrestres, maritimes, aériennes et ferrées dans les règles strictes de préservation de l'écosystème. La culture est l'identité d'un peuple.

Ma troisième préoccupation serait de promouvoir ce secteur en injectant d'énormes moyens financiers techniques et technologiques pour le développement de l'éducation artistique et culturelle. Moi Président, je veillerai à la préservation du patrimoine, au développement et à la valorisation des langues et dialectes locaux.

Boubacar Diarisso

Conseiller électoral à la MINUSCA
Sénégal

Crédit Photo : Diarisso Boubacar

Conseiller électoral à la Mission multidimensionnelle intégrée des Nations-unies pour la stabilisation en Centrafrique (MINUSCA), à Bangui, le Sénégalais Boubacar Diarisso est bien placé pour parler des difficultés liées à l'émergence africaine. Diplômé d'études approfondies en sciences politiques à l'Université de Dakar et du 3ème cycle spécialisé de l'École des hautes internationales de Paris, il est sévère à l'égard des leaders politiques africains.

Diarisso Boubacar est consultant en gouvernance publique et en administration publique. Il intervient, dans l'enseignement supérieur privé, en
affaires internationales et en système d'intelligence économique. Il a assuré plusieurs séminaires dans ces matières à l'Executive Center de l'École supérieure de commerce de Dakar (SUPDECO), à l'Institut africain de management
(IAM) de Dakar, à l'Institut supérieur de management (ISM) et à Bordeaux École
de Management (BEM) de Dakar.

Lors de la formulation du Document de Politique Économique et Sociale de
l'État du Sénégal (DPES 2011-2015), il était le rapporteur du Groupe 8 (Bonne
Gouvernance) coordonné par la délégation à la réforme de l'État et à l'assistance technique. Il a par ailleurs participé aux travaux du 11ème Plan d'orientation
économique et sociale (PODES) dans la partie relative au Management de l'administration publique.

Durant ses missions de conseil, Boubacar Diarisso a contribué à l'élaboration
du document de stratégie nationale de gouvernance (composante efficacité de
l'Administration publique) piloté par le ministère chargé de la promotion de la
bonne gouvernance du Sénégal. Il a également travaillé sur le profil des marchés
criminels à Dakar avec Institute For Securities Studies (ISS Africa). Il en outre été
consultant et assistant technique au sein du projet d'appui à la modernisation de
l'état civil au Sénégal. Il a occupé, pendant près de deux ans, le poste de chargé
de Programme Élections à l'USAID/PGP (Programme Gouvernance et Paix).

Mon invité a, en outre, été lauréat du programme des bourses de formation
à la recherche de l'Agence Universitaire de la Francophonie (AUF) de 2004 à
2007 au Centre d'Études de l'Afrique Noire (CEAN), un laboratoire de l'Institut
d'Études Politiques de Bordeaux.

Croyez-vous en l'émergence économique du continent africain ?

Diarisso Boubacar : je crois fermement à l'émergence économique de l'Afrique.

Le continent africain a toutes les potentialités pour être économiquement dynamique. L'Afrique a un potentiel humain et des ressources humaines qui font sa force. Le nombre d'intellectuels africains dans les universités américaines et les ingénieurs sortis des grandes écoles puis retenus après leurs études dans les grandes entreprises européennes montrent que l'Afrique n'est pas en reste sur les plans des idées, de la pensée et de la technicité. Il faut donner à ceux-ci la place qu'ils méritent pour qu'ils apportent leur expérience et leur expertise. L'Afrique a toute la richesse qu'il faut pour ne pas dépendre de l'Occident. La richesse du sous- sol africain est un scandale géologique, a-t-on l'habitude de dire. Il suffit tout simplement d'exploiter les minerais, avec intelligence, et de les valoriser de manière efficiente et efficace. Malheureusement, le secteur est miné par la corruption avec l'implication des plus grands dignitaires politiques et militaires qui ne se soucient que de leur seul bien-être.

Qu'est-ce qui manque à l'Afrique pour être émergente ? Rien ! À part de véritables leaders sérieux et patriotes. L'Afrique est malade de ses hommes politiques notamment de ses chefs d'État englués dans la patrimonialisation du pouvoir, le népotisme, la gabegie et le narcissisme politique personnel. Le problème de l'Afrique n'est pas un problème de vision mais d'hommes politiques capables de porter des projets novateurs et pertinents.

Il n'y a pas de pays sous-développés mais des hommes et des femmes sous-développés qu'on a longtemps endormis dans l'obscurantisme pour préserver des pouvoirs politiques et religieux toujours entretenus dans la mystification. Le savoir n'appartient à personne, à aucune race, à aucune nationalité, à aucun peuple. La première tablette tactile africaine conçue par un Congolais qui sera commercialisée en Europe et en Inde, n'est-elle une production de savoirs d'un Africain ? L'astrophysicien malien qui a piloté le vol vers Mars de la sonde Pathfinder pour la NASA, n'est-il pas Africain ? L'émergence du continent africain est une question politique qui appelle des réponses de politiques économiques viables. Elle passe par la conception de politiques publiques pertinentes profitables aux populations.

S'il fallait vous aider à contribuer au développement rapide de l'Afrique, quels leviers pourrait-on activer ?

Je mettrais d'abord l'accent sur le développement de l'agriculture afin d'atteindre l'autosuffisance alimentaire et régler les problèmes du *Primum vivere* car un peuple qui a faim n'a pas le temps de la réflexion.

Ensuite, je veillerais à un développement industriel dynamique basé, en partie, sur un transfert de technologie assorti d'une condition primordiale de transfert de connaissances et de savoir-faire pour éviter de dépendre toujours de la maintenance du pays fournisseur.

Enfin, je mettrais l'accent sur des institutions fortes. L'économie institutionnelle a montré qu'en plus de la richesse, du capital humain et de l'innovation technologique, il faut réfléchir sur la nature des institutions, leur fonctionnement mais aussi et surtout rechercher les causes pour lesquelles, elles peuvent être un frein au développement économique et social.

Si vous étiez élu chef de l'État de votre pays, dans les 24 heures, quelles seraient vos trois premières décisions ?

Premièrement, je restaurerais l'autorité de l'État dépouillée de tout chantage de quelque corps social que ce soit par une déclaration ferme afin que nul n'en ignore. Deuxièmement, je prendrais des mesures pour instaurer la discipline à l'image du Ghana de Jerry Rawlings, ou de la Chine qui a tout acquis par la discipline de son peuple. Troisièmement, j'appellerais à un dialogue politique et social franc afin d'impulser et de libérer toutes les forces vives de la nation.

Adoum Djibrine-Peterman

Producteur de cinéma, fondateur de Sayyadji Management
Tchad

Crédit Photo : Adoum Djibrine-Peterman

Ancien d'Air France, transfuge de la sphère informatique vers la production audiovisuelle, Adoum Djibrine-Peterman ignore la langue de bois. A 39 ans, ce Tchadien ne rêve que d'une chose : servir de pont entre l'Europe et l'Afrique à travers le cinéma et au service de l'émergence africaine. D'où la création de Sayyadji Management, sa société aux allures d'association culturelle. Pour lui, « la production cinématographique a démontré, au Nigeria, qu'elle est en mesure de révolutionner l'économie d'un pays. »

Le parcours de ce Tchadien est atypique : « j'ai passé un BTS en commerce international et j'ai eu rapidement la bougeotte, entame-t-il avec un sourire. A 21 ans, j'ai eu la chance d'intégrer Air France par un stage, ce qui m'a permis de voyager entre N'Djamena et Abidjan. J'étais bon en informatique et j'ai pu ainsi aider à l'élaboration d'un logiciel de gestion de la relation client à N'Djamena, durant plusieurs mois. J'ai fait la même chose à Abidjan, par la suite, tout en formant des collaborateurs ».

Ces expériences lui ont permis de se retrouver et de renouer avec sa culture africaine, reconnait-il, lui qui avait quitté l'Afrique pour l'Europe à l'âge de trois ans. Repéré par le Directeur régional d'Air France, il est embauché comme assistant. « J'en étais ravi, car à cette époque, la perspective du retour à Paris ne m'emballait pas. Rien ne m'y exaltait. Je suis resté trois ans en Côte d'Ivoire. En plus d'une réconciliation identitaire, j'ai vécu durant cette période une vraie évolution sociale, puisque je suis passé d'un quartier comme Cocody Saint-Jean à Deux Plateaux », avoue-t-il aujourd'hui.

Adoum Djibrine-Peterman a finalement quitté la Côte d'Ivoire en 1999, lors du coup d'État. « Mon patron de l'époque ne m'avait pas prévenu, et je me suis retrouvé à traverser la ville en état de siège, avec ma compagne de l'époque. J'ai vécu le silence du dirigeant comme une trahison, une atteinte certaine à ma sécurité : j'ai déposé ma démission et suis revenu à Paris », relate-t-il.

Serial entrepreneur, ayant découvert le secteur de l'audiovisuel, il s'est lancé depuis dans la production de films. « Mes projets s'orientent vers la réalisation de films en Afrique, argue-t- il, le continent est naturellement un décor de cinéma et beaucoup de films y sont tournés. L'Afrique a encore beaucoup à apporter au 7ème art, et réciproquement. »

En créant Sayyadji Management, Adoum Djibrine-Peterman rêvait de servir de pont entre la France et l'Afrique, apporter ce qu'il y a de meilleur dans l'un chez l'autre et vice-versa. Face aux nombreuses résistances, son ambition est désormais d'investir dans du terrain au Tchad. En tant que membre de la diaspora, il travaille à fructifier les avantages de sa double culture pour participer plus efficacement à l'émergence de l'Afrique. C'est un opérateur optimiste, mais conscient de la lourdeur des mentalités africaines, qui a accepté de répondre à mes questions.

Croyez-vous en l'émergence économique du continent africain ?

Adoum Djibrine-Peterman : bien sûr, j'y crois. De toute façon, l'Afrique capitalise les réserves de matières premières. Mais je crois notamment à la participation de la diaspora pour y parvenir. Par ailleurs, nous avons de plus en plus de talents Africains qui figurent à l'étranger, et l'envie est grandissante de revenir au pays pour offrir ces compétences au service leur terre d'origine, qui le mérite amplement. Seulement, cette émergence risque de prendre du temps.

Tous les membres de la diaspora cherchant à œuvrer pour cette émergence ne le font pas dans la même démarche. Certains sont malheureusement individualistes et c'est assez paradoxal en Afrique : on parle de cette sacro-sainte solidarité en afrique, et cet individualisme que je constate fait que je n'y crois absolument pas. C'est, à mon, sens une forme de chimère qui a existé un temps, et qui subsiste parmi les personnes qui sont dans des situations très difficiles.

Comment effectivement donner de la crédibilité à cette prétendue solidarité lorsqu'à un même endroit des gens peinent à se nourrir tandis que leurs voisins dépensent des fortunes en boîte de nuit, en toute indifférence ? Ce contexte laisse présager de tout le travail à faire pour rendre cette émergence effective.

Alors l'émergence, oui j'y crois car nous avons donc ce panel de talents, mais qui restent des brebis galeuses qui peinent à comprendre que si nous avançons tous, cet avancement leur sera également profitable. Ces détracteurs qui sont prêts à casser la machine de l'avancement juste pour avoir leur gloriole sous-estiment la gravité de leurs actes et leurs conséquences. J'ai véritablement un souci avec ceux-là et je dois avouer que ça m'inquiète beaucoup. C'est, à mon sens, le seul frein réel à l'émergence. S'il n'existait pas, les évolutions du continent auraient plus d'ampleur, plus de projets autour d'enjeux vitaux aboutiraient. Si on considère en plus que les autorités misent davantage sur ces brebis galeuses, on comprend pourquoi rien ne bouge... Plein de talents de la diaspora tchadienne pourraient, par exemple, travailler pour le Tchad, mais ils y ne veulent pas le faire pour cette raison. Beaucoup ont souhaité apporter leurs compétences mais ont été mal reçus. Il est donc aisé de comprendre ce qui les a découragés.

J'ai en mémoire ce footballeur tchadien qui a souhaité donner des lits d'hôpital pour un dispensaire. L'administration a exigé le paiement de droits de douane pour cette action pourtant humanitaire... Ils ont bloqué les lits, qui ont ensuite été dispatchés entre eux. Dans bien des pays du continent, les personnes les plus respectées et les plus « respectables » sont aussi souvent les plus pourries... A travers cette attitude, quel est le message que l'on délivre ? Comment l'émergence rapide est-elle possible ainsi ? Lorsque l'on détient les clés pour faire bouger les choses, pourquoi bloquer l'ouverture des portes ?

Lorsque l'Afrique reçoit des millions de virements internationaux destinés à investir pour cette émergence économique, comment avancer lorsque cet argent est détourné pour des désirs personnels tels que l'achat de voitures de luxe ? Il est urgent de s'organiser pour recevoir cet argent et s'organiser pour hiérarchiser les investissements à consentir.

De belles réussites illustrent pourtant l'émergence : l'Angola est une puissance économique assez étonnante, qui héberge aujourd'hui les ressortissants portugais qui s'y pressent, quittant leur Portugal natal.

Le Maroc est parvenu à cette émergence par une collaboration réussie entre les Marocains locaux et la diaspora marocaine : le mix des deux approches fait du Maroc un pays qui, à ce jour, tient la route économiquement, même si du chemin reste à faire ! La force de la diaspora nigériane est également à citer en exemple, notamment celle établie aux États-Unis : leur démarche de solidarité, à l'égard de leur pays d'origine, fonctionne. La démarche du retour est fédérée

et fédératrice. Le facteur commun de l'émergence en marche est donc une solide collaboration entre les locaux et la diaspora.

Tels des voyageurs, tels des Magellan, la diaspora ramène d'autres idées, au
même titre que des Français partant aux États-Unis reviennent en France avec
de nouveaux concepts, avec une vision enrichie, et développent des industries
qui deviennent des succès nationaux.

Dans mon pays, on ne tient pas assez compte des opportunités offertes par
l'union entre les locaux et la diaspora.

Globalement, je pense qu'il y a beaucoup de travail et l'Afrique reste bien évidemment à développer. Cette évolution est en marche mais elle doit se prémunir
des démarches qui ne tendent pas vers le bien collectif et les apports globaux
plus que les intérêts individuels.

**S'il fallait vous aider à contribuer au développement rapide de l'Afrique,
quels leviers pourrait-on activer ?**

Ce qui me dérange au Tchad, c'est que la culture est largement sous-estimée. Le
Tchad n'est pratiquement jamais cité pour des œuvres culturelles... J'ambitionne
donc de parvenir à actionner ce levier, couplé au secteur du tourisme.

La production cinématographique a démontré, au Nigeria, qu'elle est en mesure de révolutionner l'économie d'un pays. En tant que producteur, je ne peux
qu'encourager à actionner ce levier.

Accroître l'offre touristique par le biais d'investissements effectifs sur les équipements et les infrastructures pour exploiter la formidable manne économique
offerte par le secteur clé du tourisme. Cette offre vaut pour les touristes de
tous bords, mais particulièrement pour l'accueil des Africains qui, dans un futur
proche, seront amenés à mieux connaître et à découvrir les autres pays d'Afrique
par des formats de visite innovants.

L'Afrique offre un cadre idéal aux retraités du monde pour profiter pleinement de leur retraite. Il faudrait favoriser les investissements sur la capacité d'accueil de ce public par la construction de résidences avec services.

L'offre immobilière, par ailleurs, doit se développer dans les pays d'origine soucieux d'accueillir la diaspora souhaitant revenir et acquérir un terrain et un logement.

Si vous étiez élu chef de l'État de votre pays, dans les 24 heures, quelles seraient vos trois premières décisions ?

Il est difficile de répondre, tant il y a de priorités. Répondre sans retenue est compromis... J'actionnerais des réformes importantes pour la santé et l'éducation. C'est la base des besoins qui freinent l'évolution de notre pays.

Adébissi Djogan

Etudiant, Co-fondateur de Initiative for Africa
Bénin

Crédit Photo : Adébissi Djogan

Adébissi Djogan fait partie de la crème des étudiants africains de la diaspora qui n'attendent pas la fin de leurs études pour marquer leur engagement. A seulement 21 ans, il fonde, aux côtés d'autres jeunes Africains de la diaspora, *Initiative For Africa*. Lobby et réservoir de leaders, l'institution est « un mix entre l'organisation non gouvernementale et le mouvement », dit-il, dont la vocation est de créer un pont entre les défis du continent et les ressources insondables des enfants d'Afrique installés en France et en Europe.

Adébissi Djogan est fier des réalisations d'*Initiative for Africa*. « En moins d'un an, confie-t-il, l'organisation a réuni, dans les quatre pôles d'action de son organisation - aide juridique et entrepreneuriat, soutien aux étu-·diants étrangers, campagnes et actions de solidarité et réseau IFA - une trentaine de jeunes d'une quinzaine de nationalités africaines, de même qu'une dizaine de consultants expérimentés, des avocats aux chefs d'entreprise, en passant par des coachs ».

Le premier fait d'arme d'*Initiative For Africa* reste malgré tout sa campagne *#SoyonsAussiNigerians*. Le 17 janvier 2015, aux côtés d'autres associations, près de 5000 personnes sont rassemblées, place du Trocadéro à Paris, pour une manifestation inédite de soutien aux victimes du groupe terroriste Boko Haram. Notre jeune leader y prononce un discours qui n'est pas sans rappeler ses deux principaux héros : Thomas Sankara et Martin Luther King.

Contributeur pour des médias tels que *Jeune Afrique*, Adébissi Djogan est titulaire de deux licences, l'une en droit et l'autre en sciences politiques, de l'Université de Versailles. Il suivait un Master 2 de droit constitutionnel, à l'Université Paris 1 Panthéon Sorbonne, au moment où il a accepté de répondre à mes questions.

Croyez-vous en l'émergence économique du continent africain ?

Adébissi Djogan : la question de l'émergence économique du continent n'est pas, tant que cela, une question de foi ou pas, mais de réalité et de rapport à cette réalité. Les défis auxquels fait face le continent africain sont énormes mais il est une évidence éloquente qui, parmi tant d'autres, démontre que l'Afrique est sur le chemin de l'émergence. C'est cette nouvelle génération d'Africains en Afrique, mais également de la diaspora, qui s'approprie davantage les défis locaux et globaux du continent et travaille dur pour inventer l'avenir du continent. Je ne vais pas ici vous faire un catalogue : c'est l'ambitieux projet de 10 000 entrepreneurs en 10 ans de la Tony Elumelu Foundation, les nombreux entrepreneurs, « *startupers* » qui naissent, grandissent, réussissent en Afrique; les nombreux jeunes de la diaspora qui n'ont plus de complexes à retourner s'installer en Afrique ; le projet *Akon Lighting Africa* ; les jeunesses africaines qui exigent, avec davantage d'intransigeance et d'irrévérence, la bonne gouvernance et le respect des principes démocratiques. La clé de l'émergence de notre continent, c'est de consolider et d'amplifier cet élan, de créer une adhésion générale autour de la nécessité pour les Africains de comprendre que la solution, à leurs problèmes, c'est eux-mêmes. L'histoire et l'époque ne nous laissent plus le choix : l'émergence de l'Afrique sera d'abord l'œuvre des Africains. Et c'est à chacun d'entre-nous d'être acteur de ce changement profond, de ce changement par le bas.

S'il fallait vous aider à contribuer au développement rapide de l'Afrique, quels leviers pourrait-on activer ?

L'Afrique possède aujourd'hui les atouts, pour non seulement se développer mais aussi opérer sa révolution industrielle. Cela est possible en capitalisant sur trois leviers. Le premier levier, l'atout numéro 1 de l'Afrique, c'est que nous sommes le continent qui compte le plus jeunes du monde, avec plus de 50 % d'habitants âgés de moins de 20 ans ! Investir dans la qualité du système éducatif - en y consacrant par exemple une part fixe de nos PIB sur 15 à 20 ans - instaurer un cadre macro-économique qui encourage et accompagne, de façon proactive, les PME, *startups*, artisans, en somme, qui créent des chaînes de valeurs locales à travers des systèmes d'incitation fiscale, des mécanismes intelligents de sortie du secteur informel, entre autres, sont nécessaires si nous voulons saisir cette chance historique. Ce n'est pas le développement qui créé l'emploi mais l'emploi qui crée le développement. Nous pouvons devenir des créateurs, et non plus consommateurs de richesses, en suscitant une génération de milliers d'Aliko Dangoté, Samba Bathily, Olivier Madiba, Bethlehem Tilahun Alemu, Jean-Baptiste Satchivi, Strive Masiyiwa, Njeri Rionge, des « agropreneurs », des « techpreneurs », des industriels, des patrons de PME. Le 21ème siècle sera « afroprenarial » ou ne sera pas.

Deux autres leviers me semblent fondamentaux pour accélérer le développement du continent : le renforcement de l'État-Nation dans les principes du droit et de la bonne gouvernance. Des économies fortes ne sont possibles que si elles sont soutenues par des institutions politiques fortes. La dictature, la patrimonialisation du pouvoir, la compromission avec les principes démocratiques ont fait plus de mal à l'Afrique qu'autre chose. Nous devons changer de paradigmes et être plus sérieux avec ces enjeux.

Et puisque vous me parlez de rapidité, je suis enfin persuadé que le développement de notre continent passe par le retour des fils de la diaspora pour lui faire profiter de compétences qualifiées, de l'expérience, de formations de haut niveau, de nouveaux regards et de nouvelles approches sur nos problèmes. Dans un contexte où plus de 90 % de la population active africaine n'a pas eu accès à l'enseignement supérieur, il nous faut concevoir des programmes attractifs, des passerelles solides pour inciter nos frères, de l'autre côté, à faire le pas. L'Afrique ne peut se permettre de se passer de cette formidable richesse humaine.

Si vous étiez élu chef de l'État de votre pays, dans les 24 heures, quelles seraient vos trois premières décisions ?

Sans être superstitieux, je crois beaucoup en la thèse qui voudrait que les 100 premiers jours d'un mandat soient les plus décisifs. Alors, moi Président, je convoquerais une deuxième conférence des forces vives de la nation pour réadapter l'organisation des pouvoirs publics de mon pays à nos réalités et instituer des mécanismes juridiques efficaces, innovants, modernes, qui assurent un équilibre des institutions et renforcent les principes de l'État de droit, de la bonne gouvernance.

Moi Président, j'engagerais une réforme de fond du système éducatif qui mettrait l'accent sur deux leviers : d'une part, la révision globale des contenus pédagogiques pour les adapter à nos réalités et besoins de développement et, d'autre part, la construction massive de lycées professionnels agricoles, des espèces d'incubateurs d'État pour former des « agropreneurs ». Je ferais, enfin, une réforme de l'administration fiscale pour en renforcer l'efficacité, afin d'augmenter le taux de prélèvements obligatoires permettant de financer les services publics.

Et je me permettrais une quatrième décision : l'interdiction radicale et formelle des marches ou meetings de remerciement au chef de l'État, chef du gouvernement, père de la Nation, commandant suprême des armées, et autres sobriquets de la même espèce !

KAREL OSIRIS DOGUÉ

ENSEIGNANT-CHERCHEUR,
CHARGÉ D'ÉTUDES À L'ERSUMA
BÉNIN

Crédit Photo : Karel Osiris Dogué

Premier Prix canadien de rédaction juridique de l'Association du Barreau Canadien en 2010, diplômé de la faculté de droit de l'Université de Montréal, au Canada, dont il est docteur en droit des affaires comparé, Karel Osiris Dogué est l'un des meilleurs spécialistes africains de l'Organisation pour l'Harmonisation en Afrique du Droit des Affaires (OHADA). Sa lecture de l'émergence africaine se veut intégrée.

Avant ses études doctorales à Montréal, le Béninois Karel Osiris Dogué a obtenu une Licence et une Maîtrise en droit des affaires de l'Université d'Abomey-Calavi au Bénin ; un diplôme d'Études Approfondies (DEA) en droit privé de l'Université de Lomé au Togo ; ainsi qu'un certificat en droit de l'Union européenne de l'Université de Montpellier en France.

Jeune expert-juriste parfaitement bilingue, il met ses compétences professionnelles depuis quelques années au service de l'Organisation pour l'Harmonisation en Afrique du Droit des Affaires (OHADA). Il est précisément actif à l'École Régionale Supérieure de la Magistrature (ERSUMA) de l'OHADA, à Porto-Novo, au Bénin. L'établissement forme principalement les magistrats, avocats, notaires, huissiers de justice, greffiers, commissaires-priseurs et autres acteurs du secteur juridique et judiciaire des 17 États membres de l'OHADA. Il est le chef des services en charge des études, de la recherche et de la formation, de cette prestigieuse école.

Avant cette fonction, Karel Osiris Dogué a exercé pendant cinq ans dans le secteur juridique et des conseils à Montréal au Canada. Il était respectivement en charge des griefs et de l'application des conventions collectives et président d'une section de l'Alliance de la Fonction Publique du Canada qui représente plusieurs milliers de salariés et étudiants de l'Université de Montréal au Québec. Il a également travaillé, en pratique privée, comme juriste-collaborateur d'avocats dans une firme d'avocats et de traducteurs juridiques du Bénin et du Togo.

De 2008 à 2014, il a assuré l'exécutif et le conseil d'administration du Club OHADA Canada, un organisme sans but lucratif canadien ayant en charge la promotion du droit des affaires OHADA au Canada ainsi que le soutien aux milieux d'affaires canadiens et nord-américains intervenant en Afrique. Boursier et chercheur auprès de nombreuses institutions africaines et internationales, Karel Osiris Dogué a été récipiendaire en 2010 du 1er Prix canadien de rédaction juridique de l'Association du Barreau Canadien. Enseignant-chercheur auprès d'universités béninoises et étrangères, il est l'auteur de nombreuses publications, monographies et articles scientifiques dans des revues de renom consacrées à l'actualité juridique et économique.

Soucieux de redonner à son prochain, le jeune leader qui a accepté de répondre à mes questions est membre du Lions Club et également bénévole du conseil d'administration de *Now/Maintenant*, un organisme de charité canadien qui intervient au Bénin et au Cameroun pour soutenir l'accès à l'éducation et à la santé pour les couches défavorisées de la société africaine.

Croyez-vous en l'émergence économique du continent africain ?

Karel Osiris Dogué : et comment que j'y crois ! Sinon je ne me serais pas aventuré à rentrer du Canada, il y a plus de trois ans maintenant, et ce, contre l'avis de bien de personnes de mon entourage. L'émergence économique constitue la seconde étape d'un processus, à mon avis, en trois cycles. En ce sens, toute partie prenante africaine, qu'elle soit citoyen africain ou non, opérateur à divers niveaux, dirigeant ou leader, devrait retenir un triptyque fondamental à l'heure actuelle : intégration ou émergence juridique, intégration ou émergence économique, et développement au sens large.

Pour la première étape du triptyque – émergence juridique – il faut retenir qu'aujourd'hui, l'Afrique du droit des affaires OHADA (entendez Organisation pour l'Harmonisation en Afrique du Droit des Affaires) est déjà un modèle réussi d'unification du droit des affaires de dix-sept États africains. L'Europe de l'Union européenne devrait d'ailleurs s'inspirer de l'exemple africain de l'OHADA, elle qui est toujours à la recherche effrénée d'une union juridique censée soutenir la monnaie unique européenne. Pour preuve, la Caraïbe avec sa quarantaine d'Etats, d'îles et de territoires l'a compris, elle qui s'est inspirée du modèle d'intégration juridique africain de l'OHADA pour lancer tout récemment l'OHADAC (entendez Organisation pour l'HArmonisation du Droit des Affaires dans la Caraïbe). Sur ce plan, l'Afrique a déjà émergé juridiquement et sert même de modèle car l'intégration juridique est une des conditions *sine qua non* d'une émergence économique.

Pour la seconde étape du triptyque, il faudrait que nous nous entendions sur le concept d'émergence économique. Si elle n'est que quantitative, c'est-à-dire chiffrée, alors elle ne m'intéresse point. Mais si elle est à la fois quantitative et qualitative, alors non seulement j'y crois fermement, mais il faut s'y engager résolument.

La troisième et dernière étape est, selon moi, celle du développement, mais un développement quantitatif et qualitatif, à la fois, c'est à dire avec des effets durables et partagés ; développement qui n'est pas juste synonyme de croissance économique chiffrée. L'Afrique est, rassurez-vous, en émergence juridique avec l'OHADA, en marche vers l'émergence économique et son développement est inéluctable !

S'il fallait vous aider à contribuer au développement rapide de l'Afrique, quels leviers pourrait-on activer ?

Juriste de formation, spécialisé en droit des affaires, j'avoue avoir forcément une vue parcellaire quant à une contribution urgente pour un développement rapide de l'Afrique mais je pense, pour les fins de l'exercice, qu'il faille impérativement :

Formater les mentalités africaines comme on formate un disque dur ! Ce sera long mais la chose est possible avec une nouvelle génération de jeunes africain(e)s compétent(e)s et engagé(e)s qui devrait se retrouver et réseauter pour des actions concrètes. Pas de vœux pieux ni de discours creux sans impact! Un *think tank* de la jeune génération, tourné vers l'action. Ce formatage devrait aller de pair avec un renforcement des capacités institutionnelles des organes étatiques et paraétatiques. Ce renforcement institutionnel devra être multidimensionnel pour intégrer les impératifs de stabilité politique, d'économie solidaire, couplée à la bonne gouvernance et au développement durable. Sans vouloir citer un Président contemporain, dont je partage (en partie) l'affirmation, l'Afrique n'a pas besoin d'hommes forts seulement mais d'institutions fortes aussi. Les deux n'étant pas exclusifs et devant aller de pair à mon avis. En ce sens, je dirais plutôt, l'Afrique a besoin d'institutions renforcées avec des hommes nouveaux et compétents. Ce formatage individuel et institutionnel devrait nous y conduire.

Revenir à ce qui fait notre force et y investir en nous protégeant : nos ressources naturelles qui sont stratégiques et l'agriculture qui est notre seconde bouée de sauvetage. La guerre aux ressources naturelles (minières, pétrolières, gazières, énergétiques au sens large) a commencé depuis des décennies entre les puissances économiques et militaires du monde avec pour principal champ de batailles le continent africain. Malheureusement, ce dernier continue de dormir : *Africa Wake up* et protège tes ressources naturelles ! L'accès aux terres arables africaines est une course folle que se font les multinationales et pays producteurs agricoles. Cet accès offert sur tapis rouge par nos dirigeants africains est utopique et suicidaire. Il conditionne le devenir de plusieurs générations africaines liées à l'agriculture. Il faut le dire, le comprendre et agir sur ce levier aux niveaux national et continental.

Développer un cadre juridique attractif des investissements et des échanges intra et inter- africains. Une vision économique, à finalité panafricaniste, doit être le leitmotiv des actions des décideurs africains regroupés car c'est ensemble, et avec une vision commune, que nous serons plus forts et que l'émergence juridico-économique du continent sera effective.

Il y en a des actions fortes à entreprendre, des leviers à actionner, et j'aurais aimé pouvoir en dire plus en matière de diplomatie africaine ; en matière d'économie solidaire comme modèle ; en matière de monnaie comme instrument d'asservissement ou d'émancipation.

Si vous étiez élu chef de l'Etat de votre pays, dans les 24 heures, quelles seraient vos trois premières décisions ?

En toute chose, il faudrait éviter toutes actions populistes ou à effet d'annonce qui font la spécialité de nos dirigeant(e)s, hommes et femmes politiques africain(e)s actuel(le)s. Il est difficile de pouvoir retenir prioritairement trois actions au sein de la kyrielle de mesures urgentes qui sont indispensables pour mon pays le Bénin. L'exercice recèle et révèle donc un péril évident mais risquons-nous y : D'abord, identifier les trois secteurs clés de notre économie et prendre des textes prévoyant une participation étatique minimale et obligatoire (10%) dans toute entreprise étrangère y investissant. Cette action est des plus licites si elle est réglementée comme condition d'investissement dans les trois secteurs clé et vise un droit de regard. Précisons que tous les États africains devraient s'entendre pour tous intégrer des législations similaires, ce qui rendrait nul tout *forum shopping* d'une loi favorable par un investisseur étranger, entre les États africains, le bénéfice d'une telle action nationale et continentale étant pour l'Afrique.

Ensuite, accompagner les PME et les acteurs économiques de l'informel à travers, notamment, des mesures incitatives de simplification et d'allégement des contraintes juridiques, comptables, fiscales et managériales pour ces acteurs. Le Bénin s'est lancé déjà sur cette voie avec la réforme du Guichet unique de formalisation des entreprises ; l'encadrement du statut de l'entreprenant de l'OHADA qui vise l'informel, mais il faut des mesures plus hardies. Ces mesures doivent aller de pair avec une réforme du secteur juridique et judiciaire intégrant la mise en place de tribunaux de commerce pour mieux accompagner promptement les milieux d'affaires, ainsi que la réforme du Conseil supérieur de la magistrature qui n'est pas indépendant de l'exécutif.

Enfin, Moi Président, je reverrais l'organisation du secteur éducatif incluant les programmes de l'enseignement primaire, secondaire et supérieur, notamment par : le changement du contenu des programmes dits « nouveaux » et qui abrutissent nos enfants ; la création et l'opérationnalisation diligente d'un Institut national de l'entreprenariat et de la formation professionnelle ; l'inclusion des couches faibles et marginalisées, telles les filles et les femmes, dans un système d'alphabétisation.

Espoir Dossah

Directeur de NEXT SARL et de Full Contact SARL

Bénin

Crédit Photo : Espoir Dossah

Titulaire d'un Master européen en intelligence économique et stratégique de l'Université de Lille et de l'ESA Lille, et d'un MBA en management des entreprises de Paris Graduate School of Management, Espoir Dossah est un apôtre de l'émergence de l'Afrique par l'information. Le chef d'entreprise qui rêve déjà d'*ubériser* les transports béninois est aujourd'hui à la tête d'un ambitieux programme dont l'objectif est de décloisonner le continent grâce au digital.

D epuis sa plus tendre enfance au Bénin, cet ancien de la Sorbonne est fasciné par le pouvoir de l'information qu'il dévore grâce aux lectures de ses parents. La passion pour les médias le suit tout au long de la deuxième partie de sa scolarité qu'il effectue en France, et se manifeste par son engagement dans les journaux scolaires, universitaires et même professionnels. Le jeune Espoir tente alors d'établir une corrélation entre le manque d'accès à l'information et le sous- développement de l'Afrique. Il réussit à prouver que tous les pays africains frappés par la fracture numérique sont des pays très en retard économiquement. L'émergence de l'Afrique, par l'accès à l'information, par la formation, par l'éducation, est alors, selon lui, la seule issue à un quelconque développement du continent. Cette démonstration sera l'objet d'un mémoire de Maîtrise qu'il défendra à la Sorbonne avec pour thème : « l'Afrique subsaharienne, une paria de la société de l'information ?»

Lorsqu'il intègre l'univers professionnel, Espoir Dossah est tout d'abord employé pour des projets de *business développement* ou de veille centrés sur les marchés africains. Puis il se met à son propre compte et créé Increase Consulting, début 2010, un cabinet spécialisé en prestations de veille, d'intelligence économique et *business development*. « Je suis conforté par la révolution numérique et digitale qui fait que toutes les cartes de l'émergence économique sont aujourd'hui rebattues. L'Afrique a de très bonnes cartes à jouer », affirme-t-il.

En grand apôtre du développement de l'intelligence économique et du *business development* sur le continent, il parcourt plusieurs pays africains pour annoncer la bonne nouvelle. Pragmatique, il crée, au Bénin, l'un des premiers MBA en intelligence économique et stratégique en Afrique noire. Enseignant d'intelligence économique et stratégique à l'École Nationale d'Administration et de Management du Bénin et dans quelques écoles de commerce en Afrique de l'Ouest, il est par ailleurs *Business Coach*, consultant formateur en management, excellence commerciale et management de projets auprès d'entreprises opérant dans les Télécoms, hydrocarbures, cimenterie, sécurité et assurance.

Espoir Dossah est également le dirigeant de deux entreprises. D'une part, NEXT SARL, opérant au Bénin et au Togo et spécialisée en *business development*, analyse comparative de marchés, et externalisation commerciale. D'autre part, Full Contact SARL, spécialisée en stratégie digitale, e-réputation, et communication institutionnelle et commerciale. En exclusivité pour pour #MoiPrésident, il révèle que ses équipes et lui se préparent à lancer la *startup*, « Next Cars Services», dans l'optique de simplifier et sécuriser le déplacement des personnes dans la ville de Cotonou. La première phase de ce projet, confie-t-il, est un modèle simplifié de Uber, la célèbre *startup* de location de véhicules privés. La seconde est un modèle de covoiturage entre les villes de Cotonou et de Lomé. Parallèlement, poursuit-il, une équipe de développeurs basée, au Vietnam, travaille en ce moment pour ses entreprises sur un énorme projet dont le lancement est prévu en décembre 2015 à Paris, qui permettra de décloisonner l'Afrique par le digital. « Nous comptons déjà sur le support de Knowdys car une partie de ce projet nous amènera à collaborer avec ce célèbre et respectable cabinet » lâche-t-il au passage.

Mais les ambitions de cet ancien pensionnaire de l'Institut universitaire de technologies du Havre ne s'arrêtent pas là. « Ma plus grande ambition concerne la jeunesse africaine, c'est révolutionner l'enseignement supérieur. » Pour lui, cette ambition va de pair avec sa passion pour la vulgarisation de l'entrepreneuriat jeune et le digital. Mordant, il ajoute : « les écoles de commerce de certains pays africains sont juste une escroquerie, je pèse bien mes mots. J'ai parcouru plusieurs programmes et formations d'un certain nombre d'écoles et laissez-moi vous dire que ce sont des *curricula* vieux de plus de 20 ans qui sont réchauffés chaque année et resservis aux jeunes ». Pour lui, leurs diplômés ne sont pas compétitifs et tous les cabinets internationaux s'en plaignent. C'est un esprit particulièrement incisif qui a accepté de répondre à mes questions.

Croyez-vous en l'émergence économique du continent africain ?

Espoir Dossah : cette question me touche profondément. Elle me pénètre et me met mal à l'aise. Il y a environ une quinzaine d'années, influencé par la littérature négro-africaine, celle écrite par les écrivains africains, influencés par les grandes presses africaines et européennes, j'en suis arrivé à me convaincre de l'afro-pessimisme. En plus, je le prônais, non pas que cela me fasse plaisir, mais sérieusement je n'avais aucun espoir. Et j'avais honte de l'Afrique. J'étais naïf ou peut-être que non, mais j'étais persuadé que les politiques et politiciens ne pouvaient rien pour l'émergence économique de l'Afrique.

Mais aujourd'hui, tout est allé tellement vite que je suis le premier à prôner mon afro-optimisme sur tous les réseaux sociaux, non pas celui angélique des idéologistes, mais le réaliste, le palpable fondé sur la mondialisation et la révolution digitale. J'adore cette nouvelle Afrique, qui surprend le monde entier. Et comme j'ai l'habitude de le dire lors de mes conférences, nul ne sait encore où nous emmènera cette révolution digitale.

On a souvent reproché à l'Afrique de profiter des inventions ou des progrès des autres, mais pour une fois que nous apportons notre pierre à l'édifice du progrès mondial, nous pouvons être plus que fiers. Lorsque je vois les prouesses du jeune prodige de la finance *Hi-Tech*, le Tanzanien Mbwana Alliy, lorsque j'écoute les prophéties de l'as de la technologie et des objets connectés, l'un des pionniers planétaires des applications, le Nigérian Oke Okaro, je vous réponds par un assourdissant "OUI, je crois à l'émergence économique de l'Afrique", et cela n'adviendra que par la fougue, l'esprit créatif et l'audace des jeunes et du digital.

Cette émergence économique du continent, par l'accès à l'information, j'y croyais déjà, je la pensais, et les politiques étouffaient tout espoir chez moi. Mais, nuançons, nous ne pouvons croire, définitivement, à cette émergence économique intégrale si 80% de nos universitaires et cadres n'ont pas accès à l'Internet. Le politique revient encore, tel Malik, l'ange gardien de l'enfer, chargé de décourager toute velléité de recherche d'accès à la lumière.

S'il fallait vous aider à contribuer au développement rapide de l'Afrique, quels leviers pourrait-on activer ?

Primo, investir dans l'énergie solaire et les autres énergies renouvelables. Sans indépendance électrique, pas d'émergence économique soutenue. Pouvons-nous évaluer toutes les pertes matérielles, informationnelles liées aux coupures intempestives de courant dans nos pays ? Pourrons-nous évaluer le retard occasionné, chaque jour, par la non-maîtrise énergétique sur notre émergence économique ?

Deuxio, faciliter l'accès à l'internet et à l'information sur le continent. Vulgariser internet dans tous les pays africains devrait être, selon moi, plus prioritaire que le slogan électoraliste généralisé « l'école pour tous ». « L'internet pour tous » faciliterait plus la réalisation de l'école pour tous. Internet est encore un luxe pour la majorité des administrations publiques de l'Afrique Subsaharienne et reste encore très cher pour la population moyenne.

Tercio, révolutionner le secteur de l'enseignement supérieur et promouvoir la formation professionnelle. Le Conseil Africain et Malgache pour l'Enseignement Supérieur (CAMES), à l'ère de l'économie numérique, a besoin de sang jeune, de contextualisation et de modernisation. L'enseignement supérieur privé africain a besoin d'être repensé. Plusieurs pays comme le Sénégal, le Ghana et surtout le Maroc pourraient inspirer les autres. Le LMD (Licence, Master et Doctorat) est très mal compris dans plusieurs pays et les diplômes de MBA galvaudés et déshonorés. Élevons le niveau, un diplôme de MBA à cinq cent mille Francs CFA ne fait pas très sérieux.

Si vous étiez élu chef de l'Etat de votre pays, dans les 24 heures, quelles seraient vos trois premières décisions ?

Primo, réunir mon gouvernement, les différents cabinets et aller passer deux semaines d'immersion, de benchmarking stratégique au Rwanda.

Deuxio, remplacer tous les directeurs du port, de la douane, des impôts et du trésor public.

Tercio, rencontrer, le jour même, tous les opérateurs économiques et chefs d'entreprise du pays.

Lika Doukouré-Szal

Directrice chez Cristal Credit International
Côte d'Ivoire

Crédit Photo : Lika Doukouré-Szal

Entrée chez Cristal Credit International en 2007, comme stagiaire, Lika Doukouré a gravi les échelons à la vitesse de l'éclair. Depuis 2010, elle dirige les opérations de renseignement commercial et d'analyse de crédit pour la zone Amériques du Nord, Centrale, Sud et Caraïbes. Si elle rêve d'un réseau d'intelligence en Afrique subsaharienne, c'est parce que ses clients américains veulent leur part du gâteau africain.

"**J**e suis née et ai grandi à Abidjan en Côte d'Ivoire. J'ai quitté mon pays en raison de l'instabilité politique, pour effectuer ma dernière année de lycée à Nantes en France », avance-t-elle d'emblée. À son arrivée dans l'hexagone, Lika Doukoure suit pendant 2 ans une classe préparatoire aux grandes écoles au Lycée Montaigne à Paris. Elle intègre ensuite l'École Supérieure de Commerce de Toulouse, spécialisation Corporate Finance, en 2003. Son parcours a inclus une année de césure à La Redoute, groupe Pinault-Printemps-Redoute, à Lille.

Son diplôme obtenu en 2007, elle effectue un stage de fin d'étude chez Cristal Credit International, membre du Groupe Cristal Crédit à Lyon à Miami aux États-Unis. Elle est embauchée, dans la foulée, en tant qu'analyste crédit. Au bout de quelques mois, elle est promue Responsable de la zone Amériques Centrale et du Sud, et participe à la création d'antennes locales. En 2010, elle se voit confier la direction de toutes les opérations 'renseignement commercial' et 'analyse crédit' Amériques du Nord, Centrale, Sud et Caraïbes. C'est un peu une James Bond girl qui a accepté de répondre à mes questions, les yeux rivés sur l'Afrique.

Croyez-vous en l'émergence économique du continent africain ?

Lika Doukouré : bien sûr! Les richesses de l'Afrique, tant sur le plan des ressources naturelles que sur le plan humain, ne sont plus à démontrer. Elle a des élites, elle a une population jeune et dynamique, et les investisseurs étrangers la convoitent. Pour preuve, les investissements étrangers en Afrique ont atteint 80 milliards USD en 2014, et les Américains ont lancé, en août 2014, une série d'investissements pour un total de 33 milliards USD, dans des secteurs économiques variés. Ce n'est pas un secret : l'Afrique a un potentiel monumental qui est sous-exploité et trop souvent gaspillé. La question est : comment ce potentiel peut être utilisé pour créer un cercle vertueux et amener d'un point A (une majorité de pays en développement) a un point B (pays émergents), et enfin un point C (pays développés).

S'il fallait vous aider à contribuer au développement rapide de l'Afrique, quels leviers pourrait-on activer ?

Pour n'en citer que quelques-uns :

L'éducation évidemment, notamment l'éducation des filles. Mais pas que. De nombreux pays investissent déjà dans l'éducation, mais pas de manière pertinente. Les jeunes doivent être plus connectés au monde de l'entreprise pour orienter leurs choix et s'assurer des débouchés une fois diplômés. Les entreprises doivent participer à cet effort en offrant plus de formations en alternance par exemple. Pour aller dans le même sens, la formation doit être ancrée dans les mentalités comme faisant partie du monde de l'entreprise. Ces dernières doivent offrir des formations régulières à tous leurs salariés, en particulier à leurs cadres pour s'assurer de rester compétitives dans une économie mondialisée.

Il faudrait également mettre en place un comité d'excellence regroupant les entreprises les plus novatrices et les plus représentatives de l'excellence et du succès africain ; un peu comme le comité Colbert pour les entreprises du luxe en France. Ce comité serait un vecteur de communication des talents du continent.

Un autre levier serait de favoriser l'accès aux banques et à l'emprunt pour la majorité de la population afin qu'elle puisse accéder à des moyens de paiements sécurisés et organisés. Il est trop tard aujourd'hui pour familiariser tout le monde avec les cartes de crédit, qui seront déjà obsolètes dans quelques années. Il faut donc investir dans les infrastructures de télécommunications et dans les technologies qui permettront demain d'avoir un moyen de paiement simple et sécurisé pour tout le monde, par exemple le paiement par téléphone portable.

À moyen terme, je fais partie de ceux qui pensent qu'il faut revoir l'indexation du CFA sur l'Euro. Le CFA fluctue par rapport aux performances de la zone Euro, et non par rapport à la croissance des pays de la CEDEAO. Aujourd'hui cela n'a plus de sens et ce système ne permet pas aux pays concernés de maitriser leur monnaie. L'annonce, faite récemment par la Commission de la CEDEAO, qui annonce une monnaie unique pour 2020 est le premier pas dans cette direction.

Si vous étiez élue chef de l'État de votre pays, dans les 24 heures, quelles seraient vos trois premières décisions ?

D'abord, mettre en place des programmes favorisant l'entrepreneuriat, et donner des avantages fiscaux aux petites et moyennes entreprises qui recrutent. Il me parait primordial de motiver les jeunes et moins jeunes entrepreneurs et de leur donner accès à un financement structuré et moins contraignant. Aujourd'hui les mentalités et l'instabilité économique poussent les jeunes diplômés à rechercher des emplois dans de grands groupes. C'est bien, mais cela empêche souvent des talents de s'exprimer. Une grande partie de ces jeunes a les idées qu'il faut et la capacité de créer et gérer une entreprise, si on leur en donne les moyens. Par ailleurs, quand un grand groupe licencie pour des raisons économiques ou budgétaires, il licencie en masse. Les petites et moyennes entreprises contribuent donc à la stabilisation d'une économie.

Ensuite, imposer plus de transparence au sein des institutions et se débarrasser des lourdeurs administratives. Ces dernières encouragent la corruption et ralentissent l'essor économique. Elles polluent l'initiative individuelle, pour reprendre l'exemple de la création d'entreprise, et dépriment les populations. Si tout ce qui touche à l'administratif prend plusieurs semaines , voire plusieurs mois, il n'est pas étonnant que le développement traine lui aussi. Et le manque de transparence, ajouté à une administration ankylosée, effraie les investisseurs étrangers. Ce point est incontournable. Travailler dans l'intelligence économique chez Cristal Credit me permet d'être en contact avec des entreprises de toutes tailles en Amérique, en Europe et en Asie. Elles veulent investir en Afrique, mais le manque d'accès à l'information est un frein, voire un « *deal breaker*». Il leur faut un minimum d'informations sur les partenaires locaux avant de s'engager.

Enfin, et sans vouloir être démagogique : investir en masse sur l'accès aux soins médicaux pour l'ensemble de la population. Les plus aisés continuent d'aller se faire soigner à l'étranger car ils n'ont pas confiance. Les moins aisés doivent faire avec les infrastructures locales qui sont insuffisantes et manquent de moyens. Tous les pays développés, à part les États-Unis qui travaillent toujours dessus, assurent à leur population un accès basique aux soins. C'est un minimum.

CYRILLE EKWALLA

JOURNALISTE, ENTREPRENEUR 2.0

CAMEROUN

Crédit photo : Cyrille Ekwalla

Ancien de Radio France Internationale (RFI), Africa N°1 et de MCM Africa, Cyrille Ekwalla pratique le journalisme à travers le monde entier. Ex-chef d'antenne de Cameroon Voice, au Canada, il lance sa propre agence de communication et d'audiovisuel en 2003. Entrepreneur 2.0, c'est son credo : joint les nouvelles technologies multimédia offre à sa vision de l'Afrique émergente.

Cyrille Ekwalla

Journaliste, Entrepreneur 2.0
Cameroun

Crédit Photo : Cyrille Ekwalla

Ancien de Radio France Internationale (RFI), Africa N°1 et MCM Africa, Cyrille Ekwalla pratique le journalisme à travers le monde entier. Ex-chef d'antenne de *Cameroon Voice*, au Canada, il lance sa propre agence de communication et d'audiovisuel en 2008. Entrepreneur 2.0, c'est sous le prisme des nouvelles technologies qu'il nous délivre sa vision de l'Afrique émergente.

S es études de droit et de sciences politiques terminées, Cyrille Ekwalla fait ses classes chez RFI, Africa numéro 1 Paris et MCM Africa. Après ces premières expériences, le Camerounais se lance dans la création et l'animation de magazines culturels tels que « Le Disque Africain » et « Afrobiz ». Installé en France, il se déporte au Canada pour de nouvelles aventures. Il atterrit chez Radio Canada 1ère, d'abord comme recherchiste, puis comme *reporter*. Cinq ans plus tard, il devient reporter pour *Radio Canada International*. Parallèlement, il intègre la web radio « *Cameroon Voice* » dont il deviendra le chef d'antenne, tout en animant son émission-phare « Antenne Libre ».

En 2008, il fonde l'agence de communication et audiovisuelle Cyrcom Sons & Images qui édite notamment les sites internet Njanguipress et Njangui TV. « La seule ambition que j'ai, et à laquelle j'essaye de faire adhérer toutes celles et tous ceux qui collaborent avec moi, est de travailler pour l'Afrique ! Se mettre au service de l'Afrique », affirme-t-il au moment de répondre à mes questions.

Croyez-vous en l'émergence économique du continent africain ?

Cyrille Ekwalla : « Investissement – boom économique – classe moyenne en pleine croissance », voilà le cocktail qui, à mon avis, fonde et justifie l'émergence en Afrique. Aussi, sans tomber dans un afro-optimisme béat, et tout en tenant compte du fait que les niveaux de développement sont différents d'un bout à l'autre du continent, je crois fermement en cette émergence de l'Afrique.

Au-delà des statistiques et autres projections des institutions financières et/ou économiques qui attribuent à de nombreux pays, dans le continent des taux de croissance à deux chiffres et ce, sur des périodes plus ou moins longues, il y a des faits concrets, palpables, qui amènent à croire en cette émergence.

Même si le taux reste encore marginal, la présence de l'Afrique dans les échanges internationaux est beaucoup plus prégnante. En raison d'un taux d'éducation et d'instruction plus élevé au sein de la population africaine, on a vu apparaître une classe moyenne prête à consommer. Nul ne peut rester indifférent à ce marché potentiel de consommateurs.

Pour preuve, la lutte effrénée que se livrent les puissances occidentales, aujourd'hui en crise, qui veulent garder leurs parts de marché face aux pays dits émergents tels que la Chine, le Brésil, l'Inde, l'Afrique du sud. Que dire du retour des Africains de la diaspora ? Que ce soit pour de courtes périodes ou encore des retours définitifs, on y perçoit un signe. Ce n'est pas un épiphénomène, c'est une « tendance lourde ».

S'il fallait vous aider à contribuer au développement rapide de l'Afrique, quels leviers pourrait-on activer ?

Essentiellement le levier des communications, y compris les télécommunications. La clé des échanges c'est la communication et, aujourd'hui, grâce à l'explosion de la téléphonie cellulaire, grâce à internet, grâce à l'essor des NTIC, l'on peut espérer que le développement se fasse plus rapidement qu'il y a vingt ans.

À cela, j'ajouterai un levier sur lequel la Banque Africaine de Développement (BAD) a fait une étude et dont je fais miennes les conclusions : un développement rapide peut découler d'un apport consistant de capital- investissement. Quel que soit le domaine : infrastructures, santé, environnement, agro-alimentaire, services financiers, l'Afrique a besoin de financements pour créer et pour se développer.

Si vous étiez élu chef de l'Etat de votre pays, dans les 24 heures, quelles seraient vos trois premières décisions ?

Moi Président, trois décisions me paraissent des plus urgentes. Il s'agit premièrement d'étendre le plus largement l'accès à l'internet, dans mon pays, de reprendre le contrôle dans les secteurs de l'énergie et de l'eau et, enfin, de mettre en place, au plus vite, les mécanismes pour sortir du franc CFA.

RACHID EL HASSOUNI
CHARGÉ DE LA COOPÉRATION AU MICIE
MAROC

Crédit Photo : Rachid El Hassouni

A 38 ans, Rachid El Hassouni est chargé de la coopération au Ministère de l'Industrie, du Commerce, de l'Investissement et de l'Économie Numérique (MICIE) du Maroc. Diplômé de l'Université de Laval au Canada et de l'École Nationale de Commerce et de Gestion de Settat, au Maroc, cet ancien manager RH, de multinationales, analyse essentiellement le défi de l'émergence africaine au prisme du développement humain.

Ayant vécu et étudié au Maroc, en Tunisie et en Algérie, Rachid El Hassouni est doté d'une grande connaissance du Maghreb malgré son jeune âge. Mais en même temps, précise-t-il, « je suis très ouvert aux modèles européen et nord-américain. » Et pour cause... Titulaire d'un diplôme en Marketing de la première promotion de l'École Nationale de Commerce et de Gestion de Settat, au Maroc, obtenu en 1998, il est également nanti d'un MBA de l'Université Laval obtenu en 2002 au Canada.

«Entrepreneur, poursuit-il, j'ai fondé en 2005, à Tanger, une institution d'enseignement primaire comptant sur la confiance de plus de cent familles aujourd'hui. Il faut dire que c'est la formation et le développement humain qui m'ont permis de poursuivre ma carrière de Manager RH dans le milieu des multinationales industrielles à Tanger. »

Entré en 2013 au Ministère de l'Industrie, du Commerce, de l'Investissement et de l'Économie Numérique du Maroc, il y est en charge du service de la coopération au moment où paraît cet ouvrage. Les propos qu'il tient dans cette interview exclusive n'engagent pas l'État marocain.

Croyez-vous en l'émergence économique du continent africain ?

Rachid El Hassouni : oui, j'y crois. La nouvelle géographie des relations commerciales et d'investissement fait apparaître, sur la carte économique mondiale, le continent africain comme un nouveau pôle de croissance, créant, ainsi, un monde véritablement multipolaire.

L'Afrique a aujourd'hui d'autres atouts que sa position géographique ou ses ressources naturelles pour intéresser les investisseurs des pays développés comme ceux des pays émergents. Son retard économique en fait la seule région du monde à peu près épargnée par la crise, et le continent affiche des prévisions de croissance suffisamment impressionnantes pour attirer les économies en mal de débouchés.

En effet, l'Afrique intéresse les investisseurs émergents d'autant plus qu'elle a amorcé sa transition démographique, son urbanisation et qu'elle devra s'industrialiser tôt ou tard. Le continent représente actuellement un formidable moteur de croissance et un espace d'opportunités économiques.

S'il fallait vous aider à contribuer au développement rapide de l'Afrique, quels leviers pourrait-on activer ?

La coopération économique et commerciale peut constituer un levier d'action important à l'égard de l'Afrique. Plusieurs actions pourraient être menées pour promouvoir les relations économiques et commerciales entre les différents partenaires africains, telles la participation à des foires internationales et des salons d'affaires, l'organisation de missions de prospections, et enfin la réalisation d'études de marchés africains au profit des hommes d'affaires. Néanmoins, la formation me parait le levier le plus important pour le développement de l'Afrique. Bâtir l'Homme africain est la priorité des priorités à mon avis.

Si vous étiez élu chef du gouvernement de votre pays, dans les 24 heures, quelles seraient vos trois premières décisions ?

Primo, la réforme du système scolaire et de l'enseignement ;

Deuxio, La réforme du système juridique ;

Tertio, la promotion des investissements vers l'Afrique.

Imen Essoltani

Entrepreneure, ex-chef de marché junior chez Gerflor

Tunisie

Crédit Photo : Imen Essoltani

À 24 ans, Imen Essoltani ne s'en cache pas : elle n'a vraiment jamais aimé les études, malgré de belles années en école de commerce. En revanche, avoue-t-elle, « j'ai toujours eu un amour incommensurable pour l'Afrique. Aussi loin que je m'en souvienne, j'ai également toujours été attirée par le commerce et l'entreprenariat. » Ces deux amours lui font regarder l'Afrique émergente avec des yeux qui brillent.

Le parcours de cette jeune leader est atypique. Comme de nombreux jeunes de son entourage, elle avoue n'avoir jamais vraiment aimé l'école. C'est probablement une des raisons pour lesquelles, à 18 ans, elle échoue au baccalauréat. Cet échec lui ouvre les portes de la vie active.

Après une succession de contrats précaires, durant cinq ans, elle reprend le chemin de l'école. « J'aspirais à une meilleure vie professionnelle. Me lever chaque matin, à reculons, pour gagner ma vie, n'était plus envisageable. J'ai donc, en parallèle de mon emploi, suivi des cours du soir pour l'obtention d'une capacité en droit et me suis inscrite en candidat individuel pour obtenir mon bac littéraire», confesse-t-elle avec fierté.

Plus tard, deux années de Master en école de commerce vont compléter son cursus. L'expérience accumulée, durant ses différents stages, la conduit à devenir assistante commerciale export pour Cofely Axima GDF Suez. C'est au cours de cette expérience qu'elle a la chance de travailler avec une partie de l'Afrique, ainsi que le Moyen-Orient. Aujourd'hui, c'est une experte des marchés orientaux, attachée à son pays d'accueil, la France, qui a accepté de répondre à mes questions.

Croyez-vous en l'émergence économique du continent africain ?

Imen Essoltani : je suis convaincue que l'Afrique est promise à un grand et bel avenir. C'est un continent rempli de ressources qui n'a juste pas pris le temps de grandir patiemment et dont les dirigeants n'ont juste pas toujours fait les bons choix. Mais je suis sûre que cela va arriver, et plus tôt qu'on ne le croit. Tout le monde voit l 'Afrique comme un marché de seconde catégorie sur lequel on peut commercialiser des produits qui ne sont plus tendance sur les marchés européensou américain, mais c'est faux.

Sa plus grande richesse est, sans aucun doute, symbolisée par les Hommes qui la composent. Des hommes et des femmes qui, malgré la précarité dans laquelle ils vivent au quotidien, gardent le sourire et avancent. Une humilité à toute épreuve, dont nous manquons cruellement. Nous avons d'ailleurs beaucoup à apprendre d'eux. Quand je dis « nous » je parle de ces générations comme la mienne qui n'ont connu l'Afrique que sous l'angle de leurs vacances d'été.

J'y crois parce que les Hommes qui construiront l'Afrique de demain seront originaires de sa terre et feront d'elle une femme respectueuse qui ne veut plus se positionner en victime mais en une femme d'honneur. Je vois ce continent débordant d'optimisme, loin de l'image qui est véhiculée par les médias. Je l'imagine, belle, ambitieuse et débordant de talents cachés qui ne demandent qu'à éclore.

S'il fallait vous aider à contribuer au développement rapide de l'Afrique, quels leviers pourrait-on activer ?

Plusieurs leviers sont à activer pour aider ce continent à émerger encore plus fort et plus loin. L'un des premiers est la jeunesse. En effet, cette dernière emmènera l'Afrique là où personne n'est jamais allé. Cette jeunesse qui s'instruit, quitte son pays pour aller étudier en Occident et qui, lorsque vous lui posez des questions sur ses projets professionnels, vous répond, avec le plus beau sourire, qu'elle n'a jamais eu pour ambition de rester ici, mais de retourner sur ses terres d'origine pour créer de l'emploi, et tirer son continent vers le haut.

J'admire cette idée. Aucune pointe d'égoïsme ou d'hypocrisie dans leurs discours. Ils ne cachent pas leur envie de devenir riches, mais ils veulent intégrer ce paramètre social qui n'est pas un automatisme pour les entreprises européennes. C'est parce qu'ils ont côtoyé la pauvreté de près qu'ils sont si altruistes.

Le second levier à activer est d'être capable de sensibiliser les entreprises privées. En effet, les États ne peuvent se substituer aux institutions privées. Elles doivent prendre leurs responsabilités quant au développement de ce continent et arrêter de penser que les notions de rentabilité et de bénéfice ne sont pas compatibles avec le social. J'estime, qu'en 2015, il n'est pas normal qu'il y ait plus de personnes qui meurent d'obésité dans le monde que de faim.

Et le troisième levier serait le système bancaire. En effet, les banques ont la capacité de financer des projets de développement. Ces institutions devraient financer les projets les plus pertinents en octroyant des prêts à taux zéro. Comment gagneraient-elles alors de l'argent ? En devenant actionnaires, pendant une période limitée. Elles se rémunéreraient en ponctionnant un pourcentage sur le chiffre d'affaires. Et si le projet ne fonctionne pas, la banque ne réclamera rien au chef de projet, le but étant de pousser les jeunes à entreprendre.

Si vous étiez élue chef de l'État de votre pays, dans les 24 heures, quelles seraient vos trois premières décisions ?

Instaurer un revenu minimum et imposer aux multinationales implantées sur ce continent d'embaucher des locaux. En contrepartie, elles auraient des réductions fiscales ou autres avantages. Je trouve que les gouvernements les encouragent à s'implanter mais qu'il existe beaucoup trop de barrières à l'insertion et au développement des jeunes entreprises africaines.

Je mettrai en place des partenariats avec des entreprises, à la fois européennes, américaines ou encore asiatiques. Le but sera de faire jouer la compétition, non pour choisir le moins disant, mais pour privilégier celui qui a le plus beau projet de développement local, celui qui génèrera le plus d'emplois, celui qui offrira les meilleures conditions de travail. Sensibiliser ces acteurs, est de loin, le facteur le plus encourageant, car leur offrir des avantages fiscaux n'est pas une solution. Ils trouveront toujours mieux ailleurs à un moment donné. Il faut donc anticiper cela en s'octroyant un avantage concurrentiel.

Nneka Izeigwe

Co-fondatrice de OmenaLab
Nigéria

Crédit Photo : Nneka Izeigwe

Lorsqu'on est une jeune femme leader, originaire du Nigéria, et diplômée de Harvard, l'analyse que l'on fait de l'émergence africaine est forcément singulière. Et si Nneka Izeigwe était la future Angela Merkel de la première puissance économique d'Afrique ? Rencontre avec une intrapreneure à qui la vie n'offre qu'une seule alternative : atteindre les plus hauts sommets.

Titulaire d'un MBA de Harvard Business School en 2015, Nneka Izeigwe est également diplômée d'Imperial College London où elle a suivi des études en ingénierie chimique en 2010. De retour au Nigéria, après avoir travaillé pendant 3 ans aux États-Unis, elle rejoint une aventure passionnante – Flint Atlantic – initiée avec pour objectif de structurer et dynamiser le secteur de la santé au Nigéria, en particulier, et en Afrique en général.

Parallèlement, elle évolue au sein de la branche « Fonds d'investissement à impact social ». Objectif, dit-elle, « initier, conseiller et financer des projets innovants à fort potentiel dans le secteur de la santé au Nigéria. »

Passionnée de littérature et de culture, elle a récemment co-fondé *OmenaLab*, l'une des premières plateformes d'accompagnement des entrepreneurs culturels en Afrique. C'est dire si le panafricanisme entrepreneurial préoccupe la jeune leader nigériane qui a accepté de répondre à mes questions.

Croyez-vous en l'émergence économique du continent africain ?

Nneka Ezeigwe : je crois viscéralement en l'émergence économique de l'Afrique pour trois raisons principales :

Les jeunes africains sont pleins d'espoir et d'énergie. Je viens du Nigeria et on a un esprit très combatif. On n'abandonne jamais et cette ingénuité nous aide à avancer. Le défi est aujourd'hui d'orienter cette énergie vers des efforts louables qui peuvent améliorer la situation de la plupart de nos citoyens. Nous sommes à un moment critique de l'histoire. Les Africains ont été pendant longtemps en attente de profiter des fruits de la mondialisation mais aujourd'hui, beaucoup ne souhaitent plus être de simples spectateurs de leur destin.

L'Afrique a un atout très puissant : sa diaspora. Il y a beaucoup des jeunes, très passionnants, instruits et prêts de participer au développement de leur pays. Si nos dirigeants pouvaient utiliser ces ressources humaines et financières plus efficacement, ce serait hautement bénéfique à notre continent.

C'est très important pour le monde de voir l'Afrique devenir prospère et autosuffisante. Si les pays africains ne réussissent pas, où iront leurs citoyens? En l'absence de règles de jeu et de politiques plus équitables pour l'Afrique, dans le commerce international, nous risquons de nombreuses crises économiques et humanitaires que personne ne souhaite vivre. Regardez la Syrie avec ses réfugiés, et l'Europe déjà en panique ! Pouvez-vous imaginer si l'Afrique venait à subir des crises similaires à cause du terrorisme ou d'épidémies telles qu'Ébola ? Cela serait dévastateur pour le monde entier, et je pense que les décideurs de toute la planète ont pris conscience de cette réalité.

S'il fallait vous aider à contribuer au développement rapide de l'Afrique, quels leviers pourrait-on activer ?

Aujourd'hui, j'identifie principalement deux secteurs sur lesquels j'ai également choisi de porter mes efforts :

Le premier est l'éducation, aussi bien formelle qu'informelle. Je pense que le changement commence dans nos esprits et nous devons agir sur ces mentalités. Beaucoup d'entre nous rêvent d'un monde sans corruption. Mais bon nombre d'entre nous ont malheureusement été élevés dans le culte de l'égoïsme et de la cupidité. Il nous faut revenir à de meilleurs sentiments, et embrasser avec dignité notre culture et ses valeurs de solidarité et d'hospitalité. Chacun de nous, dans son domaine, devrait s'atteler à influencer ceux qui l'entourent. Culture et éducation sont très liées. Nous devons promouvoir des entrepreneurs qui permettent de préserver et de promouvoir notre culture et nos valeurs. C'est la raison pour laquelle j'ai co-fondé *OmenaLab* (www.omenalab.com), et j'espère que nous contribuerons à faire de l'industrie culturelle un des moteurs du développement de l'Afrique.

Le second secteur est la santé. Il est très difficile de se concentrer sur la croissance et le développement économique lorsque vous avez des populations qui se battent encore pour avoir accès à des soins de santé basiques. Au Nigéria, par exemple, les investissements dans le domaine de la santé sont très limités, et nous manquons cruellement de personnels compétents et d'infrastructures de santé. Je suis ravie aujourd'hui d'apporter, à travers Flint Atlantic, ma contribution dans ce domaine.

Si vous étiez élue chef de l'État de votre pays, dans les 24 heures, quelles seraient vos trois premières décisions ?

Moi présidente, mes premières décisions seront:

Arrêter la saignée de notre capital humain et financier : chaque jour, on perd des talents quand les jeunes partent en masse vers d'autres pays plus prospères. Chaque jour, on perd l'argent quand les dirigeants corrompus volent leurs peuples. Ma première priorité sera d'arrêter la fuite des talents et des capitaux financiers vers d'autres destinations.

Redonner confiance au peuple: après plusieurs décennies de leadership peu conséquent, les espérances des citoyens de nos pays sont très basses. Nous sommes désormais habitués aux promesses sans lendemain. Je crois qu'il faut aujourd'hui démontrer à nos concitoyens qu'un politique peut tenir ses promesses et que la politique peut apporter des résultats concrets dans l'amélioration de leurs conditions de vie. Agir dans le secteur de la santé peut permettre de faire renaître cette confiance en apportant aux populations les soins médicaux nécessaires à leur épanouissement.

Promouvoir les investissements: nous devons encourager des investissements dans la santé, l'éducation et la culture ou encore les infrastructures. Ce sont là les trois piliers qui peuvent soutenir la croissance des autres secteurs. Nous devons continuer à explorer des solutions innovantes de partenariat public-privé pour débrider l'énergie et les talents du secteur privé tout en impliquant le secteur public dans la promotion de cadres favorables pour les affaires. Les besoins en financement sont énormes dans les secteurs évoqués plus haut. Le secteur public ne peut y arriver tout seul, le secteur privé non plus. Créons donc le terreau favorable permettant aux deux de travailler ensemble pour créer un progrès durable et substantiel que les citoyens pourront concrètement apprécier.

RACHA FARAH

FASHION DESIGNER INDÉPENDANTE

DJIBOUTI

Crédit Photo : Racha Farah

Racha Farah est typiquement du signe « caméléon ». Ancienne de la Bred Banque populaire, elle s'est reconvertie à la mode après un baccalauréat scientifique à Djibouti, un premier cycle universitaire au Canada, un Master à Paris II Panthéon-Assas et un 3ème cycle en relations internationales au Centre d'études diplomatiques et stratégique de Paris. Pour elle, l'Afrique émergente est bien plus qu'un effet de mode.

Racha Farah appartient à cette nouvelle génération d'Africains nés sur le continent et qui ont parcouru le monde. Fille de diplomate, elle est née à Djibouti et a passé son enfance au Japon. « J'ai, argumente-t-elle, obtenu mon bac scientifique au Lycée Français Joseph Kessel à Djibouti. J'ai poursuivi mes études universitaires au Canada à Telfer School of Management, dans un milieu multiculturel où j'ai assumé plusieurs responsabilités dans le bénévolat au sein de la fédération étudiante de l'Université d'Ottawa. » Arrivée en France, elle obtient un Master en Sciences du Management et Gestion d'entreprises à l'Université Paris II Panthéon-Assas, puis un diplôme de troisième cycle en Relations internationales approfondies au Centre d'Études Diplomatiques et Stratégiques de Paris (CEDS).

Ensuite, pendant six ans, Racha Farah va travailler dans le domaine de la finance internationale au sein de la BRED Banque Populaire (groupe BPCE). Mais « en parallèle, confie-t-elle, j'ai continué à élargir mes connaissances en diplomatie et affaires internationales auprès du *think tank 'Académie Diplomatique Internationale'* et en partenariat avec l'OIF. »

Après le monde de la finance, et forte de ses compétences diversifiées, la jeune femme décide de se reconvertir à la mode en s'inscrivant à ESMOD Paris. Dans la foulée, elle crée une société en vue de la promotion et de la commercialisation de ses futurs produits, en tant que jeune *Fashion Designer*, et en collaboration avec d'autres marques. Parmi ses objectifs : « habiller l'Afrique qui émerge » assure le profil « caméléon » qui a accepté de me répondre.

Croyez-vous en l'émergence économique du continent africain ?

Racha Farah : Oui, je crois en l'émergence du continent africain car il remplit toutes les conditions pour un développement harmonieux et pérenne. Une ressource humaine jeune et dynamique : plus de 40% de la population a moins de 20 ans. L'Afrique constitue les frontières des matières premières mondiales, des ressources pétrolières minières et surtout un potentiel agricole.

Oui, je crois en l'émergence économique de l'Afrique du fait de sa position géographique. Elle est entourée par tous les autres continents : l'Afrique de l'Ouest vers les Amériques ; l'Afrique de l'Est vers l'Asie et le Monde Arabe ; l'Afrique du Nord vers l'Europe, l'Afrique australe vers l'Asie. Et l'Afrique centrale représente le poumon continental de l'environnement mondial au niveau du changement climatique. L'Afrique est le continent où se jouent aujourd'hui les défis de demain.

Malgré l'ouverture de l'Afrique à l'extension, il est nécessaire et opportun de miser sur le secteur des transports. Le problème des transports maritimes, aériens et ferroviaires doit être une priorité, de même que les grands travaux du NEPAD. Le décollage de l'Afrique se fera *intra muros*, sur le continent, et puis vers l'extérieur, ou les deux concurremment. Mais le commerce inter africain est plus porteur. À cet effet, le Cap, le Caire, Djibouti, Dakar doivent être reliés par voie ferroviaire pour lier définitivement le sort économique de l'Afrique.

L'Afrique est dix fois plus grande que l'Inde (33 millions de m2) avec une taille de population similaire. L'Afrique est donc vouée à décoller.

S'il fallait vous aider à contribuer au développement rapide de l'Afrique, quels leviers pourrait-on activer ?

À mon sens, et pour contribuer au développement rapide de l'Afrique, il y a quatre premiers leviers à activer : la jeunesse, le marché commun africain, l'exploitation des richesses dans le souci d'un développement durable et la place de la femme.

J'insiste sur le dernier levier ci-dessus, à savoir la place de la femme, que certains estiment comme un levier de seconde catégorie ou même un argument féministe. Je souhaite juste rappeler que la place de la femme est essentielle pour un développement harmonieux de la société civile. Le genre doit être accepté comme une condition pour le développement de l'économie dans le domaine de l'agriculture, de l'éducation, de la santé etc. Ne pas permettre à la femme d'assumer sa place, c'est tout simplement se couper de la moitié de la société africaine !

Si vous étiez élue chef de l'État de votre pays, dans les 24 heures, quelles seraient vos trois premières décisions ?

L'éducation, la santé et la bonne gouvernance seront les trois premières thématiques de mes décisions.

La jeunesse, comme dit précédemment, constitue le levier essentiel pour un développement durable. Elle ne peut participer à ce développement que si les conditions de l'éducation sont remplies. Une jeunesse éduquée, instruite est la condition *sine qua non* d'un développement réussi. Cela va de soi que cette jeunesse doit pouvoir accéder au marché du travail sans stigmatisation ethnique et/ou religieuse pour prétendre à un poste. Seules les compétences de ces derniers seront prises en compte. Le système de favoritisme doit être banni pour qu'il y ait un renouvellement de personnes et même des idées.

Cette même jeunesse ne peut avancer que si les conditions de santé se trouvent remplies. Le système de santé doit également servir toute la population. Mettre en place un système de santé efficace et en faveur de la population est primordial pour le développement d'un pays. C'est un devoir que les autorités en tête d'un pays doivent à leur population.

Le développement, en général, ne peut s'opérer qu'avec une bonne gouvernance, un respect des lois et des droits humains. La sécurité humaine, quant aux besoins les plus élémentaires, à savoir : l'éducation, la santé, l'habitat et la sécurité alimentaire, sont indispensables pour la bonne santé de la société civile. Cette même société civile est un levier important pour l'émergence de l'Afrique. Il va sans dire que le renforcement des institutions, au service de la société civile, est un indicateur, un curseur essentiel.

VÉNICIA GUINOT

FONDATRICE ET RÉDACTRICE EN CHEF DE «TROPICS MAGAZINE»

CONGO

Crédit Photo : Vénicia Guinot

Elle aurait pu attendre l'autorisation de lancer « Vogue Afrique ». Elle a créé « Tropics Magazine ». Même niveau de qualité, avec le soleil en plus. Nominée aux *CNN MultiChoice African Journalist Awards* de Johannesburg, aux *Befta Awards* de Londres et aux *Women4Africa Awards*, Vénicia Guinot révèle pourquoi l'émergence de l'Afrique passe par des médias africains de grande qualité.

C'est à l'âge de 17 ans que tout démarre pour elle. Baccalauréat obtenu en classe de première, elle escalade et entre en faculté de communication & multimédia. Quelques années plus tard, elle s'envole pour la nation arc-en-ciel, une terre de prédilection et d'avenir qui la conduira à réaliser son « *African Dream* ».

Au pays de Nelson Mandela, Vénicia Guinot marche sur les pas de son père. Sa première entreprise de média avait pour cœur de cible la communauté afro- caribéenne. Comme les initiateurs de *Forbes Afrique* ou du *Monde Afrique*, la fille de Marcel Bavoueza-Guinot aurait pu attendre l'autorisation de lancer *Vogue Afrique*. Non. Elle a créé *Tropics Magazine*. Même niveau de qualité, le soleil de l'émergence en plus.

Malgré son jeune âge, sa riche carrière lui a déjà valu trois nominations successives aux *CNN MultiChoice African Journalist Awards* de Johannesburg, aux *Befta Awards* de Londres et enfin aux *Women4Africa Awards* de la capitale britannique. Cette reconnaissance internationale l'a littéralement propulsée au sommet de son art. La jeune leader congolaise, qui a accepté de répondre à mes questions, figure désormais dans le Top 5 des femmes de médias les plus influentes de l'Afrique émergente.

Croyez-vous en l'émergence économique du continent africain ?

Vénicia Guinot : merci pour l'insigne honneur que vous faites aux leaders Africains sélectionnés et merci infiniment d'avoir porté votre choix sur moi. En effet, l'Afrique est le continent de l'espoir et cela va sans dire. Bien que les statistiques africaines soient peu fiables aux yeux de certains, je me permets de partager l'avis de quelques experts qui nous font remarquer, continuellement, que les dix prochaines années seront encore meilleures en termes de croissance et d'espérance de vie.

Pour revenir à la question initiale, je me dois d'affirmer que l'émergence économique du continent est en marche en ce sens que les enfants d'Afrique ne cessent d'exceller dans leurs différents domaines de prédilection et se donnent tous les jours le devoir de changer les choses. Sur cette question de l'émergence, je préfère déjà miser sur le potentiel humain croissant dont regorge l'Afrique sub-saharienne. À juste titre, il est important de signifier que l'émergence d'un pays se mesure en fonction de plusieurs paramètres, et je choisis de faire un crochet sur deux domaines importants à mes yeux :

Le système éducatif : entre l'année 2000 et 2008, le système scolaire du secondaire africain a connu une évolution considérable de 48%, et ce phénomène positif a incité différents États à élargir leurs programmes d'accès à l'éducation et à faire des mises au rebut des frais de scolarité.

Le Système sanitaire : les pays africains connaissent, ces dernières années, moins de décès causés par le paludisme et on note une recrudescence importante de 30% des cas selon les Nations Unies, de même pour les infections causées par le VIH/SIDA, soit 74%. L'espérance de vie quant à elle a augmenté d'environ 10%, à travers l'Afrique entière, et les taux de mortalité infantile continuent d'être prévenus dans la plupart des pays d'Afrique sub-saharienne.

Une fois de plus, tous ces facteurs prouvent, à suffisance, que le train vers le développement durable est en marche. Nous jouissons désormais d'une économie en plein essor qui ne cesse de faire ses preuves et j'ose espérer que le cap sera maintenu par nos « *power players* » afin que les dix prochaines années soient encore plus prometteuses. Pour tout vous dire, le slogan « *Africa is rising* » n'est plus un mythe car ce sont les Africains eux-mêmes qui prennent les rennes.

S'il fallait vous aider à contribuer au développement rapide de l'Afrique, quels leviers pourrait-on activer ?

Quelle question complexe! La montée de l'Afrique au-devant de la scène est réelle, mais le continent propose encore, intrinsèquement, un environnement difficile qui ne favorise pas pleinement la bonne marche des affaires en son sein. On ne peut plus rester insensible devant l'impact du réchauffement climatique, de nos jours. Alors, le levier qui m'intrigue de plus en plus est celui des énergies renouvelables qui présente un fort potentiel économique pour nos nations respectives.

Les pays d'Afrique sub-saharienne sont des atlas pour développer ce secteur comme il se doit. De Brazzaville à Johannesburg, en passant par Madagascar jusqu' à Nairobi, voire Accra, le levier des énergies renouvelables demeure un secteur important qui pourrait vite propulser toutes ces économies respectives au-devant de la scène.

Assurer la valorisation des énergies renouvelables africaines, tel serait le leit-motiv de nos nations, car l'heure est grave et le secteur agricole et environnemental en pâtissent déjà... L'accès à l'énergie durable demeure donc un défi à relever puisqu'il figure parmi les Objectifs du millénaire et le temps de l'action, c'est maintenant.

Si vous étiez élue chef de l'État de votre pays, dans les 24 heures, quelles seraient vos trois premières décisions ?

Quelle proposition flatteuse, bien que ce ne soit pas l'une de mes aspirations dans la vie. Je saisis ici l'occasion de saluer les différentes avancées que connait le Congo de nos jours. Je ne peux que saluer, avec respect ces efforts qui bénéficient, en somme, à toute la sous-région. Pour revenir à votre question, moi Présidente, je promets de servir mon pays en toute sincérité, transparence et humilité.

Dans mon plan d'actions, je choisis de mettre l'accent sur trois Ministères importants qui redonneront au Congo-Brazzaville ses lettres de noblesse. Le peuple congolais, par exemple, est encore assujetti à beaucoup de maux parmi lesquels le manque d'accès aux biens et services de base. Il est donc essentiel de mettre l'accent sur ces problématiques qui continuent de nuire au bien-être de la population dans son ensemble.

Au lieu de multiplier les Ministères, je prendrai la décision de réformer et d'en instaurer trois :

Un Ministère du Développement Durable et de l'Éducation avec pour but de contribuer au développement durable des populations et, plus tard, devenir une instance permettant la satisfaction des besoins essentiels des populations tout en proposant des solutions aux problèmes clefs, aux crises sociales et environnementales. À cet effet, la « Pyramide des besoins » d'Abraham Maslow devrait être revisitée et appliquée convenablement.

Quand bien même la réalité est toute autre sur le terrain, le Congo possède d'importantes ressources énergétiques sous forme d'hydro-électricité, de bois, de pétrole et de gaz naturel. En revanche, la population ne cesse de vivre dans des conditions délabrées et la politique nationale n'arrive toujours pas à améliorer l'état de santé des populations dans leurs propres circonscriptions.

Il est crucial de promouvoir et de protéger la santé des autochtones d'abord, ensuite celles des étrangers, sur l'ensemble du territoire ; de garantir l'accès aux soins de santé de qualité. Il est capital de renforcer les capacités nationales à la gestion du système de santé en assurant le « *networking* » entre professionnels du domaine sanitaire, le bon *training* au niveau panafricain, voire international. Il est toutefois important de rappeler que, dans les derniers rapports publiés, il est mentionné que le paludisme constitue la première cause de consultation au Congo Brazzaville à 53,28% et qu'il est vital que le gouvernement prenne des mesures pour faciliter la recherche scientifique, favoriser l'implantation des laboratoires efficients, dirigés par des experts en la matière, qui pourront permettre le développement de nouveaux génériques qui sauveront de nombreuses vies au *finish*.

Et comme l'égalité des genres est chose garantie par les textes législatifs et réglementaires comme la Constitution, le code du travail, le code des impôts, le code pénal et le code de la famille, il ne sera que bénéfique d'alphabétiser les

64% des femmes congolaises qui demeurent analphabètes, à ce jour, et rendre l'accès à l'université possible pour les jeunes filles.

Un Ministère de la Promotion de l'Entreprenariat Étudiant et du Leadership, qui accordera le statut d'entrepreneur-étudiant aux jeunes diplômés et leur permettra d'élaborer des projets d'entreprises sous forme d'incubateurs.

Le fait que divers colloques, forums et sommets se tiennent sur le continent africain est louable, mais il faudrait mesurer leur impact sur le terrain. L'objectif premier serait de réunir des cerveaux venant de l'Afrique entière et d'écrire noir sur blanc leurs visions respectives de l'Afrique de demain. Cela peut se faire sous forme de charte comme sous forme de signatures collectées, peu importe. À la fin de ces assises, on obtiendrait une nouvelle charte de l'entreprenariat panafricain, des points valides, des stratégies et des solutions aux challenges de l'entreprenariat africain. Sans doute, l'Afrique de demain sera développée par les idées que les jeunes émettent aujourd'hui, et il ne manquera plus qu'à nos érudits du « seed capital » de passer à la vitesse supérieure à savoir l'industrialisation de l'Afrique.

En tant que chef d'État, ma mission serait d'investir prioritairement sur la jeunesse africaine car elle représente à elle-seule, un gisement inépuisable de talents. Ce n'est que de cette manière, ma foi, que nous pourrions éviter certaines erreurs des pays développés ; je fais allusion ici au Canada avec sa population vieillissante.

Je profite de cette opportunité pour saluer avec beaucoup de respect les initiatives de Patrice Motsepe, Tony Elumelu, Aliko Dangote, etc., ces milliardaires qui emboitent le pas à l'africanité que nous recherchons tant et qui contribuera à l'essor économique véritable de ma patrie.

En fin de compte, je voudrais favoriser la création des entreprises sur le sol congolais en simplifiant le processus grâce aux nouvelles technologies ; encourager les porteurs de projets et les inciter au travail bien fait ; tout ceci dans le but de cultiver l'esprit d'innovation et entrepreneuriat.

Un Ministère des Affaire Intérieures et de la Communication avec pour mission ultime de rendre accessible à la nation entière le patrimoine culturel du pays, le vulgariser et le protéger car ce dernier doit être légué aux générations futures. Ce Ministère servirait également à promouvoir tous les métiers de la communication.

Ses attributions principales concerneront : l'organisation administrative du pays, la fonction publique, la fiscalité et les finances locales, les relations avec les collectivités locales, le management des processus électoraux, l'accès gratuit à l'information et aux nouvelles technologies, en ville comme dans l'arrière-pays, le respect des métiers de la communication, la gestion des statistiques officielles, et enfin la promotion du patrimoine culturel en général.

En toute sincérité, servir son pays est une lourde mission, mais tout d'abord un devoir. À mon humble avis, un vrai chef d'État est celui qui sait compter sur le soutien indéfectible de sa patrie et des partenaires stratégiques qui acceptent de regarder dans la même direction que lui. Pour que l'Afrique retrouve ses lettres de noblesse, tout citoyen devra renouveler sa mission d'architecte à l'édifice national car le développement d'une nation passe avant tout par l'amélioration du bien-être de tous ses citoyens, la garantie de leur liberté, enfin et surtout le renforcement de leur sécurité économique.

En fin de compte, les trois Ministères sus-mentionnés pourraient d'emblée permettre au Congo-Brazzaville d'aujourd'hui ou de demain de prendre son envol car je crois fortement que ce pays possède, en son sein, tous les potentiels dont il a besoin pour déployer ses ailes. Il n'y a donc aucune raison de stagner sous une croissance à moins de deux chiffres. Et si on pensait autrement ? Et si l'esprit d' « Ubuntu » devenait notre devise panafricaine pour rêver plus grand, se donner la main et réaliser ce que les autres qualifient d'impossible ?

L'expérience m'a prouvé que « impossible n'est rien », alors je reste confiante que l'unité africaine n'est pas une utopie!

RÉGIS HABIMANA
FONDATEUR ET PDG DE CONVERGENCIUM
RWANDA

Crédit Photo : Régis Habimana

Autant que ses enseignants s'en souviennent, les aptitudes de Régis Habimana, en matière de TIC, se sont révélées dès son accession au cycle d'enseignement supérieur. Titulaire d'un Master en Télécommunications mobiles haut débit et un diplôme d'ingénieur en Affaires internationales, il a choisi le métier de consultant pour surfer sur la croissance africaine et apporter sa contribution concrète à l'émergence de son continent.

près ses études, c'est de Devoteam Consulting, filiale Conseil du groupe Devoteam que va se dérouler l'essentiel de son activité dès 2011. Régis Habimana aide à l'accompagnement de grands comptes tels que Société Générale, BNP Paribas, Veolia, EDF ou encore la SNCF, à travers la mise en place des stratégies SI, de direction projets et de programmes. Il participe également à l'accompagnement au changement pour permettre aux entreprises clientes de maximiser leurs chances de réussite, de mise en place de nouveaux modèles de fonctionnement.

Après une belle année de rodage, Régis Habimana décide de changer de rivage. En septembre 2012, « j'arrête mes activités au sein de Devoteam Consulting pour me consacrer à Convergencium Ltd., une société de conseil et intégration que j'ai lancée en 2012 avec un associé, Jean-Jacques, qui a par ailleurs travaillé pour la filiale Banque d'Investissement de la Société Générale. » Fin 2014, les deux associés lancent les opérations commerciales. Leur but : combler le fossé entre les prestations de grands groupes internationaux et les petits acteurs locaux. Mais, par-dessus tout, celui qui a accepté de répondre à mes questions, a les yeux rivés sur le marché subsaharien, une région où on parle beaucoup d'émergence économique.

Croyez-vous en l'émergence économique du continent africain ?

Janvier Régis Habimana : oui, je crois fortement en l'émergence économique du continent africain. Deux raisons à cela : l'une est économique et l'autre est socio-politique.

La raison économique : depuis la crise des subprimes qui a fortement chahuté les économies des pays développés, il s'opère deux changements de tendance de fond quant à l'investissement en Afrique. Primo, de plus en plus De plus en plus d'investisseurs (privés et institutionnels) ont de la confiance en opportunités offertes par le continent à la forte croissance économique et tout en chantiers. Secundo, de plus en plus de jeunes sortis de grandes écoles et universités occidentales s'investissent dans leurs pays d'origine après avoir acquis de l'expérience dans les pays développés d'Europe, des Etats-Unis, d'Asie ou d'ailleurs. Ces deux mouvements font qu'il y a création de vraie valeur ajoutée pour les pays car les grands investisseurs mettent en place les infrastructures nécessaires alors que les « jeunes » actifs les exploitent pour créer des entreprises de services, avec l'avantage qu'ils comprennent mieux le besoin des populations (desquelles ils sont issus), le contexte auquel ils appliquent les recettes acquises lors de leurs expériences professionnelles précédentes.

La raison socio-politique. A l'inverse des précédentes générations, la génération actuelle veut en finir avec les violences sur le continent et pousse plus vers la prise de pouvoir passant par la réussite en affaires. Ainsi donc, l'engagement dans un parti politique n'a plus la même aura que d'avoir fait un voyage à Dubaï, Hong-Kong et autres villes d'importation pour le continent. Au-delà de cet exemple, plusieurs États ont compris qu'en mettant en place des hubs de création, ils poussaient de plus en plus de jeunes à créer des entreprises et de la valeur, ce qui décourage de l'endoctrinement/instrumentalisation politique.

S'il fallait vous aider à contribuer au développement rapide de l'Afrique, quels leviers pourrait-on activer ?

L'éducation. Il faudrait commencer par pousser à une forte alphabétisation des populations. En effet, celle-ci ouvre la porte à d'innombrables possibilités, notamment la possibilité aux populations de se doter et exploiter des outils TICs (smartphones, tablettes et PCs) qui constituent la pierre angulaire de la distribution des services à la valeur ajoutée. Au-delà de cet avantage économique, l'autre avantage est social. Une population éduquée est peu encline à la dérive politique et/ou tribale qui est génératrice de la plupart des conflits en Afrique et donc bloquante pour le développement de notre continent.

La promotion des investissements. Au-delà de la mise en place des guichets uniques pour l'accueil des investisseurs et la création d'entreprises, comme la plupart des pays l'ont déjà fait, il s'agit de faire de la promotion en amont à l'instar de Singapour ou de la Thaïlande mais de façon stratégique et coordonnée. Je parle ici de mise en place de sites de promotion dédiés, de participation aux différents forums étrangers dédiés aux pays émergents mais surtout de la mise en place de *packages* d'avantages pour les investisseurs, adaptés à chaque contexte, à chaque type d'investisseurs et évidemment à chaque pays.

Si vous étiez élu chef de l'État de votre pays, dans les 24 heures, quelles seraient vos trois premières décisions ?

C'est bien de situer cela dans l'hypothétique car bien que je considère que les mondes politique et économique sont intimement liés, je n'ai aucun souhait d'appartenir au premier. Disons plutôt que si je devrais, dans les 24h, convaincre les dirigeants de mon pays de changer 3 choses, ces dernières seraient :

L'amélioration de l'accès aux données économiques, pertinentes et structurées : c'est un des blocages majeurs de l'investissement direct étranger et donc une conséquence de l'accumulation catastrophique de la dette de l'État.

La stabilisation du système éducatif : C'est un des chantiers urgents pour le soutien au développement. Chantier majeur mais aussi complexe dans un contexte de budget limité au regard des capacités de l'État. Pour moi, un nouveau volet concernant l'alphabétisation des plus âgés - parmi lesquels on trouve de commerçants prospères de petites villes de campagne, des agriculteurs et éleveurs...- est nécessaire pour en faire un relai majeur de commercialisation de services.

La promotion de nouveaux services, notamment en assurances et dans les banques : il faudrait commencer à inventer de nouveaux modèles adaptés aux contextes de nos pays (qui sont différents rien que d'un point de vue culturel). En effet, j'observe qu'un nouveau modèle, et pas qu'en assurance/banques d'ailleurs, n'est validé que s'il a déjà fait ses preuves dans les 4 locomotives d'invention du continent : le Maghreb au Nord, l'Afrique du Sud en Afrique australe, le Nigeria en Afrique de l'Ouest et Centrale et le Kenya en Afrique de l'Est. Serait-ce pour dire que chaque pays ne peut pas être l'origine du modèle qui lui conviendra le mieux et qui pourrait de surcroit servir au reste? Loin de là! Tout ce qu'il faut, c'est tout juste donner la chance aux entrepreneurs locaux en les aidant à prendre des risques pour faire évoluer les services en se sachant bien soutenus.

CARINE OUMOU HAIDARA

DIRECTRICE COMMERCIALE ET MARKETING
CHEZ BUILD AFRICA LOGISTIC
CÔTE D'IVOIRE

Crédit Photo : Carine Oumou Haidara

Carine Oumou Haidara est née le 29 novembre 1984, d'un père économiste et d'une mère docteur en pharmacie. Troisième d'une fratrie de cinq, elle passe toute son enfance à Grand-Lahou, une petite ville du littoral ivoirien. Directrice commerciale et marketing chez Build Africa Logistic, elle est aussi une entrepreneure du luxe et du bien-être.

A près l'obtention de son Baccalauréat en 2003, et dans le souci de pérenniser l'entreprise pharmaceutique de sa mère, elle intègre l'École préparatoire des sciences de la santé (EPSS) à l'Université Nangui Abrogoua d'Abobo Adjamé (Abidjan).

Malgré la réussite dans ses études, elle opère un virage à 180° en quittant la pharmacie pour les études de gestion. Elle intègre alors le prestigieux Institut Britannique de Management et des Technologies (IBMT) en 2006. Après quatre ans de formation, elle obtient un *Bachelor* en administration des affaires.

Trois mois après son diplôme, elle décroche son premier emploi à la Société Maritime de Côte d'Ivoire (SOMACI) au poste de directrice administrative et financière. Mordue d'entrepreneuriat, la jeune leader qui a accepté de répondre à mes questions créés simultanément deux entreprises, dont une dans le domaine des soins de beauté mixtes et l'autre dans le vestimentaire masculin de luxe.

Croyez-vous en l'émergence économique du continent africain ?

Carine Oumou Haidara : selon ma conception, nous parlons d'émergence économique lorsque les 4 facteurs suivants sont réunis :

Un fort potentiel de croissance
La mise en place de transformations structurelles et institutionnelles de grande ampleur
Une ouverture économique
Un revenu intermédiaire atteint.

Du point de vue de la croissance, l'Afrique est l'une des trois régions du monde à la croissance la plus rapide depuis ces 20 dernières années. La Banque mondiale prévoit une croissance du PIB de 5,2% en 2015-2016 contre 4,6% en 2014. Cette croissance devrait continuer à être boostée par les investissements massifs dans les infrastructures, l'augmentation de la production agricole, le développement des télécommunications, du commerce et de la finance.

En ce qui concerne les transformations structurelles et intentionnelles de grande ampleur, le chemin est beaucoup plus fastidieux. Les Etats africains prennent du temps à les mettre en place. Or elles sont un préalable nécessaire à une réelle ouverture économique et une diversification de nos économies car le développement augmente avec le niveau de diversification jusqu'à un certain seuil, qui correspond aux économies émergentes. Nos politiques commerciales doivent correspondre à notre impératif d'industrialisation afin de créer beaucoup plus d'emplois.

L'ouverture économique de l'Afrique est un fait. Mais nous gagnerons à nous appuyer sur une transformation structurelle et institutionnelle à caractère régional, afin de bénéficier réellement des avantages de la globalisation économique. La question du revenu intermédiaire nous ramène aux retombées de la croissance pour les populations africaines. Nous constatons que la majorité des populations africaines ne bénéficient pas de la croissance pour le moment. Il est certain que ,dans plusieurs pays, des efforts sont faits pour repartir les fruits de cette croissance : la Côte d'Ivoire avec l'augmentation du prix d'achat du cacao à 1 000 FCFA/Kg. Mais cela est trop peu, face aux nombreux jeunes sans emploi et au manque de soutien dont bénéficient les entrepreneurs.

En conclusion, je vous dirai que l'émergence de l'Afrique est une réalité, et j'y crois. Cependant, des transformations structurelles et institutionnelles, sans précédent, devront être entreprises pour l'atteindre, afin que l'ensemble des Africains se l'approprient.

S'il fallait vous aider à contribuer au développement rapide de l'Afrique, quels leviers pourrait-on activer ?

Le développement du continent africain se fera par étapes. Certaines bases devraient être établies afin de passer aux étapes suivantes. Les leviers prioritaires au développement de l'Afrique pour les 10 prochaines années sont :
L'intégration économique et régionale.

Les marchés sont de plus en plus interconnectés. Des ensembles plus vastes devraient être créés afin de développer un commerce intra-africain.

Le développement du secteur privé : cela permettra le développement de l'entreprenariat africain, contribuera à éliminer les difficultés rencontrées par les femmes entrepreneurs et les jeunes entrepreneurs, tout en appuyant le développement des PMEs et des microentreprises.

Le développement des infrastructures : cela impactera durablement la vie de populations à travers des investissements dans le transport, l'énergie et l'eau.

L'éducation : le chômage est élevé dans nos pays, en particulier chez les jeunes. Les formations devraient être axées sur les besoins de nos économies, tout en développant les compétences nécessaires à la création de petites entreprises.

La gouvernance économique : tous les points précédemment cités ne pourront se réaliser que dans un cadre démocratique, s'appuyant sur des institutions solides au sein de nos différents pays.

Si vous étiez élue chef de l'Etat de votre pays, dans les 24 heures, quelles seraient vos trois premières décisions ?

Mes trois premières décisions seraient :

Le renforcement de notre sécurité alimentaire, afin d'améliorer les moyens de subsistance des populations en zone rurale. De nombreuses populations, dans ces zones, ne vivent que de l'agriculture. Plus de 70% des Africains exploitent la terre. Assurer notre autosuffisance alimentaire est une priorité. Et cela permettra de créer des emplois, par le développement d'une chaine de valeur.

Le développement du genre, car en tant que femme, je pense réellement que le renforcement des compétences et opportunités, pour les femmes, peut stimuler la productivité. Je promouvrai l'entreprenariat féminin, de même que la protection des droits juridiques et de propriété nous concernant. Car, les medias ne le mentionnent pas assez, les femmes supportent plus de la moitié du fardeau du continent, mais leur potentiel en tant que génératrices de revenus est disproportionnellement élevé.

Faciliter l'accès au crédit pour les PME et les microentreprises. Car l'entreprenariat englobe le présent et l'avenir du développement de l'Afrique.

RÉGIS HOUNKPE

FONDATEUR DE INTERGLOBE CONSEILS

BENIN

Crédit Photo : Régis Hounkpe

Né à Bordeaux, Régis Hounkpe est diplômé en relations internationales et diplomatie. C'est un ancien du Centre d'études diplomatiques et stratégiques de l'école des hautes études internationales de Paris (promotion 2005). Dès l'entame de ses études universitaires, il se positionne clairement pour la recherche critique et objective des dynamiques internationales avec un tropisme pour l'Afrique et les aires émergentes.

Très tôt attiré par l'univers politique, Régis Hounkpe a été collaborateur politique et attaché parlementaire à l'Assemblée nationale française pendant plusieurs années. Ayant également vécu, étudié et travaillé en Afrique, il a notamment été analyste géopolitique et consultant international pour le compte de sociétés de conseils en Afrique de l'Ouest et centrale.

Ancien chargé de mission, à l'international, de la Fondation Nationale Léo Lagrange, il est actuellement Responsable des relations institutionnelles et internationales de l'association *Les Eco Maires*. Il y dirige des programmes de coopération décentralisée et assure la communication politique de ce réseau national et international d'élus locaux et maires français et africains.

Conseiller de personnalités politiques de premier plan et de décideurs publics en communication et stratégie politique, il est rédacteur de plusieurs publications dédiées aux positionnements géopolitiques en Afrique, aux relations internationales et aux dynamiques politiques entre les nations émergentes et les pays du Nord. Conscient de l'intérêt grandissant que suscite le continent africain, il a créé en 2010 InterGlobe Conseils, un cabinet-conseil spécialisé dans la coopération internationale, l'expertise géopolitique et la veille stratégique, la communication et la stratégie politique. En attendant de publier très prochainement deux ouvrages sur l'intégration africaine et l'aide au développement, il a accepté de répondre à mes questions.

Croyez-vous en l'émergence économique du continent africain ?

Régis Hounkpe : à la différence de plusieurs analystes, dont la légitimité est indiscutable, l'Afrique ne représente pas exclusivement le continent de l'avenir, mais bel et bien celui du présent. L'émergence du continent repose sur des acquis naturels mais devra également s'adapter aux mutations politiques et économiques du 21e siècle. Je suis un fervent croyant d'une Afrique émergente, à condition que les décideurs politiques, les acteurs du privé, la société civile diagnostiquent froidement les raisons des échecs patents qui minent le continent et y répondent. La croissance économique n'est pas un objet fétiche qui serait réservé à un groupe de nations ou un continent.

L'Afrique reste encore le continent des ressources naturelles et minières, certes mal exploitées par endroits, mais dont une organisation rigoureuse profiterait au plus grand nombre. L'économie africaine n'existe pas comme un bloc agissant à l'échelle du continent. Chaque pays dispose de ses spécificités : agriculture, services, numérique et et autres... Je suis afro-réaliste et je sais que le chemin, pour chaque nation, d'y parvenir, est long mais il existe. Le Bostwana, le Rwanda, le Kenya, le Maroc, pour ne citer que ces pays, sont dans une dynamique vertueuse qu'il faut suivre avec attention. Même la trajectoire de la puissance sous-régionale que représente le Nigéria est encourageante, en dépit des aléas sécuritaires et ses problèmes de la corruption et de la gabegie. Tout n'est point rose, certains pays qualifiés de scandales géologiques au vu de leurs sous-sols démesurément dotés en ressources minières, sont très loin d'émerger mais les générations d'acteurs qui se positionnent sur l'Afrique sont conscients de la tâche. Ils y parviendront.

S'il fallait vous aider à contribuer au développement rapide de l'Afrique, quels leviers pourrait-on activer ?

Sans hésiter, la première des priorités serait l'éducation à la base. J'érigerai l'éducation comme cause nationale et continentale. Après, je pense que l'agriculture est une opportunité encore mal exploitée par certains pays africains. Par définition, l'Afrique est un continent vert qui dispose de façon non illimitée de potentialités favorables à la production agricole.

Si vous étiez élu chef de l'État de votre pays, dans les 24 heures, quelles seraient vos trois premières décisions ?

Je diligenterais sans délai, juste après mon investiture, un audit sur l'état de l'éducation et de la santé. Il me semble inconcevable de diriger un pays sans avoir un point fixe sur la situation des apprenants, des élèves et étudiants. Je me pencherais sur la nature des programmes scolaires, sur l'adaptation des études aux enjeux du monde. Je veillerais à regarder de près les équipements éducatifs, pédagogiques et universitaires. L'état d'un pays dépend aussi de sa situation sanitaire.

La santé est au cœur du développement et toute politique publique doit en tenir compte. Je veux très particulièrement améliorer la relation des usagers et la prise en charge des patients dans les centres de santé et hôpitaux. C'est un scandale de ne pouvoir accueillir un malade et de le soigner parce qu'il n'a pas les moyens d'assurer les services de l'institution médicale.

D'autre part, la question du chômage massif des jeunes, la place des femmes dans la société, la promotion des centres de ressources stratégiques, des *think tank*, le rôle de la société civile, sont aussi des priorités. L'encouragement aux initiatives privées permettra d'ouvrir les champs des possibilités économiques.

Le tourisme et la culture deviendraient des armes d'attraction massive pour la destination de mon pays.

J'insisterais aussi sur la professionnalisation des armées qui doivent être un rempart contre toute agression extérieure et non un instrument de tension permanente.

Militant du panafricanisme et de l'intégration africaine, mon pays travaillera à renforcer ses relations diplomatiques avec les États du continent, à promouvoir la coopération sud-sud, et à orienter efficacement l'Union Africaine et les organisations sous-régionales.

ANMIR IGUE
CONSULTANT JUNIOR CHEZ PwC
BÉNIN

Crédit Photo : Anmir Igue

Anmir Igue a toujours rêvé de consulting. PwC, leader mondial des services d'audit et de conseil, lui a ouvert ses portes comme consultant junior par le biais d'un stage professionnel. Pour ce *serial* diplômé engagé au sein du *Club 2030 Afrique*, l'émergence du continent africain passe par la consultation et l'implication des acteurs sociaux dans la quête d'un développement intégral du continent et de ses populations.

près un brevet de technicien supérieur et un bachelor en gestion des ressources humaines obtenus en 2009 et 2010 au Bénin, un Master professionnel en intelligence économique et communication stratégique à l'Institut
de Communication et de Technologies numériques de l'Université de Poitiers
en 2012, il a entrepris de passer « un dernier Master professionnel en conseil et
étude d'opinion au sein de département de science politique de l'Université de
Montpellier. »

Derrière sa soif de connaissances, se cache en réalité le désir de servir l'Afrique
émergente au plus haut niveau. Son parcours universitaire, ses stages professionnels à la fois au sein du secteur public africain et français, ainsi que dans le
secteur privé français, lui ont permis de développer des connaissances et compétences dans ce sens. Ces dernières lui ont notamment permis d'être recruté
comme consultant junior secteur public chez PwC, leader mondial des services
d'audit.

C'est un jeune leader engagé, notamment à travers ses postes de Chargé de
veille et de *Community manager* au sein du « Club 2030 Afrique », qui a accepté
de répondre à mes questions.

Croyez-vous en l'émergence économique du continent africain ?

Anmir Igue : je dirai oui, car nous pouvons faire de l'Afrique un grand continent,
une entité encore plus importante. Actuellement, de nombreux indicateurs sont
au vert et permettent d'espérer un futur positif pour l'Afrique. Plusieurs pays du
continent ont des taux de croissance bien supérieurs à ce que certaines nations
occidentales ont ou espèrent. D'où le regain d'intérêt pour l'Afrique de la part
des entreprises, de par le monde, tous secteurs confondus. Les investissements,
partenariats ou implantations de sociétés se multiplient. Pratiquement toutes
les organisations insèrent l'Afrique dans leurs stratégies de développement.

On peut remarquer également que sur le continent, de plus en plus d'initiatives sont prises en faveur des jeunes ; surtout en matière d'innovation et d'en-

trepreneuriat. Dans plusieurs pays, les productions s'améliorent et certains de ces pays sont leaders mondiaux sur les marchés de matières premières. Ce sont des actions qu'il faut encourager et poursuivre à tout prix. Le développement du continent n'est d'ailleurs pas facultatif, mais bien impératif. Autrement dit, nous n'avons pas le choix. La population du continent ne cesse de s'agrandir et pourrait atteindre les 2 milliards d'habitants en 2050 avec une grande majorité de jeunes. Nous devons créer un environnement sain, des activités économiques pour ces jeunes, atteindre un niveau de production de richesses permettant à tout un chacun, en Afrique, de vivre décemment. Cela doit se faire en tenant évidemment compte de l'environnement, et en faisant preuve de plus d'éthique et de transparence dans la gestion des pays, des ressources et dans la redistribution des richesses.

S'il fallait vous aider à contribuer au développement rapide de l'Afrique, quels leviers pourrait-on activer ?

Outre la classe politique actuelle, dans les pays africains, qui doit changer, on pourrait m'aider à réformer profondément et réellement le secteur de l'éducation en Afrique. Dans la plupart des pays africains, on forme des chômeurs en puissance car les entreprises n'ont pas confiance dans les capacités des jeunes diplômés du continent. Ces derniers restent donc, pour la grande majorité, sur le carreau. À mon retour en Afrique, j'ai été surpris et déçu de constater l'ampleur du retard accumulé par des amis étudiants. Cela est dû à la mauvaise qualité des programmes et à la faible connexion digitale au reste de la planète. Il faut des programmes scolaires et universitaires adaptés aux besoins des organisations et donc aux thématiques importantes dans le monde aujourd'hui. Il faut mettre les moyens qu'il faut à disposition, surtout numériquement. Il faut également plus de liens entre les universités et les entreprises afin que les jeunes soient de vrais professionnels à leur sortie de l'université.

Sur les plans économique et politique, il faut mettre en place des instances réellement en mesure de surveiller et de sanctionner, au besoin, les actes de corruption ou de mauvaise gestion. De nombreux pays ont des ressources très abondantes et végètent depuis des décennies dans le sous-développement. Il est temps de faire ce qu'il faut. Il faut investir en priorisant les secteurs qui rapportent le plus et qui ont le plus de facteurs de production ; renégocier les contrats qui existent, depuis des décennies, et qui n'avantagent pas les Africains.

Si vous étiez élu chef de l'État de votre pays, dans les 24 heures, quelles seraient vos trois premières décisions ?

Politiquement, outre une réforme et un rajeunissement de la fonction publique en fonction des besoins réels du secteur public et privé, je prendrai une décision qui permettrait de faire preuve de transparence vis-à-vis des populations. Concrètement, je présenterai des indicateurs qui devront être atteints par mon programme, sinon je n'aurai pas le droit de me représenter. Moi Président, je m'attacherai à définir un plan d'intelligence économique pour le pays et les entreprises du territoire afin que nous soyons en mesure de capter les informations nationales et internationales dont on a besoin pour se développer, afin que nous ayons les capacités de protéger notre patrimoine matériel et immatériel et d'aller influer sur les décisions prises dans les instances régionales et internationales lorsque nos intérêts sont en discussion.

Sur le plan économique, je réunirai tous les acteurs économiques et partenaires autour d'une table pour m'enquérir de leurs besoins concrets, ce qu'ils pensent qu'on peut faire pour les aider de manière objective. Il s'agira alors d'hiérarchiser les actions et de mettre en application les décisions arrêtées dans les plus brefs délais. Plus de rapports ou conclusions de conférences à mettre dans les tiroirs. Il faut appliquer réellement les plans d'actions qui sont arrêtés avec les opérateurs économiques.

Je prendrai aussi des mesures et mettrai en place des instruments qui permettront de m'assurer que la masse populaire du pays est bien bénéficiaire de toutes les actions entreprises au plan national, car c'est une mission d'intérêt général que d'être président d'une République.

ALLEN IKADI
PASTEUR ET CEO DE HOSFO TV
RD CONGO

Crédit Photo : Allen Ikadi

Un Pasteur Noir qui crée une chaîne de télévision à l'étranger pour arroser son continent n'est pas forcément un Africain-Américain. Originaire de la République démocratique du Congo, c'est depuis Paris qu'Allen Ikadi annonce l'évangile de l'émergence sur sa propre chaine de télévision « Hosfo TV ». Cet entrepreneur de Dieu montre que la croissance de l'Afrique se calcule aussi en millions d'âmes à sauver.

A llen Ikadi Mabuaka, né le 22 Octobre 1974 à Kinshasa, en République démocratique du Congo, est l'aîné d'une fratrie de onze enfants. Il est ma-
rié à Josiane Ondeu IKADI avec qui il a trois enfants.

Après ses études maternelles dans une institution belge, en République Démocratique du Congo, il poursuit son cursus secondaire dans une école catholique
où il obtient son baccalauréat en sciences pédagogiques. Il entre, par la suite, à
l'Institut Supérieur de Commerce de la commune de la Gombe, à Kinshasa, où il
étudie l'informatique et la gestion.

« Ayant embrassé la foi chrétienne dès mon jeune âge, confie-t-il, je ressentais
déjà l'appel de Dieu pour le servir par la prédication de sa parole. » Après ses
études, il s'emploie à répondre à son appel de prédicateur et s'y investit pleinement. Pour autant, sa fonction de pasteur n'éteint pas la flamme de l'entreprenariat qui brûle également en lui depuis sa prime enfance.

« Je suis un autodidacte dans le domaine des médias et ne dispose pas de parcours professionnel en tant que tel. Mais la passion qui brûle en moi, pour les
médias, m'a permis d'apprivoiser ce domaine et de mettre sur pied ma propre
entreprise de médias », répond le pasteur lorsqu'on l'interroge pour comprendre
son entrée fulgurante dans le monde des médias. « Je suis le fondateur de la
société Hosfo Group SAS, un groupe de médias français qui anime Hosfo TV, une
chaîne de télévision généraliste et chrétienne, et mène d'autres activités dans
le consulting, la production audiovisuelle, l'édition, la distribution et la télécommunication », ajoute-t-il dans un souci de précision.

Serial entrepreneur, Allen Ikadi rêve de lancer d'autres chaînes de télévision
avec d'autres thématiques sur les plateformes « satellites, OTT, IPTV, Mobile
Apps, ainsi qu'un bouquet Pay TV de chaînes qui véhicule des valeurs saines dans
la société ». Le dandy congolais compte, par ailleurs, devenir rapidement un *Mobile Virtual Network Operator* (MVNO) via ses filiales de télécommunication en
Europe et en Afrique. C'est donc un entrepreneur de Dieu, doublé d'un homme
de médias, plein de projets, qui a accepté de répondre à mes questions.

Croyez-vous en l'émergence économique du continent africain ?

Allen Ikadi : oui, je crois en l'émergence économique du continent africain. Pourquoi ? Parce que tous les indicateurs nous montrent que, d'ici quelques années, l'Afrique sera émergente surtout à cause de sa jeune population qui constitue un fort potentiel économique et des multiples opportunités qui s'offrent à elle. Nous constatons que les grands groupes étrangers s'intéressent au marché africain. Plusieurs Africains de la diaspora veulent aujourd'hui retourner en Afrique afin d'investir pour le développement, car ils ont compris que le marché actuel en Afrique est fructueux et prometteur.

S'il fallait vous aider à contribuer au développement rapide de l'Afrique, quels leviers pourrait-on activer ?

Pour m'aider à contribuer au développement rapide de l'Afrique, il faudrait d'abord m'ouvrir l'accès aux financements pour me permettre d'implanter mon projet en Afrique afin de créer des emplois et, ainsi, permettre aux jeunes diplômés d'avoir un espace pour mettre en pratique leur savoir et contribuer par la même occasion, au développement de l'Afrique. Il faudrait ensuite me permettre de mettre sur pied une structure afin de faciliter les démarches aux jeunes entrepreneurs en leur offrant un service de consulting et d'accompagnement dans la création de projets innovants pour une Afrique nouvelle.

Si vous étiez élu chef de l'État de votre pays dans les 24 heures, quelles seraient vos trois premières décisions ?

Primo, reformer le système éducatif.

Deuxio, travailler sur le système de santé afin que tout Congolais puisse avoir accès aux soins, à moindre coût, sinon gratuitement.

Tercio, travailler sur le développement de nos richesses naturelles afin que la redistribution soit équitable et que cela profite à la population tout entière.

DIANA LEILA KAMAN
RESPONSABLE ADMINISTRATIVE
ET FINANCIÈRE CHEZ EXELLFINANCE
NIGER

Crédit Photo : Diana Kaman

D'origine nigérienne, Leila Diana Kaman est née au Cameroun le 11 août 1985. Après son Baccalauréat littéraire à Niamey et sa Licence en économie à Nice, elle obtient une Maîtrise en finance à Paris. Entrée comme stagiaire chez ExellFinance, un cabinet de gestion de patrimoine, elle en est aujourd'hui Responsable administrative et financière (RAF). L'émergence de l'Afrique, c'est au présent qu'elle la conjugue.

Ancienne de Nice Sophia Antipolis, où elle a obtenu sa Licence en Economie Gestion, mention AES, c'est à Paris que Diana Kaman a passé sa Maîtrise en Finance avec une option en Banque-Assurance/Contrôle de Gestion. Diplômes en poche, elle rejoint l'équipe du conseil en gestion de patrimoine ExellFinance. Entrée comme stagiaire, elle gravit rapidement les échelons. Trois ans plus tard, elle est bombardée Responsable administrative et financière du cabinet parisien.

Alors qu'elle est en pleine ascension professionnelle, Diana Kaman entreprend, en 2014, de passer un Master en relations internationales approfondies au Centre d'Études Diplomatiques et Stratégiques de Paris (CEDS). Son mémoire porte sur « Les défis du Sahel : ressources, développement et sécurité ». L'obsession de celle qui a accepté de répondre à mes questions est acquérir assez d'expérience et d'expertise pour contribuer à mobiliser les ressources internes du continent en associant la diaspora africaine.

Croyez-vous en l'émergence économique du continent africain ?

Diana Kaman : je crois absolument à l'émergence de l'Afrique. Il est de notre devoir d'y croire car, sans cela, nous ne ferons pas les efforts nécessaires à son émergence.

Il est évident qu'aujourd'hui, l'Afrique fait figure de continent d'avenir. Depuis plus de 10 ans, elle enregistre un taux de croissance régulier d'environ 6%. La bancarisation s'accroît et les investisseurs étrangers continuent d'affluer. La jeunesse africaine est beaucoup plus consciente de l'importance de se mettre au service du continent, et les médias sociaux facilitent l'interconnexion entre les pays. L'espoir est permis, car la jeunesse de moins de 25 ans, représentant plus de 60% de la population, constitue une main d'œuvre inestimable pour le développement du continent.

Cependant, pour qu'il y ait une réelle émergence, il faut prendre des mesures concrètes et reformer le système. Par exemple en termes d'infrastructures, d'industrialisation, ou de technologies de l'information et de la communication.

Nous devons trouver le moyen de contenir la chute des prix des matières premières, dont le continent regorge en qualité et en quantité. Nous devons également diversifier notre économie en investissant dans la transformation de ces matières premières.

Plus important encore, il faut se réapproprier notre mode de développement en nous basant sur les réalités africaines, tout en restant ouverts à la mondialisation. Cela ne veut pas dire copier tout ce qui peut exister comme système. Nous devons être vigilants à ne pas importer le système financier basé sur le capitalisme tel qu'appliqué dans les pays occidentaux, car ce système a montré ses limites à travers les crises qui se succèdent depuis quelques années.

S'il fallait vous aider à contribuer au développement rapide de l'Afrique, quels leviers pourrait-on activer ?

Peut-être faut-il prévoir des points ici contre la fuite des flux illicites et la renégociation des contrats avec les multinationales. Selon un rapport de l'OCDE datant de 2013, 50 milliards de dollars rentreraient sur le continent sous forme de l'aide au développement. En face de cette somme, 80 milliards de dollars sortiraient du continent en flux illicites, et 600 milliards de dollars sous forme d'exonérations fiscales pour les multinationales. Vous imaginez combien d'écoles, de centres santé, etc... pourraient être construits en travaillant sur ce levier ? Cela nous montre également que l'Afrique pourrait se passer de l'aide au développement.

Revoir l'aide au développement. Sous sa forme actuelle, elle n'est pas créatrice de richesse, mais plutôt de dépendante. Il suffit de faire un bilan de ce qu'elle a apporté pour constater que sur le terrain, la coopération telle qu'appliquée actuellement, n'a eu qu'un impact limité sur les populations. Tout en continuant à échanger avec nos partenaires occidentaux, il faut trouver le meilleur moyen de réduire la pauvreté dans nos pays. La diaspora pourrait être un acteur intéressant dans la problématique de l'aide au développement.

Assurer la sécurité alimentaire en donnant les moyens au secteur agricole, qui est le fer de lance de la lutte contre la pauvreté.

Créer un fonds de solidarité entre États qui permettrait de gérer les crises. Ce fonds aura l'avantage d'être disponible immédiatement, lors d'une crise, sans attendre une aide de l'extérieur. Il pourra être renfloué, s'il le faut, par les partenaires extérieurs des États concernés. La mise en place pourra se faire par l'UEMOA ou la CEDEAO.

Construire les infrastructures. Aucun pays ne peut parler de développement sans infrastructures. À suivre, le fonds Africa50 initié par la BAD qui regroupe 17 pays africains dont l'objectif est de financer des projets d'infrastructures sur tout le continent. Il est essentiel, pour le développement du continent, de mettre l'accent sur une grande coopération entre les États africains et beaucoup d'initiatives semblables car il faut des « solutions africaines faites par les Africains et pour les Africains ».

Si vous étiez élue chef de l'État de votre pays, dans les 24 heures, quelles seraient vos trois premières décisions ?

Reformer l'éducation. Il est essentiel que l'enfant, en sortant de la terminale, soit conscient de son identité, de sa valeur ajoutée et de l'importance de participer au développement du pays. Cela pourrait éviter les fuites de cerveau vers l'étranger.

Pour ce faire, il faut promouvoir les langues et écritures locales, et mettre en avant les écrivains africains dans nos programmes scolaires. Cela passe notamment par la traduction des livres des langues officielles vers les langues locales et la capacité à illustrer massivement l'histoire de l'Afrique.

Dès le primaire, l'écriture des langues locales peut être mise au programme; le but n'étant pas de remplacer les langues officielles mais de permettre aux enfants de s'approprier leurs cultures.

Restructurer et faire de la diaspora un des principaux leviers du développement. Les chefs d'États imaginent très peu ce que pourraient apporter les Africains de l'extérieur à leur pays d'origine, en termes de compétences, de flux financiers et d'investissements. Il faut considérer la diaspora comme un partenaire essentiel et légitime du développement.

Créer un fonds d'investissement « Diaspora-développement » qui permettrait d'investir dans les micros crédits, les projets, la création de *startup*, la construction d'écoles, etc. La diaspora prendrait alors une part importante dans l'aide au développement, au même titre que les bailleurs actuels. Dans cette logique, créer un Ministère de la diaspora prendrait tout son sens. La plupart du temps ce service est intégré au Ministère des affaires étrangères et a tendance à se confondre aux affaires courantes du pôle.

Créer une structure 100% étatique qui accompagnerait les jeunes sur le chemin de la création d'entreprise. Une partie des taxes prélevées aux entreprises privées locales et aux multinationales pourrait servir à financer cette structure. La diaspora pourrait également intervenir à ce niveau, en investissant dans les *startup* de leur pays d'origine. Cette structure pourrait également favoriser l'association entre un jeune entrepreneur local et un autre de la diaspora pour créer une entreprise. Cela permettrait une complémentarité dans la connaissance du marché, les compétences et les actions.

Honoré K. Kietyeta

Directeur de la promotion et du marketing à l'ANPI
Burkina Faso

Crédit Photo : Honoré K. Kietyeta

Directeur de la promotion et du marketing de l'Agence nationale de promotion des investissements (ANPI) du Burkina Faso, Honoré K. Kietyeta est titulaire du Master en Finance d'entreprise de l'École Supérieure de Gestion de Paris (MBA ESG, 2004). Après 12 ans dans le secteur privé, en Afrique de l'Ouest, dans les secteurs de la finance, de la téléphonie mobile et des ONG, il a la charge de vendre le Burkina aux investisseurs. À tout prix.

M algré les troubles politiques actuels dans son pays (propos recueillis durant le putsch de septembre 2015 au Burkina), le jeune leader Burkinabè – qui côtoie les investisseurs du monde entier désireux de prendre pied au Burkina Faso – nous livre, en exclusivité, son analyse de l'émergence économique de l'Afrique.

Croyez-vous en l'émergence économique du continent africain ?

Honoré Kietyeta : c'est devenu presqu'une réalité pour certains États africains, mais la question doit être analysée selon les pays.

De façon générale, nous croyons à l'émergence économique de l'Afrique au regard des performances économiques positives enregistrées à travers le continent, du large potentiel non encore exploité, des efforts de planification et de bonne gouvernance déployés par la plupart des gouvernements. Aussi, nous observons que les privés sont les bienvenus dans des secteurs dits stratégiques ou structurants. En témoignent l'attrait du continent pour les investisseurs internationaux, et même la hausse des investissements intra-africains. Singulièrement, nous constatons que certains pays disposent de programmes économiques ambitieux qu'ils appliquent effectivement. Ils le font indépendamment des changements politiques, et avec beaucoup de rigueur. Ils font preuve de bonne gouvernance, démontrent une bonne maîtrise des indicateurs macroéconomiques depuis des décennies, disposent de ressources humaines qualifiées et d'infrastructures de base de haute qualité pouvant soutenir l'industrialisation de leur pays et accueillir les délocalisations du monde entier. Ils ont un marché intérieur important avec une classe moyenne dense grâce à des niveaux de PIB proches de 5,000 USD/ habitant. Grâce aux accords économiques régionaux, leurs entreprises peuvent accéder à des marchés solvables. Nous pensons qu'il est beaucoup plus réaliste de parler d'émergence économique à moyen terme pour cette catégorie de pays.

S'il fallait vous aider à contribuer au développement rapide de l'Afrique, quels leviers pourrait-on activer ?

De notre point de vue, on pourrait offrir aux jeunes décideurs africains des opportunités de formation, de partage d'expériences Sud-Sud ou d'études de cas sur les pays d'Asie du Sud-Est ou des BRICS. En l'absence de conflit d'intérêt ou des relations historiques telles que celles qui nous lient aux pays développés, les débats se dérouleraient sans doute avec moins de complexe. Il y aurait moins de prédispositions naturelles, de la part des jeunes africains, à tout accepter. Les progrès économiques récents de ces pays, autrefois colonisés, avec une forte présence de PME/PMI, dans un contexte de rareté de ressources financières et de ressources naturelles, peuvent, à plus d'un titre, forger une vision. La vision est incontestablement la chose essentielle pour enclencher le développement individuel et solidaire.

Il faudrait, par ailleurs, accélérer la réalisation de projets structurants, en accroissant les fonds d'assistance technique au profit des États pour le développement des projets et le renforcement de leur capacité dans la négociation des contrats de type PPP (Partenariat Public-Privé). Ces fonds devront bénéficier également aux entrepreneurs locaux pour la réalisation d'études de faisabilité et de montage de *business plan*. De notre expérience dans la promotion des projets d'investissement de grande envergure, nous constatons que ce n'est pas nécessairement les financements qui manquent, mais des sujets d'investissements bien montés et bien présentés. Le renforcement des facilités d'assistance technique est une clé pour booster les investissements, socles de la croissance.

Enfin, l'appui que nous aimerions avoir, c'est d'amener et encourager les premiers responsables de nos pays à développer des initiatives de promotion de la bonne gouvernance.

Si vous étiez élu chef de l'État de votre pays, dans les 24 heures, quelles seraient vos trois premières décisions ?

Cette question est un peu spéciale pour nous, au regard de la situation politique actuelle au Burkina Faso. Nous pensons que ce que nous engagerions, pour notre pays, c'est d'instituer un cadre de concertation pour convenir des trois décisions urgentes à prendre.

Nos orientations seront d'engager des actions pouvant améliorer le climat des affaires, de façon générale, soutenir l'entreprenariat et l'emploi des jeunes, promouvoir l'innovation et les spécialisations dans les secteurs porteurs de notre économie, et enfin l'adoption de tableaux de bord pour mesurer, en temps réel, les performances de l'administration.

Nous pensons, entre autres, par exemple à : la quasi non-imposition des entreprises créées par des jeunes de moins de 40 ans ou employant majoritairement des jeunes ; la mise à disposition de fonds d'assistance technique et de garantie pour cette catégorie d'entreprises ; la prise de mesures incitatives pour l'émergence des sociétés d'investissement; l'octroi de plus de moyens aux cellules de veille et de prospective au sein des départements ministériels; l'inclusion des clauses de transfert de savoir-faire dans les acquisitions importantes du gouvernement.

CATHIA LAWSON-HALL

MEMBRE DU CONSEIL DE SURVEILLANCE
CHEZ VIVENDI
TOGO

Crédit photo: François Maréchal

Elle a 18 ans d'expérience en marchés de capitaux et en analyse financière. Cooptée membre du Conseil de Surveillance de Vivendi, en tant que Président du Comité d'Audit, la Togolaise Cathia Lawson-Hall scrute l'Afrique à la loupe. Chez Société Générale, elle analyse la croissance de son continent à l'aune des conseils stratégiques qu'elle apporte aux entreprises et institutions financières africaines clients de sa banque.

C athia Lawson-Hall est née au Togo, où elle a passé les premières années de son enfance. Sa famille s'est ensuite installée en France où elle vit depuis plus de 30 ans. « J'ai été scolarisée dans une école, avec un projet très clair, confie-t-elle : nous aider à grandir en humanité, nous donner du courage et une solide formation intellectuelle, des capacités créatrices et le sens du devoir et des responsabilités. Je me suis épanouie dans cet établissement, connu pour sa rigueur intellectuelle et morale. » Après un baccalauréat scientifique et des études supérieures en économie et en finance, elle hésite entre le monde académique et les marchés financiers. Elle se dirige finalement vers la finance de marché où elle débute comme analyste financier dans une société de Bourse. « J'ai rejoint la Société Générale, d'abord comme analyste crédit en charge du secteur des télécommunications et des médias, puis j'ai intégré l'équipe de conseil en financement avant de devenir banquier conseil pour les principales entités du continent africain. » Depuis lors, Cathia Lawson-Hall a la responsabilité de la relation globale et du conseil stratégique auprès de grandes entreprises et institutions financières africaines clientes de la banque. Après 18 ans d'expérience en marchés de capitaux et en analyse financière, elle a été cooptée membre du Conseil de Surveillance de Vivendi, l'un des leaders mondiaux dans les médias, en tant que Président du Comité d'Audit. C'est une femme leader enthousiaste, une professionnelle à forte personnalité, qui a accepté de répondre à mes questions.

Croyez-vous en l'émergence économique du continent africain ?

Cathia Lawson-Hall : la question n'est pas de croire à l'émergence. C'est un constat, un état de fait. La Banque mondiale confirme que la croissance de l'Afrique subsaharienne est de l'ordre de 4,4% en moyenne depuis 20 ans. Comme toute émergence, ce processus est lent et semé d'embûches. Toutefois, ce mouvement est irréversible. Tout le monde était résolument afro-optimiste il y a 6 mois encore, exaltation freinée, contredite par les baisses des cours des matières premières, du pétrole, les impacts de la dévaluation du yuan et la baisse de certains investissements étrangers. Toutefois, l'émergence de l'Afrique n'est pas une question de chiffres. C'est sur la durée qu'il faut juger.

La croissance africaine est inéluctablement tirée par une démographie favorable. Selon les projections les plus fiables, il y aura entre 2 et 3 milliards d'Africains en 2050, soit 25% des humains, et cette population sera la plus jeune du monde. À lui seul, le Nigeria pourrait représenter 10% des naissances mondiales. Face à une telle transition démographique, comment ne pas imaginer que la dynamique, que l'essor viendra aussi de ces jeunes Africains ? Le mouvement est enclenché même si le rythme n'est pas identique dans les 54 pays que compte le continent.

S'il fallait vous aider à contribuer au développement rapide de l'Afrique, quels leviers pourrait-on activer ?

Il faudrait imaginer de nouvelles solutions pour une meilleure intégration et une meilleure coopération régionale entre les différents pays d'Afrique. Le partage est source de richesse, c'est pour cela qu'il faut rompre les barrières.

Ensuite, il faudrait investir – massivement – dans les infrastructures, mais ces investissements devront être accompagnés par de nouveaux partenariats transnationaux en matière d'éducation et de santé. On dit souvent que les travailleurs africains sont bon marché, mais il n'y aura pas de main d'œuvre de qualité si ces travailleurs sont souvent malades ou mal formés.

Enfin le gros chantier : il faut éradiquer la corruption. Ce n'est que si on arrive à encourager de bonnes pratiques dans les affaires que l'Afrique pourra décoller.

Si vous étiez élue chef de l'État de votre pays dans les 24 heures, quelles seraient vos trois premières décisions ?

Celles de la question précédente : améliorer radicalement les infrastructures, mettre l'accent sur l'éducation et la santé pour plus d'inclusion et une croissance partagée. Je prendrai toutes ces mesures tout en me battant avec détermination contre la corruption !

Soizic Merdrignac
Global Executive Coach
et CEO de Smart Metrix
Côte d'ivoire

Crédit Photo : Soizic Merdrignac

Soizic Merdrignac a travaillé avec plus de 300 dirigeants et top-managers dans plus de 20 pays. Parmi ses cibles : des organisations du « Top 4 *Consultancy Firm* ». Ses clients évoluent dans divers secteurs où l'émergence de l'Afrique est palpable : pétrole et gaz, infrastructures, éducation, agro-industrie, I.T, industries de la santé, services financiers et assurances, médias et institutions gouvernementales.

Franco-ivoirienne, Soizic Merdrignac a évolué sur trois continents. Elle représente cette nouvelle génération d'Africains très « Global people » qui investissent, travaillent et s'engagent pour l'Afrique. Elle est coach certifiée par la Coach Académie de Paris (coaching individuel et coaching d'équipe), formée au *Strategic Intervention Coaching* par l'institut Robbins-Madanes Training, accréditée par PERFORMANSE, leader français de l'évaluation RH, et PROSCI, spécialiste américain de la conduite du changement.

Global Executive Coach, formatrice et consultante, Soizic Merdrignac s'investit dans l'accompagnement des entrepreneurs, des managers et des dirigeants dans leur recherche de performance, d'excellence et la réalisation de leurs objectifs en Afrique de l'Ouest, en Afrique centrale et en Europe.

Son travail consiste à aider les dirigeants à améliorer la performance, la productivité et la rentabilité des équipes tout en favorisant le développement de leur leadership, des compétences et des talents. Elle accompagne les conduites du changement et les transitions au sein des organisations pour une réussite maximale et un minimum de perturbations. Sa pratique apporte une vision stratégique, innovante et des outils pragmatiques pour la résolution des problématiques organisationnelles, une satisfaction clients/employés améliorée et une performance globale renforcée.

Serial-entrepreneure, Soizic Merdrignac a fondé dernièrement, à Abidjan, Smart Metrix, cabinet de conseil d'un nouveau genre, qui aborde la problématique cruciale de la mutation et de la performance des organisations depuis des structures rigides, très hiérarchisées, lourdes dans leurs modes de fonctionnement vers des structures fluides, dynamiques, plus ouvertes. Elle s'appuie sur des solutions innovantes, digitalisées et collaboratives. Son objectif majeur : rendre ses clients plus influents, actifs, performants et compétitifs sur l'échiquier économique, médiatique, institutionnel africain et mondial.

C'est une femme multicarte, passionnée d'Afrique et porteuse d'une vision positive de l'influence et de la performance qui a bien voulu répondre à mes questions.

Croyez-vous en l'émergence économique du continent africain ?

Soizic Merdrignac : pour reprendre une expression à la mode, je suis une Afro-optimiste convaincue et très fière de mon africanité mais cela ne m'empêche pas d'être objective. Pour être honnête, ma réponse est « Non » à l'heure actuelle. Malheureusement, le continent dans sa totalité n'est pas émergent. À mon sens, la croissance économique africaine ne rime pas encore avec l'émergence économique. Nous avons des frémissements, des « poches » d'émergence qui ne touchent pas l'ensemble de nos territoires.

Le continent africain a connu la plus forte croissance dans les échanges internationaux durant ses dix dernières années. Nous avons une augmentation globale de la richesse du continent et avons à notre disposition les ressources naturelles, une démographie avantageuse, une population jeune, et presque-active, qui peut soutenir l'émergence du continent. L'Afrique sera bientôt « l'Atelier du monde » pour reprendre l'expression de Lionel Zinsou. Notre continent est vaste, riche de son sol, de ses différences et de sa diversité. Il regorge d'opportunités. Tout est à faire !

Est-ce-que la croissance économique sur le continent est un signe et un vecteur d'émergence ? Je ne le crois pas. Nous sommes à un stade embryonnaire. Notre terre souffre tellement des inégalités, de la pauvreté, du manque d'accès à l'éducation et aux soins, des problématiques de démocratie et gouvernance, de lacunes structurelles, du poids de l'informel, du manque d'indépendance, d'infrastructures défaillantes, d'industrialisation faible, de politiques de transformation des matières premières indéterminées, des risques liées à la violence terroriste, de mentalités peu pourvoyeuses d'innovation et de performance, etc. J'ai cette formule qui me vient en tête : « *An hungry man is an angry man* ». Il est difficile de participer et de s'engager pour l'émergence lorsque l'on a faim. L'engagement pour l'émergence me semble, parfois, être plus superficiel et le résultat de stratégie de communication qu'une véritable mise en action pour produire de la richesse locale, inclusive et source de développement.

Il n'y aura pas d'émergence sans leadership éclairé, sans vision partagée et sans stratégies de développement à court, moyen et long terme. Nous avons à travailler pour intégrer, stabiliser, pérenniser les conditions de l'émergence et du développement, favoriser les échanges panafricains et mondiaux, l'intégration continentale pour créer de la richesse et devenir de plus en plus autonomes-face à l'aide internationale. Il est temps de sortir de la tutelle des « pays dits développés » et de travailler pour notre développement. Faisons en sorte que les investisseurs privés remplacent les bailleurs de fonds !

Il faut aussi développer cette conscience, cette énergie, cet engagement collectif de l'ensemble de nos populations, à tous les niveaux, loin de l'ethnocentrisme et du communautarisme. Faisons en sorte que chacun d'entre nous, en tant que citoyen responsable, participe à hauteur de ses moyens, au développement et adopte des comportements sains et respectueux d'autrui, vecteurs aussi de confiance et de sécurité.

Embrassons le changement et les transformations. Nous ne pouvons pas nous développer si nous restons accrochés au passé et à nos pratiques « anciennes ». Ouvrons nous à la différence, à l'innovation, inspirons-nous de ce qui fonctionne « ailleurs » et adaptons-le à notre ADN. Apprenons des erreurs d'autrui et agissons!

Pour nuancer mon discours, je tiens à réaffirmer mon optimisme. Je crois en l'émergence et au développement du continent. Même si le chemin est long et semé d'embûches, le résultat nous comblera, nous et les générations futures.

S'il fallait vous aider à contribuer au développement rapide de l'Afrique, quels leviers pourrait-on activer ?

Un développement rapide repose sur des points clefs :

Des partenariats avec des investisseurs privés pour un secteur privé fort, des entrepreneurs qui soient accompagnés pour réussir et des États exemplaires ;

Une industrialisation réfléchie et progressive ;

Un cadre législatif commun qui favorise l'entreprenariat et la création de richesse ;

Un renforcement des compétences du capital humain et de son employabilité autant au niveau des *hard* que des *soft skills* ;

L'usage des nouvelles technologies de l'information pour identifier, évaluer, rassurer, ajuster et innover dans nos usages, nos modes de consommation, nos actions ;

Un accès facilité à l'énergie, à l'électricité par une amélioration de la production énergétique via des sources plus écologiques (soleil, vent, eau, biocarburant, etc.) ;

Pour favoriser les échanges d'intelligence, de pratiques, de moyens, il est essentiel de faciliter les déplacements, les transports, les échanges commerciaux et non commerciaux sur le continent. Il faut réduire le coût de charges liées au transport. Prenons l'exemple des vols continentaux ou intercontinentaux. Leurs tarifs sont prohibitifs et dissuasifs pour des entrepreneurs, des professionnels et même des touristes.

Si vous étiez élue chef de l'État de votre pays, dans les 24 heures, quelles seraient vos trois premières décisions ?

Moi Présidente :

Je relancerai les investissements dans l'éducation et la formation professionnelle en axant aussi bien la démarche sur des compétences techniques que sur des « *soft skills* ». L'éducation et la formation sont les meilleurs investissements à long terme. Les bénéfices sont multiples : disposer de ressources humaines qualifiées, performantes et compétitives ; éveiller les consciences, la citoyenneté et l'engagement collectif ; s'adapter aux besoins sociétaux et économiques, développer l'employabilité, permettre l'appropriation des nouvelles technologies (exemple : Code4Africa) ; favoriser la cohésion nationale et de réconciliation autour d'une activité et des projets communs ; renforcer la communication et la paix.

Je créerai les conditions pour faciliter et développer l'entreprenariat. Nous avons besoin en Afrique d'un secteur privé fort mais pas uniquement représenté par des grandes entreprises multinationales ou locales. Il est essentiel qu'il soit porté par des entrepreneurs, TPE et PME, afin de créer de la richesse et une redistribution de celle-ci. Le fondement est un cadre législatif adapté pour faciliter la création des entreprises, accéder plus facilement aux financements et aux garanties des secteurs publics et privés, simplifier les processus de soumissions aux appels d'offre, la création d'incubateurs et de pépinières mi-privés et mi-publics, investir dans l'innovation, etc. L'un des points clefs est, pour moi, l'entreprenariat au féminin. Il est à valoriser, à défendre, à accompagner grâce à des formations et à des programmes spécifiques.

J'investirai dans l'industrialisation de mon pays en m'appuyant, moins sur les opérateurs économiques historiques, et en recherchant des alternatives et partenariats innovants et respectueux de mon pays et de mon peuple. Je travaillerai de concert, avec mes alter ego du continent car ensemble, les pays africains doivent collaborer et entamer cette mutation nécessaire fondée sur une industrialisation intelligente, pour s'attaquer aux maux dont souffre le continent : chômage, pauvreté, inégalités de genre, employabilité, etc. Ce n'est qu'en collaborant, en mutualisant les intelligences, les moyens, les ressources que nous aurons des résultats efficaces et durables. Nous devons tirer profit de la manne des matières premières pour industrialiser l'Afrique et créer de la richesse. Cela implique de valoriser nos matières premières « *soft* » et « *hard* » - minières, énergétiques, agricoles et non agricoles, humaines - et développer les réseaux en amont et en aval du secteur des produits de base. L'industrialisation créera de l'emploi, du revenu et des bénéfices économiques, sociétaux, culturels pour un impact dans tous les secteurs d'activité. Les pays africains tireront un avantage de la diversification des capacités technologiques, de la disponibilité des compétences et savoirs, des échanges et des structures industrielles de chaque pays.

Emeli Mohamed Ali Kamil

Stagiaire à l'Union Africaine

Djibouti

Crédit Photo : Emeli Mohamed Ali Kamil

Après une riche expérience au sein de l'Union interparlementaire des États membres de l'Autorité inter-gouvernementale pour le développement de la communauté économique régionale de la Corne de l'Afrique, Emeli Mohamed Ali Kamil part à l'assaut de l'Union Africaine (UA). Le tableau de l'émergence que peint la jeune leader djiboutienne, depuis Addis-Abeba, est marqué de notions de paix et de sécurité.

Titulaire d'une licence en sciences économiques et d'un Master en intelligence économique et communication stratégique obtenus au Pôle Information-Communication de l'IAE de Poitiers (ex ICOMTEC), Emeli Mohamed Ali a débuté au sein d'une association bretonne connue sous le nom de *Creativ*. Là-bas, au pays de la crêpe et du cidre, sa mission principale était d'accompagner les entreprises bretonnes dans leurs projets de développement et/ou de diversification grâce aux techniques et aux outils de la veille et d'intelligence économique.

Après cette phase associative, la jeune Djiboutienne monte de plusieurs crans et accède aux institutions internationales. Elle fait alors ses armes au sein de l'Union Interparlementaire des États membres de l'IGAD, l'Autorité inter-gouvernementale pour le développement de la communauté économique régionale de la Corne de l'Afrique dont le siège est en Éthiopie. Depuis, elle ne passe pas une journée sans évoquer le triptyque paix-sécurité-stabilité ; trio sans lequel il n'est point d'émergence viable et durable.

« Cette expérience m'a permis de prendre conscience du grand défi relevé par ma région mais aussi, à l'échelle continentale, dans la promotion de la paix, la sécurité et la stabilité en Afrique », confie-t-elle. Pour renforcer son expertise et accroître sa légitimité dans ce secteur, la jeune leader s'est engagée dans un *Executive Master* spécialisé et financé par l'Union Africaine à l'Institut d'Études sur la Paix et la Sécurité. C'est depuis les couloirs de l'UA qu'elle a accepté de répondre à mes questions.

Croyez-vous en l'émergence économique du continent africain ?

Emeli Mohamed Ali Kamil : évidemment que je crois, sans le moindre doute, en l'émergence économique de l'Afrique. Pour moi, c'est le continent du futur même si les défis à relever restent considérables, notamment sur la question de la dépendance vis-à-vis de l'aide extérieure qui s'oppose à l'idée d'une Afrique stable et développée à tous les niveaux. L'Afrique est un continent extrêmement riche. C'est documenté. Elle a les atouts nécessaires et indispensables pour réussir sa transition démographique, économique, énergétique et sociale.

S'il fallait vous aider à contribuer au développement rapide de l'Afrique, quels leviers pourrait-on activer ?

Pour ma part, les leviers que l'on pourrait activer seraient :

Premièrement, l'amélioration des conditions d'accès à l'énergie en misant davantage sur le développement des énergies renouvelables.

Ensuite, l'adaptation de l'éducation de la formation professionnelle aux besoins réels du marché du travail.

Puis, le développement des infrastructures qui permettraient de connecter et d'intégrer les pays à l'échelle continentale.

Enfin, je citerai l'exportation des produits finis vers les marchés porteurs afin de permettre une croissance plus endogène.

Si vous étiez élue chef de l'État de votre pays, dans les 24 heures, quelles seraient vos trois premières décisions ?

Je serai brève : moi Présidente, je travaillerais à mettre en place des politiques visant à mieux redistribuer les richesses. J'œuvrerais pour une plus forte inclusion des femmes dans la prise de décision. J'agirais dans le sens de l'amélioration du climat des affaires afin d'avoir un secteur privé plus fort. Je mettrais en place des politiques visant à mieux redistribuer les richesses.

Jamal Mossaddeq

Consultant et fondateur de Menosys

Maroc

Crédit Photo : Jamal Mossaddeq

Après des études en science de l'information et de la communication, Jamal Mossaddeq intègre l'École de guerre économique de Paris pour un 3ème cycle en management stratégique et intelligence économique. Diplôme en poche, il rejoint Knowledge and Synthesis, un cabinet parisien où il fait ses armes avant de lancer Menosys au Maroc. Pour ce jeune leader marocain, la bonne gouvernance est le secret d'une émergence durable.

Aux âmes bien nées, le leadership n'attend pas le nombre d'années d'expérience. Jamal Mossaddeq n'est resté que deux ans chez le français Knowledge and Synthesis. Jeune expert en veille stratégique et intelligence économique, il multiplie des rencontres et réussit à fédérer d'anciens collaborateurs à qui il vend l'idée d'un retour gagnant au Maroc.

Au fil des ans, les efforts de Rabat en matière de bonne gouvernance et de simplification administrative, notamment, ont permis au Royaume chérifien de faire des sauts remarquables au sein du classement *Doing Business* de la Banque mondiale. Mais beaucoup reste à faire. Menosys choisit d'attaquer le marché par le conseil et la formation.

Plus pragmatique que disert, cet entrepreneur pressé qui regarde l'émergence de l'Afrique comme une chance pour le Maroc a trouvé le temps de répondre à mes questions.

Croyez-vous en l'émergence économique du continent africain ?

Jamal Mossaddeq : l'émergence économique du continent africain est une réalité. Depuis quelques années, la notion d'émergence a fait une entrée dans le vocabulaire de ceux qui commentent ce qui se passe en Afrique. Le continent attire de plus en plus l'attention des investisseurs et des opérateurs mondiaux en quête de croissance. Toutefois le processus d'émergence économique exige une réelle conscience du développement mobilisant l'ensemble des acteurs de la vie économique, politique, culturelle et sociale. L'Afrique doit se mobiliser sur plusieurs fronts, celui de la stabilité politique, celui de la démocratie et celui de la gouvernance. Plusieurs pays africains ont adopté des plans d'émergence en vue de transformer la structure de l'économie et de consolider le processus démocratique.

S'il fallait vous aider à contribuer au développement rapide de l'Afrique, quels leviers pourrait-on activer ?

Pour un développement rapide et efficace, il me parait indispensable de s'attaquer aux leviers prioritaires de la transformation.

D'abord, la gouvernance politique : le continent africain a besoin d'une bonne gouvernance politique capable de mettre en place des politiques publiques efficaces et innovantes afin de corriger les dysfonctionnements et combler les déficits au niveau des infrastructures, des ressources humaines, de la santé, du système éducatif, etc.

Ensuite, la formation : le développement économique se fait par des compétences et par une stratégie d'innovation, d'où l'intérêt de faire de la formation un levier stratégique. Nous devons nous attaquer à nos systèmes d'éducation et, notamment, à l'enseignement supérieur. Nous vivons dans une ère de la connaissance et nous devons y prendre part et y contribuer. Nous devons encourager les partenariats scientifiques entre les pays africains et faire de nos universités un vivier scientifique et technologique.

Si vous étiez élu chef de l'État de votre pays, dans les 24 heures, quelles seraient vos trois premières décisions ?

Une refonte du système éducatif, des mesures en faveur des PME/TPE, et des mesures pour consolider le rôle de la société civile dans le processus de développement.

Marie Josephine Mpacko Ngosso

Co-fondatrice de la plateforme
« Kamer Sisters »
Cameroun

Crédit Photo : Chouchou Mpacko

Titulaire d'un Bachelor en banque et finance de l'Université de Buéa et de deux Masters de l'Institut des relations internationales du Cameroun, Marie Joséphine Mpacko Ngosso, très active sur les réseaux sociaux, est connue sur Twitter sous le nom de « Chouchou Mpacko ». Au cours des ans, la fiancée nationale du petit oiseau bleu est devenue une femme d'influence dont les avis, sur l'émergence de l'Afrique, pèsent sur plus de 7 000 *followers*.

lle présente une trajectoire atypique pour les systèmes conventionnels : un baccalauréat littéraire, des études supérieures scientifiques, une première carrière dans la finance, une seconde dans l'administration publique et une vie à part entière sur Twitter. « Suite à mon *Bachelor In Sciences in Banking and Finance* obtenu à l'Université de Buéa, j'ai pris une année sabbatique, espérant plonger directement dans le monde du travail », confie-t-elle.

Après un passage à la Société nationale d'électricité du Cameroun, elle décide de revoir ses objectifs à la hausse : retour à l'école. Elle présente alors le concours de l'Institut des Relations Internationales du Cameroun (IRIC), et obtient un Master en relations internationales, option banque, monnaie, finances internationales. Au sortir de cette formation, elle intègre la cellule des études et du développement, chez Afriland First Bank où elle est entrainée à l'analyse des risques et crédits dans les projets d'investissement. Elle croit avoir trouvé sa voie. Mais c'est sans compter avec sa soif de connaissances. Marie Joséphine Mpacko Ngosso entame et obtient un deuxième Master en relations internationales, option diplomatie, à l'IRIC. Son but secret : comprendre les arcanes administratifs de son pays et intégrer la fonction publique camerounaise où elle se sert actuellement des réseaux sociaux pour promouvoir l'image de marque du Cameroun. « Passionnée de la finance internationale, des économies émergentes et de la culture, en général, je me sens honorée, avoue-t-elle, d'être de cette jeune génération d'Africains qui savent dorénavant pourquoi ils ont choisi une destinée particulière, plutôt qu'une autre. »

Pour la fiancée du petit oiseau bleu, l'outil 2.0 est une véritable bibliothèque, le moyen le plus efficace, et le plus rapide, de porter haut le message d'une Afrique jeune, éduquée, solidaire, ambitieuse, mais aussi réaliste devant les difficultés du terrain. Amoureuse de son pays, Miss Mpacko est aussi une fervente militante du facteur « solidarité » qui, pour elle, est un vrai levier de croissance. « J'ai créé, avec trois amies, le groupe *Kamer Sisters*, une plateforme virtuelle de partage d'astuces et de bonnes adresses regroupant plus de 7 000 femmes du Cameroun et de la diaspora », rappelle fièrement la twitteuse qui a accepté de répondre à mes questions.

Croyez-vous en l'émergence économique du continent africain ?

Marie Joséphine Mpacko Ngosso : bien sûr que je crois en l'émergence économique du continent africain. La nouvelle configuration des relations internationales, qui place la diplomatie économique au centre des débats, nous laisse présager une Afrique alléchante où de nouvelles opportunités d'investissement se créent chaque jour. Je crois en l'émergence du continent africain. Mais pas pour maintenant. Quand on parle d'émergence, on parle du futur, 10 ans, 15 ans, voire 20 ans pour certains pays. Et encore... Avant de croire en l'émergence du continent africain, laissez-moi croire en sa croissance, puis en son développement. L'émergence se conjuguant au futur, la jeune Africaine que je suis a besoin de parler au présent. L'Afrique est un continent en pleine croissance. Tout a repris sur les chapeaux de roue et tous les secteurs sont à explorer. Mais, même si la croissance se poursuit, le développement ne suit pas partout. Le développement, c'est l'humain. Si les pays arrivent à avoir une croissance positive, d'une année à l'autre, mais un Indice de développement toujours médiocre, c'est qu'il y a un problème. C'est que l'humain, qui est le socle même du développement, ne jouit pas des fruits de cette croissance. Le continent africain doit donc songer à être un continent, non pas seulement émergent, mais un continent en pleine croissance, où le développement inclusif transparaît sur les populations et l'amélioration de leur socle de satisfaction. L'Afrique y arrivera, si et seulement si elle s'approprie les outils de son propre développement.

S'il fallait vous aider à contribuer au développement rapide de l'Afrique quels leviers pourrait-on activer ?

L'éducation, les infrastructures, l'agriculture et la culture. Le développement a pour base l'humain qui constitue la main d'œuvre intellectuelle et physique. Poser des bases d'une éducation à la conscience du développement, dès le bas âge, est crucial. Éduquer les jeunes Africains à participer à leur propre développement, que ce soit en tant que simples citoyens ou décideurs, me semble primordial. Les Africains doivent être formés, dès le bas âge, selon les réalités propres à chaque pays. Injecter la création des *African Schools of Business, Eco-*

nomics, Law, Arts, pour éduquer dès la base aux œuvres du continent serait très bénéfique. Vous me direz peut-être que l'éducation prend du temps... Oui, mais il faut bien commencer un jour.

Les infrastructures aussi constituent un chantier urgent en Afrique. Je pense notamment aux infrastructures routières, maritimes, industrielles, énergétiques ou sanitaires. Les besoins sont tellement nombreux. Avec des importations élevées de produits manufacturés et des exportations constantes de matières premières, l'Afrique dépense plus à faire transformer ses produits qu'à les consommer localement. Le transport des matières premières souffre de l'absence d'infrastructures routières dans de nombreux pays africains. La transformation elle-même souffre du déficit énergétique. Les coûts de revient à l'importation sont, quant à eux, un corolaire de ce manque d'industrie de transformation.

Et puis, il y a l'agriculture. J'insiste sur ce secteur que je qualifierai de nouveau, même s'il est ancré dans nos mœurs depuis des siècles. Pratiquée par la tranche la plus âgée de la population, il y a quelques années, elle révèle aujourd'hui son énorme potentiel à la jeunesse active africaine. Les terres fertiles et les semences qui sont les deux éléments primordiaux de ce secteur sont tellement accessibles dans certains pays du continent qu'il y a largement de quoi faire. Les politiques internes devraient assister et outiller la nouvelle main d'œuvre jeune afin qu'elle se tourne davantage vers ce « nouveau » secteur, gage du développement du continent.

Enfin, il y a la culture. Le continent africain est l'un des plus riches, y compris du point de vue culturel. Alors pourquoi préserver artisanalement sa culture lorsqu'on pourrait se développer grâce à elle ? Le Nigeria a bien démontré qu'une trajectoire plus heureuse est possible. Vendre sa culture implique de la préserver tout en l'impliquant comme levier de croissance pour le tourisme, les arts, et les autres industries créatives qui sont des facteurs essentiels de l'économie de la connaissance.

Si vous étiez élue chef de l'Etat de votre pays, dans les 24 heures, quelles seraient vos trois premières décisions ?

C'est très loin d'être un désir pour moi. Mais s'il s'agit un jour de conseiller, je proposerai quatre axes d'action :

Accélérer la coopération économique régionale et sous-régionale via une intégration économique et monétaire solide.

Vendre la « Marque Cameroun » en encourageant davantage les PME à partir à la conquête des marchés étrangers. La visibilité du Cameroun en dépend.

Intensifier les Partenariats Public-Privé par la création d'emplois durables, l'incitation à l'auto emploi, et la transition progressive des activités du secteur informel vers le formel.

Perfectionner l'accès aux NTIC, via une offre internet de qualité, car la découverte du potentiel économique d'un pays passe de plus en plus par sa découverte virtuelle.

ANNIE MUTAMBA

LOBBYISTE, FONDATRICE
DE MERIDIA PARTNERS
RD CONGO

Crédit Photo : Annie Mutamba

Annie Mutamba, c'est 15 ans d'expérience dans le lobbying et la communication d'influence. Celle qui dirige Meridia Partners a débuté à l'Africa Policy Information Center, à Washington, avant d'atterrir au Conseil Européen de l'Industrie Chimique. Conseillère auprès de géants tels que Procter & Gamble, Unilever, Bayer, ExxonMobil ou Total, cette Congolaise de RDC défend l'Afrique émergente avec âpreté au cœur de l'Europe.

Titulaire de deux maîtrises en communication et relations internationales obtenues en Belgique et au Royaume-Uni, Annie Mutamba est une passionnée de communication politique. Spécialiste des affaires publiques européennes, elle a débuté sa carrière, à Washington, au sein du Africa Policy Information Center, la plus ancienne organisation aux États-Unis dédiée aux affaires africaines.

Ensuite, pendant 10 ans, elle a été en charge des programmes de communication institutionnelle au sein du Conseil Européen de l'Industrie Chimique (CEFIC). Conseillère auprès de grandes entreprises telles que Procter & Gamble, Unilever, BASF, Bayer, ExxonMobil ou Total, son rôle consistait en l'élaboration et la mise en œuvre de stratégies de lobbying dans le cadre des politiques européennes d'innovation, santé et environnement. Elle était également chargée de la coordination de projets de communication avec l'OMS, l'UNEP et l'OCDE.

Depuis 2010, elle enseigne au sein de l'*Executive Master* en communication et politiques européennes à l'IHECS de Bruxelles, où elle dispense des cours en lobbying européen, politiques budgétaires européennes et communication politique. Elle dirige par ailleurs Meridia Partners, premier cabinet de conseil spécialisé dans les relations institutionnelles Europe-Afrique. Elle accompagne des entreprises et d'autres organisations de l'Afrique émergente, la vraie, dans la représentation de leurs intérêts auprès des institutions européennes et internationales.

Membre de nombreuses commissions internationales et groupes de travail dans les domaines de la communication d'influence et des affaires publiques, c'est une lobbyiste professionnelle et engagée pour la cause africaine, à Bruxelles, qui a accepté de répondre à mes questions.

Croyez-vous en l'émergence économique du continent africain ?

Annie Mutamba : j'y crois dans la mesure où la priorité des investissements est accordée à des domaines tels que les infrastructures, le transport, la santé et l'éducation.

J'y crois si la promesse d'une croissance économique record se traduit enfin en termes d'emplois pour les Africains. Cela implique des politiques volontaristes et débarrassées de vieux réflexes du 20ème siècle ; et des avancées, toutes aussi sérieuses, en matière de gouvernance.

Enfin, j'y crois si l'émergence s'inscrit dans une véritable révolution des données. L'Afrique ne peut se développer si elle continue de naviguer à vue : statistiques et indicateurs chiffrés sont déterminants dans la formulation de politiques ciblées et dans la gestion des ressources publiques.

S'il fallait vous aider à contribuer au développement rapide de l'Afrique, quels leviers pourrait-on activer ?

Il est temps que l'Afrique se dote d'un véritable arsenal de communication d'influence et de diplomatie publique. Le continent fait face à un colossal déficit de communication, qui entrave sa compétitivité sur le marché mondial, et rend sa voix quasi inaudible dans les grands débats internationaux. Soyons honnêtes : en 2015, où trouver l'empreinte du *soft power* à l'africaine ?

Il est effarant de voir à quel point le lien entre réputation et développement socio-économique reste un angle mort de la réflexion sur l'émergence, largement inexploré par les dirigeants africains.

Or, dans notre monde globalisé et interconnecté, il n'est pas cohérent d'aligner les programmes nationaux d'émergence tout en restant invisibles dans les couloirs de la décision internationale, de Washington à Bruxelles ou Pékin, sans une représentation claire et affirmée de ses intérêts.

On oublie souvent le rôle structurant de la communication : en tant qu'outil stratégique de pilotage de la croissance, elle peut s'affirmer comme un levier de développement pertinent et efficace. On connaît son impact sur la réputation des pays dans le monde, sur les marchés financiers, sur la compétitivité des entreprises, sur la perception du risque sécuritaire. Rappelons que le *soft power* est devenu, en 2007, la stratégie officielle de développement international de la Chine.

Paradoxalement, le discours sur l'émergence a agi comme un formidable révélateur des failles du dispositif de communication des États africains.

Les grands monologues sur l'Afrique « dernière frontière de croissance mondiale « sont constamment interrompus par les titres de la presse internationale qui soulignent *ad nauseam* les maux de ce continent en pleine mutation. Le continent noir semble démuni face à ces labels qui virevoltent. Mais il est loin de l'être.

L'Afrique a les moyens de développer sa propre capacité à faire parler d'elle selon ses propres termes, son propre agenda et ses propres intérêts. Pour cela, elle dispose d'innombrables canaux, compétences et talents dans les domaines de la communication et du lobbying, sur le continent et dans la diaspora - qu'il faut maintenant valoriser et renforcer pour encadrer utilement ce processus d'émergence.

Si vous étiez élue chef de l'État de votre pays, dans les 24 heures, quelles seraient vos trois premières décisions ?

Primo, réforme totale de l'éducation nationale afin que l'enseignement soit en meilleure adéquation avec les besoins du marché, des services publics et des entreprises.

Deuxio, lancement d'un vaste programme d'harmonisation des textes réglementaires relatifs à l'occupation et à l'exploitation des terres en RDC : loi foncière, code agricole, code forestier, code minier.

Tercio, promulgation de la loi de mise en œuvre de la parité, pour mettre fin à la discrimination des femmes et faire progresser leur participation à la décision politique, conformément à l'article 14 de la Constitution de la RDC où le gouvernement actuel ne compte que 15% de femmes.

NDÈYE ASTOU NDIAYE

ENSEIGNANTE-CHERCHEURE À L'UNIVERSITÉ CHEIKH ANTA DIOP

SÉNÉGAL

Crédit Photo : Concours « Ma thèse en 180 secondes »

Ndèye Astou Ndiaye est enseignante chercheure à l'Université Cheikh Anta Diop, une institution à haute valeur symbolique pour l'Afrique. Spécialiste des politiques publiques, cette Sankariste de Thiès soutient notamment que le Franc CFA coûte cher à l'émergence des pays qui l'utilisent. Pour elle, l'Afrique doit bouter cette monnaie coloniale hors du continent et gagner un siège au Conseil de sécurité de l'ONU.

Ndèye Astou Ndiaye est née dans la région de Thiès, au Sénégal, où elle a passé toute son enfance. Son baccalauréat en poche, elle s'envole pour Lyon où elle fait des études de droit avant de rejoindre les sciences politiques, son éternelle passion. « Apprentie chercheure », comme elle aime à se définir, elle se spécialise alors sur les politiques publiques en Afrique.

« Je me vois avant tout comme une amoureuse de Thiès, ma région, et de l'histoire du continent noir. Je crois fortement qu'avec la jeunesse, les choses pourront changer malgré les turbulences. Les rêves du Président Sankara et de notre cher Cheikh Anta Diop pourront enfin devenir des réalités », dit-elle, enthousiaste et déterminée.

Signe de son engagment, Ndèye Astou Ndiaye œuvre, avec d'autres jeunes leaders, au sein du *Think Tank Afroacademy*. Militante et humanitaire à ses heures perdues, c'est aussi la présidente de l'association « Sénégal Développement » pour l'accès à l'éducation de tous, en Afrique, qui a accepté de répondre à mes questions.

Croyez-vous en l'émergence économique du continent africain ?

Ndèye Astou Ndiaye : je crois fondamentalement à l'émergence économique de l'Afrique et, même plus, à son développement dans tous les domaines. Je pense que l'Afrique a un fort potentiel. En plus de ses ressources naturelles bien connues, le continent a des ressources humaines, une population jeune qui peut être à la fois un avantage et un inconvénient. Ce n'est pas pour rien que depuis plus de cinq siècles, l'Afrique est la partie du monde où les autres se ruent pour s'enrichir. Les opportunités sont présentes. À nous d'apprendre à les saisir.

S'il fallait vous aider à contribuer au développement rapide de l'Afrique, quels leviers pourrait-on activer ?

Il n y a pas de solution miracle. Je pense que le développement de l'Afrique doit se faire par étapes, et la première passe nécessairement par l'éducation et la conscientisation. Dans ces deux aspects, j'entends la connaissance, le respect et la reconnaissance de soi, de l'histoire et de la culture africaine. C'est la base de tout développement.

Il faut, ensuite, qu'on arrive à se respecter entre Africains, à nous aimer les uns les autres, à développer notre capacité à travailler ensemble et à faire bloc. Aujourd'hui, au-delà, des États-Unis, l'Europe l'a compris. Ils ont construit des institutions fortes qui leur permettent, malgré les crises, de tenir bon et unis. En Afrique, nos organisations régionales et sous-régionales restent encore faibles, voire absentes de la scène internationale. Peu d'Africains s'identifient à l'Union africaine. L'on se demande quel est son véritable rôle. Elle est inexistante, tant économiquement, militairement, que politiquement. Je pense que les États africains devraient se réunir afin de restructurer cette institution et revoir son financement afin qu'elle puisse être autonome et réactive.

Par ailleurs, pour un développement rapide, l'Afrique devrait s'affirmer au niveau international, avoir son siège au Conseil de sécurité de l'ONU, revoir les statuts de ses monnaies. Ces dernières doivent être conçues en Afrique, par des Africains. Car si nous prenons l'exemple de la zone Franc, nous avons l'impression d'être encore sous la coupole de la France. Le Franc CFA coûte cher aux pays qui l'utilisent.

Il faudrait enfin que la jeunesse africaine cesse d'être regardée comme une menace, mais comme une réelle opportunité d'émergence et de développement pour le continent.

Si vous étiez élue chef de l'État de votre pays, dans les 24 heures, quelles seraient vos trois premières décisions ?

Moi Présidente, je commencerais par revoir le programme éducatif en proposant à mes homologues africains une grande rencontre pour étudier la possibilité d'unir nos programmes d'enseignement de manière efficiente. Dans le cas du Sénégal, en particulier, je prendrais des mesures drastiques concernant les actes inciviques, les enfants Talibés exposés à tous les dangers de la rue, la lutte contre la corruption, et la nécessité de consommer africain.

EDWIGE NESHAMA SOSSAH

ÉCRIVAINE, AUTEURE DE « VERS UNE NOUVELLE STRATÉGIE POLITIQUE »

CÔTE D'IVOIRE

Crédit Photo : Edwige Neshama Sossah

En 2000, elle a assisté à la signature des Accords de Cotonou. Ancienne de l'ambassade de Côte d'Ivoire à Bruxelles, Edwige Neshama Sossah est experte des questions liées aux relations entre l'Union Européenne et les pays ACP. Diplômée de l'Institut d'études des relations internationales (ILERI) de Paris et auteur de trois livres, l'Ivoirienne rejette l'autarcie et milite pour une émergence par le partenariat Nord-Sud.

Edwige Neshama Sossah commence sa carrière à l'ambassade de Côte d'Ivoire à Bruxelles où elle exerce entre 1998 et 2000. De la chancellerie, elle a l'opportunité de suivre toutes les négociations qui font suite aux Accords de Lomé et d'assister, non seulement au Sommet des chefs d'États et de gouvernements à Saint Domingue, en 1999, mais aussi de participer à la signature de l'Accord de Cotonou, au Bénin, en juin 2000. Après l'ambassade, elle décide de mettre ses idées au profit du parti *Le mouvement réformateur*. « Je suis libérale avec tout le beau côté humaniste du côté libéral » confie cette Belgo-Ivoirienne qui vit entre Paris et Bruxelles.

Parallèlement à ses activités politiques, Edwige Neshama Sossah est une écrivaine engagée. Son premier livre, *Vers une nouvelle stratégie politique*, qu'elle a pris le soin d'éditer à compte d'auteur, soulève la question d'une nouvelle approche en matière de coopération Sud-Nord mais surtout d'une responsabilisation de l'Afrique. Son second livre, *Stratégies gagnantes de coopération Afrique-Europe*, va dans le même sens. L'écriture est assurément sa grande passion. Elle s'y investit corps et âme et ne lésine sur aucun moyen pour promouvoir ses idées, y compris à s'autoéditer. Pour son troisième livre, *L'Afrique est le devenir de l'Occident*, elle a choisi de déléguer cet effort et recherche activement un « bon éditeur » selon ses termes. « Malgré les sollicitations de maisons telles que l'Harmattan, je souhaite faire jouer la concurrence afin de privilégier le meilleur » avoue malicieusement celle qui est par ailleurs Chargée de communication et relations publiques pour l'association « Africa femmes performantes. » C'est avec détermination, qu'elle travaille à montrer tous les aspects positifs de l'Afrique émergente.

À travers son œuvre, l'auteure Ivoirienne cherche notamment à démontrer que l'Afrique et l'Europe ont des intérêts communs et qu'elles s'en sortiront ensemble ou sombreront ensemble. Bien qu'elle le dise sur les plateaux télévision d'Afrique et d'Europe, elle ne compte pas s'arrêter à l'incantation. Son troisième livre est là pour le confirmer. Elle entend concrètement voyager dans plusieurs pays d'Afrique et d'Europe, pour démontrer l'interdépendance qui existe entre ces deux continents. Parce que « les chiffres de la croissance ne se mangent pas», affirme cette promotrice des partenariats win-win qui a accepté de répondre à mes questions.

Croyez-vous en l'émergence économique du continent africain ?

Edwige Neshama Sossah : je dirai que me poser la question c'est y répondre. Car si je ne croyais pas en l'émergence de ce beau continent, je n'aurai pas écrit trois livres dans ce sens. L'Afrique a tout : le potentiel humain et les ressources. Cette émergence est conditionnée cependant. Il nous faut une émergence politique c'est-à-dire une bonne gouvernance. Nos dirigeants doivent arriver à une maturité politique leur permettant de faire passer l'intérêt général en premier. Il faut donc une prise de conscience du bien public de la nation. Il faut cette conscience nationale qui minimise le lien tribal et clanique. Si on a donc une bonne gouvernance il n'y a pas de raisons que l'Afrique n'émerge pas au niveau économique. La mauvaise gouvernance est un facteur retardataire d'une quelconque émergence économique. C'est d'ailleurs ce que je martèle dans mes livres et je le dis à qui veut bien, non seulement le lire, mais l'entendre.

S'il fallait vous aider à contribuer au développement rapide de l'Afrique, quels leviers pourrait-on activer ?

Les leviers sont à tous les niveaux : politique, social, économique, culturel. Il nous faut développer le goût du travail. Je mettrai donc l'accent sur le goût du travail et de l'excellence. Je mettrais en place des mécanismes pour que désormais tout se mérite et que plus rien ne se donne. Nous devons nous-mêmes apprendre à pêcher. Et puis je mettrai en avant la femme africaine comme moteur du développement. Je mettrai l'accent sur l'éducation nationale facteur important pour un pays. Apprendre aux enfants le goût de l'effort, leur donner dès le bas âge l'envie d'apprendre, de lire. Je m'activerai pour faire de la lecture une véritable culture. J'activerai donc le côté économique, social, politique en même temps car tout est lié. C'est un tout. On ne peut en effet se pencher que sur l'économique et négliger le social et inversement. Je crois beaucoup en la femme porteuse de vie. Je créerais des centres pour les femmes enceintes afin que celles-ci puissent venir durant toute la période de gestation, histoire de porter leurs enfants dans de meilleures conditions pour mettre au monde des enfants bien disposés physiquement et psychiquement. Des études ont, en effet, démontré que tout ce que vit la mère pendant les neuf mois, l'enfant le vit avec elle. On a vu des cas ou une mère, grande pianiste, donnait naissance à enfant pianiste. *Idem* pour des mères qui parlaient plusieurs langues étrangères. L'enfant qui naissait avait des facilités pour apprendre les langues étrangères. Il faut donner à la femme enceinte le meilleur ; des conditions optimales pour qu'elle puisse bien vivre ces neuf mois dans l'harmonie et la paix, et mettre au monde des êtres de qualité. Pour cela je créerais donc un grand département qui se rattacherait au ministère de l'éducation nationale.

Si vous étiez élue chef de l'État de votre pays, dans les 24 heures, quelles seraient vos trois premières décisions ?

Si l'opportunité m'était donnée d'être à la tête de mon pays, je ferais d'abord un sérieux état des lieux. Car la précipitation ne garantit pas toujours l'atteinte de résultats probants. Après cela, les trois premières grandes décisions seraient de :

Créer des conditions optimales pour faire venir un maximum d'investisseurs privés. Car l'économie est importante et pour moi elle doit être au service du politique ;

Renflouer le budget de l'éducation nationale car l'avenir de la jeunesse est pour moi une priorité ;

Et enfin, lutter contre la corruption.

Ines Alban Ngouanda

Analyste Junior à Olam Gabon

Gabon

Crédit Photo : Ines Alban Ngouanda

A *BBS School of Management*, le Harvard de Libreville, où il a obtenu son Master en Management Global, Inès Alban Ngouanda était déjà le président des étudiants. Ici, le jeune prodige d'Olam Gabon, où il est entré comme stagiaire, pense le développement de l'Afrique avec la hauteur d'un vrai n°1. Ses modèles, à eux seuls, incarnent l'émergence du continent noir.

Titulaire d'un Master en Management Global de la prestigieuse *BBS School of Management* de Libreville, filiale de BGFI Bank, Inès Alban Ngouanda détient également une Licence en économie internationale, option Monnaie/Finance, obtenue en 2013 à l'Université Omar Bongo. Entré comme analyste junior chez Olam Gabon, il n'a de cesse de prendre du galon, habité par un rêve dont il nous dévoile exclusivement les contours.

Croyez-vous en l'émergence économique du continent africain ?

Inès Alban Ngouanda : le questionnement sur la croyance de l'émergence économique du berceau de l'humanité est profond et doit inciter les jeunes africains à reconsidérer leur position pour ce continent. La croyance est du domaine métaphysique et la conviction relève du réel. Au 21ème siècle, il n'est plus question de demeurer dans les croyances qui ont caractérisé notre continent. Nous devons plutôt, franchir un palier et passer au stade de la conviction. En constatant les œuvres de Tony Elumelu d'UBA, Aliko Dangote du groupe Dangote, Henry Claude Oyima de BGFI BANK, Guy Gweth de Knowdys Consuting Group, qui sont des Africains, qui travaillent en Afrique, et participent à la construction du PIB de leurs pays respectifs, en particulier, et à celui du continent africain, en général, nous sommes convaincus de l'émergence de l'économie du continent qui est en progression avec les actions de ces illustres. Leurs actions sont certes diverses mais à y réfléchir sont complémentaires. Au Gabon, Henry Claude Oyima a créé une école supérieure avec pour vision faire de *BBS School of Management*, le Harvard de l'Afrique. Tony Elumelu a récemment mis à disposition de 10 000 jeunes entrepreneurs 100 millions de dollars pour booster l'économie du continent, Aliko Dangote a créé la fondation Dangote, qui finance la formation dans les Universités de Bayero et Bayelsa au Nigeria. Guy Gweth est consultant et enseignant. Il a mis en place le Centre Africain de Veille et d'Intelligence Économique (CAVIE) en 2015. Arrêtons-nous un instant. Regardons ces différentes activités. Elles sont sans conteste imbriquées. L'assertion laconique « le savoir est une arme » place la formation du capital humain au centre du développement de l'économie du continent africain. C'est pour ainsi dire que nous ne sommes plus dans l'archétype de croyance mais dans l'action et l'expérimentation.

S'il fallait vous aider à contribuer au développement de l'Afrique, quels leviers pourrait- on activer ?

Les moteurs du succès de l'Afrique reposent sur deux axes :

La création de la richesse intellectuelle via la formation du jeune capital humain de l'Afrique ;

La création d'une fondation africaine qui réunirait les vecteurs directeurs du développement de l'économie africaine à savoir : Aliko Dangote, Tony Elumelu, Henry Claude Oyima et d'autres acteurs. Cette fondation aura pour mission de financer et d'accompagner les entrepreneurs africains. L'objectif sera de faire mettre sur pied 100 *startups* par an, dans chaque État africain. Au bout de cinq ans les semences de cette politique porteront leurs fruits. Cela traduira un effet transcendantal des comportements et surtout une autre approche de l'hospitalité africaine.

Si vous étiez élu chef de l'État de votre pays, dans les 24 heures, quelles seraient vos trois premières décisions ?

Moi Président du Gabon, que peuvent être les trois premières décisions importantes qui vont marquer mon septennat ? Belle interrogation. Le chiffre 3 va représenter pour chaque unité une dimension, une variable d'actions :

Premièrement, mettre en place une politique de forte natalité à l'échelle nationale pour augmenter la population. L'objectif sera, pour l'État, de prendre en charge, dans chaque famille, deux enfants qu'il va suivre de la naissance à la formation, grâce à un fonds qui couvrira 50% des dépenses de ces enfants pendant 18 ans. Cela va permettre d'augmenter *de facto* la consommation, qui nécessite l'augmentation de la production et donc impact la capacité des entreprises étrangères et nationales à employer ;

La deuxième unité jette un regard sur le capital humain. Comment le former et quel type de formation doit recevoir la jeunesse gabonaise? Il est important de former selon le plan de développement du Gabon. L'agriculture, l'industrie et le service sont des secteurs clés pour aspirer au développement. Donc le challenge sera la capacité de pouvoir mettre en place un programme spécial répondant aux aspirations des axes de développement définis pour le septennat dont la vision est une adéquation formation-emploi pendant le magistère. Il est possible qu'il soit reproché à l'État une telle approche. Mais avons-nous d'abord des hommes et des femmes capables de travailler dans des industries parce qu'ils ont la formation pour répondre aux besoins de l'industrie ? A côté de cette deuxième dimension, il y a la dernière, celle en rapport avec la dynamisation du tissu économique.

Cette dernière unité est cruciale pour le développement de toute économie. Pour comprendre la dynamique économique, nous la scindons en deux composantes: les investissements étrangers et le développement des *startups* du Gabon.

Le développement de ces points se trouve dans :

Les investissements étrangers. Ils ne peuvent se faire que si le cadre des affaires est avantageux pour les investisseurs. Pour cela, Michael Porter nous recommande de suivre la voie de la stratégie. Entre autres possibilités, on utilise ce qu'il appelle le « diamant de Porter ». Cette stratégie consiste à développer un cadre d'affaires attractif dans un pays. Il encourage les entreprises, petites soient-elles, à accroître leur performance dans leur écosystème d'affaires concurrentiel. Le tout dans un environnement qui bénéficie jusqu'ici d'un bon risque pays.

Le second point est la constitution d'un réseau de toutes petites entreprises via l'incitation aux risques que demande la création de tout type d'entreprise. Pour ce type d'initiative, l'État doit se comporter comme un prêteur, en dernier ressort contraint, pour stimuler le goût du risque. La création d'un nombre important d'entreprises va densifier le tissu économique. Le but de cette approche est de créer des liens d'affaires entre les investisseurs étrangers présents au Gabon et les *startups*. Le tout pour cultiver la culture de l'excellence et de la compétitivité dans la sphère des affaires dans le processus de la création de la richesse gabonaise.

Je n'ai pas la prétention d'être celui qui doit être ou de faire la morale à quiconque. Je sais que l'œuvre de l'homme est perfectible. Et que tous les hommes font des erreurs. Même quand ils en font, à côté, ils font des merveilles. Sur ce qui est construit, nous devons améliorer.

Régis Nkodia

Expert Investisseur à la Caisse française des dépôts

Congo Brazzaville

Crédit Photo : Régis Nkodia

Enfant de Brazzaville, cet expert parisien est l'un des rares Africains à calculer l'émergence grâce à l'évaluation de la quantité de gaz nocifs émis dans la nature par chaque humain ou entreprise présent sur le continent noir. Alimentation, logement ou transport, Régis Nkodia analyse l'impact de toute la chaîne d'activités des sociétés locales et des multinationales sur l'environnement africain et en déduit les responsabilités.

Ancien du 3ème cycle en relations internationales approfondies du Centre d'Études Diplomatiques et Stratégiques de Paris, Régis Nkodia est également titulaire d'un Master « Administration Économique et Sociale » de l'Université Paris XII et d'une Licence « Sciences de gestion » de l'Université Paris Dauphine.

Après avoir exercé chez Bouygues, il a travaillé deux ans comme analyste chez Natixis, au sein du département LBO. Son expérience y couvre le financement de projets dans les secteurs des infrastructures de Télécoms et transports, des énergies renouvelables et du bâtiment réalisés en France et à l'international.

En 2015, il rejoint le groupe Caisse des Dépôts (CDC), au sein du service développement durable, en tant qu'expert investisseur chargé d'accompagner le développement des projets TIC et en charge de l'incubation de projets catalyseurs de transition énergétique.

Peu bavard, l'homme qui a accepté de répondre à mes questions n'accompagne pas seulement le directeur des investissements dans le développement de l'activité de CDC Climat et de ses filiales. Non. Il évalue aussi l'émergence de l'Afrique à partir de son empreinte carbone.

Croyez-vous en l'émergence économique du continent africain ?

Régis Nkodia : oui, j'y crois, car pour moi, l'Afrique est incontestablement le continent de l'avenir. Il suffit de contempler ses 30 millions de km2 pour se rendre compte de son immensité, de la richesse de son sol et de son sous-sol, de la diversité de ses peuples et du caractère universel de sa biodiversité. Bien sûr l'Afrique c'est à la fois tout cela mais bien plus encore... Bien que la classe moyenne soit extrêmement faible et qu'elle ne croît pas véritablement, mais quelque chose est en train de naître.

S'il fallait vous aider à contribuer au développement rapide de l'Afrique, quels leviers pourrait-on activer ?

Pour moi, il faut de manière générale, contribuer à « actionner » les leviers qui permettraient aux jeunes entrepreneurs du continent africain de transformer des idées innovantes africaines en entreprises performantes. Et, par ailleurs, axer des efforts sur l'amélioration du climat des affaires en Afrique.

Si vous étiez élu chef de l'État de votre pays, dans les 24 heures, quelles seraient vos trois premières décisions ?

Prendre des décisions qui faciliteraient des efforts sur l'amélioration du climat des affaires au Congo ;

Orienter les financements publiques du Congo vers une économie bas carbone ;

Et permettre au Congo de devenir un boulevard énergétique dans la sous-région.

GRACE NKUNDA

CONSULTANTE FONDATRICE
DE LEMPYTIK CONSULTANTS
BURUNDI

Le 6 décembre 2013, aux Pays-Bas, elle prend la parole devant le Président burundais, Pierre Nkurunziza, pour expliquer sa vision de l'émergence. Après 10 ans de management et consulting, une maîtrise en gestion des entreprises de Paris 1, un DEA en management international de l'IAE Lyon et un MBA de Paris mauritano, cette Burundaise engagée regarde l'émergence de l'Afrique sous l'angle de la justice sociale.

GRACE NKUNDA

CONSULTANTE, FONDATRICE
DE LEMEYER CONSULTANTS
BURUNDI

Crédit Photo : Grace Nkunda

Le 8 décembre 2013, aux Pays-Bas, elle prend la parole devant le Président burundais, Pierre Nkurunziza, pour expliquer sa vision de l'émergence. Après 10 ans de management et consulting, une Maîtrise en gestion des entreprises de Paris 13, un DEA en management international de l'IAE Lyon et un MBA de Paris Dauphine, cette Burundaise engagée regarde l'émergence de l'Afrique sous l'angle de la justice sociale.

"**D**epuis mon enfance, l'idée que je me fais du bien-être, de la santé et du développement économique est universelle. Elle englobe tous les peuples et particulièrement les personnes fragilisées », entame-t-elle. La précarité des laissés-pour-compte et la souffrance de celles et ceux dont plus personne ne se soucie, ont guidé le choix de ses études. Au long de ses 10 années dans de hautes fonctions de management et de consulting, son parcours a toujours été orienté par le désir profond d'apporter sa pierre « à la promotion de la santé, du bien-être et de la justice pour tous, ainsi qu'à la prévention des souffrances, à la guérison et au rétablissement des situations désespérées », renchérit l'experte militante qui a accepté de répondre à mes questions.

Croyez-vous en l'émergence économique du continent africain ?

Grace Nkunda : si l'on considère que l'émergence économique du continent africain dépend, en grande partie, de la qualité des institutions des pays concernés, je dirais qu'il reste encore un bout de chemin pour la grande majorité des pays. Il faut encore du temps et des moyens pour s'approprier ou produire les normes et les valeurs gagnantes qui peuvent permettre d'émerger de la pauvreté économique vers une économie intermédiaire. Car une partie du continent est encore trop ancrée dans la société traditionnelle et plie sous le poids de coutumes totalement inadaptées à la haute compétition internationale et au développement économique tant souhaité.

Paradoxalement, la quasi-totalité des pays africains est rentrée dans une dynamique que je qualifierai de non-retour, même s'ils ne sont pas encore vraiment au diapason de l'économie mondialisée. J'en veux pour preuve la quantité et la diversité des investisseurs étrangers intéressés désormais par l'Afrique et qui se ruent vers ce continent comme des abeilles qui tournoient autour d'une ruche. Pour faire court, je crois en l'histoire future de l'Afrique qui passera aussi par l'émergence économique, qui est déjà en marche, même si la vie sur le terrain peut parfois paraître éloignée de ce qu'on peut lire sur le papier glacé de certains magazines. Sans doute, suis-je trop idéaliste, tant j'aimerais que les choses aillent encore plus vite que ce qu'elles ne sont aujourd'hui. Et oui, je crois en l'émergence économique de l'Afrique !

S'il fallait vous aider à contribuer au développement rapide de l'Afrique, quels leviers pourrait-on activer ?

Le premier levier est celui de la paix. C'est un cri de cœur qui vient du fond de mes entrailles et que je lance à l'ensemble des Africains et de leurs dirigeants. Où qu'il soit, chacun doit contribuer à faire cesser les conflits civils, ethniques, politiques et religieux qui minent et gangrènent ce continent. Quel développement « durable » peut-on espérer ? Et quel retard accumulons-nous avec des conflits incessants ! Quel gâchis ! Quelle énergie mal dépensée ! Je vous fais partager ce proverbe serbe qui m'a marquée dernièrement « Qui ne veut pas considérer un frère comme son frère désire un étranger comme maître ». Comprenne qui pourra !

À partir de là, inutile d'inventer le fil à couper le beurre. A l'instar d'autres pays qui ont réussi, avant nous, deux grandes voies s'offrent à l'Afrique.

Première possibilité, créer un environnement qui favorise l'implantation et la création d'entreprises de manufacturation en s'inspirant de nos amis chinois tout en veillant à rester nous-mêmes.

Deuxième possibilité, créer un environnement qui favorise la création de services, à l'instar de Dubaï, sans pour autant défigurer nos sociétés. Dans les deux cas, l'Afrique a une place à prendre en tant que sous-traitant de la planète. Ceux qui l'ont été jusque-là commencent à s'essouffler. C'est une bonne opportunité qui s'offre à l'Afrique. Mais pour y arriver, le continent devra activer le levier de la paix - on ne le dira jamais assez - et le levier de l'éducation. Le continent a besoin de formations solides et adaptées qui allient savoir-faire et savoir-être.

Et le troisième levier consiste à promouvoir l'esprit d'entrepreneurship en surfant sur le goût du risque, la créativité et la réglementation.

Si vous étiez élue chef de l'État de votre pays, dans les 24 heures, quelles seraient vos trois premières décisions ?

Cette perspective ne figure pas encore dans mon agenda, mais je vais me prêter à votre exercice.

Ma première décision serait de bien m'entourer ! Les vrais dirigeants se mettent au service de leur peuple et non l'inverse. Moi Présidente, je m'entourerais de personnes compétentes et honnêtes qui mettent de l'ardeur et du cœur à l'ouvrage, et qui savent reconnaître leurs limites. Des hommes et des femmes persévérants face à l'adversité et capables d'être à l'écoute des autres.

Ma deuxième décision concernerait la justice sociale, avec un point d'honneur sur la santé, ainsi que la justice économique et culturelle. Les indigents, les opprimés, les étrangers, les veufs et les orphelins seraient ma priorité, afin de faire cesser l'exploitation et la marginalisation des plus vulnérables parmi nous. Le rôle de tout dirigeant est non seulement de protéger les plus faibles de la société, mais aussi de leur permettre de participer socialement et économiquement à la vie de la cité. La justice sociale n'est pas de faire des assistés mais des citoyens à part entière. Cette justice se manifesterait dans tous les domaines y compris dans la régulation de la finance.

Mon troisième chantier concernerait la lutte contre la corruption et l'injustice sous toutes leurs formes. Un pouvoir qui crée des espaces de non-droit en pleine période de démocratie numérique, court à sa perte. Cela fait partie des manquements les plus condamnables pour un gouvernement. Cette tare détruit l'image d'un pays à une vitesse phénoménale. Une telle défaillance produit des dirigeants mous et incapables de défendre et de guider leur peuple.

La bonne nouvelle, dans cette affaire, c'est que pour aller de l'avant, l'Afrique peut compter sur ses fils et ses filles, des citoyens prêts à relever le défi et à prendre leurs responsabilités. Plus que jamais, ils semblent prêts à user de leur créativité pour une Afrique émergente pour de vrai !

Jack-Hermann Ntoko

Group Process Manager
chez Euler Hermes
Cameroun

Crédit Photo : Jack-Hermann Ntoko

Comme Nelson Mandela, il ne perd jamais. Soit il gagne, soit il apprend. A 36 ans, Jack-Hermann Ntoko est *Group Process Manager* chez Euler Hermes, n°1 mondial de l'assurance-crédit, où il a débuté en 2006 après des études en ingénierie et *business management* en Grande Bretagne. Bien qu'optimiste, son analyse de l'émergence africaine est marquée du sceau de la prudence et de ce qu'il appelle « Afro-réalisme ».

Jack-Hermann Ntoko est un Franco-Camerounais de 36 ans, né à Villeurbanne dans la région lyonnaise. Il a étudié en Angleterre. Après sa formation en ingénierie et *business management*, sa carrière débute au sein de Travelex UK Ltd où il est en charge de la gestion de la clientèle étrangère de 2003 à 2006.

Au moment où paraît cet ouvrage, il exerce en tant que *Group Process Manager* en charge de la mise en place de la stratégie commune de gestion contractuelle (*Policy Administration*) à travers les entités du groupe Euler Hermes qu'il a intégré en novembre 2006. Avant de parvenir à ce rang, il a eu l'opportunité d'occuper différents postes au sein de la direction commerciale d'Euler Hermes France en vente/gestion directe et support international au sein de la holding Euler Hermes.

Par ailleurs, il a lancé ou contribué à la création de plusieurs entreprises : Sawa Sourcing Ltd en 2006 (clôturée) - Myron Capital Partners en 2013 (fermeture) - Myteamrecords Music Label en 2013 (en cours). Fils d'entrepreneur, il a toujours rêvé de travailler à son propre compte. Une citation de Nelson Mandela résume bien son état d'esprit : «Je ne perds rien, soit je gagne, soit j'apprends». Les échecs, dit-il, l'aident à apprendre et à tirer des leçons pour la suite. C'est avec un plaisir non dissimulé qu'il a accepté de répondre à mes questions.

Croyez-vous en l'émergence économique du continent africain ?

Jack-Hermann Ntoko : oui, l'émergence de mon continent, je veux y croire, je suis un Afro-optimiste. Bien que nous sachions tous que les chiffres positifs de la croissance ne sont pas synonymes de développement et d'enrichissement au profit de tous. Pour ma part, ces chiffres ont le mérite de donner un regard nouveau sur l'Afrique. Certes, il y a une image positive du continent qui passe par le fait qu'on assiste à une croissance soutenue depuis des années, que le nombre de personnes rejoignant la classe moyenne grandit, ainsi que leurs besoins, que la démographie est forte ou encore que le nombre de milliardaires est en hausse, et que le sol africain est plein de ressources et de richesses. Mais il faut savoir que l'émergence ne peut pas seulement se contenter de cela. D'autres critères devront entrer en jeu pour soutenir cet élan, à l'instar de l'industrialisation, une meilleure gestion de nos ressources et recettes. Il faudra générer nos propres méthodes de financement, arrêter de dépendre des fonds étrangers, limiter la fuite de nos recettes à l'extérieur, et peut-être avoir notre propre monnaie, pour ne citer que cela. Je n'oublie pas une bonne gouvernance misant sur le développement d'infrastructures profitant à tous, comme un accès aux soins, avec des hôpitaux efficaces. L'éducation aussi devra être un point important. Il faudra favoriser des infrastructures routières permettant, par exemple, d'améliorer les conditions de vie et donc touristiques. Et aider les entrepreneurs en favorisant la préférence africaine. Voilà une liste non exhaustive de points qui sont, à mon sens, tous aussi importants les uns que les autres afin d'être certains de notre émergence et de sa stabilité. Bien qu'étant Afro-réaliste, je suis conscient de la longue route à parcourir pour notre continent, mais cela n'entrave en rien mon optimiste.

S'il fallait vous aider à contribuer au développement rapide de l'Afrique, quels leviers pourrait-on activer ?

Il y a plusieurs leviers à actionner pour contribuer au développement de l'Afrique, des leviers économique, culturel, éducatif, financier et fiscal. Pour ma part, en rentrant sur le continent, j'actionnerai les leviers économiques et financiers , dans un premier temps, afin d'y faire naître mes idées d'entreprises et, ainsi, créer des emplois, des recettes fiscales et promouvoir une Afrique qui sait entreprendre, une Afrique jeune, forte et déterminée. Pour cela, j'aimerais rencontrer les bonnes personnes, comme les jeunes qui comptent, les porteurs de projets ou des personnes ayant réalisé leur « retour aux sources » avec succès, les opérateurs économiques et politiques car ils sont les seuls à connaître les réalités locales, je pourrais ainsi confronter mes idées aux leurs.

Si vous étiez élu chef de l'État de votre pays, dans les 24 heures, quelles seraient vos trois premières décisions ?

D'abord j'aimerais que l'on pense à des politiques communes africaines, donc faire un « *New Deal* » africain mais avec des reformes communes dans le domaine financier avec des échanges commerciaux intra-régions afin de favoriser la libre circulation des hommes et des marchandises. En Afrique, nous devons nous déplacer comme les Européens sur leur continent, sans demande de visa entre le Cameroun et l'Afrique du sud ou le Kenya.

Ensuite, je favoriserais la création d'emplois, avec un « New Deal » pour bâtir une politique de grands travaux, de réfection et de construction d'infrastructures avec les entreprises locales. Il faudra aussi favoriser le transfert de savoir entre les prestataires, s'ils sont étrangers, et les employés locaux. Aussi, il faudra développer une politique industrielle, similaire à celle qui a été mise en place par les dragons dans les années 90, afin de devenir « l'Afrique usine du monde » et pas seulement « le grenier du monde ».

Enfin, bien qu'étant le grenier du monde, nous devons revoir notre politique de développement agricole et *agro-business* afin de limiter les importations de produits alimentaires et non alimentaires transformés à l'étranger.

COLETTA NYAWIRA WANJOHI
JOURNALISTE À PRESS TV
ET CHANNEL AFRICA RADIO
KENYA

Crédit Photo : Coletta Nyawira Wanjohi

Après bientôt 10 ans d'activité journalistique au profit des chaines de radio et de télévision africaines au Kenya, en Ouganda et en Éthiopie, Coletta Nyawira Wanjohi travaille pour le groupe iranien *Press TV* et comme correspondante pour le média sud-africain *Channel Africa Radio*. Depuis Addis-Abeba, où elle est exposée à l'Union Africaine, elle ne voit l'Afrique qu'unie, indivisible, et capable du meilleur.

Coletta Nyawira Wanjohi se décrit comme une citoyenne africaine d'origine Kenyane. Cela fait plus de 9 ans qu'elle est journaliste professionnelle, un métier qu'elle pratique avec passion, aussi bien à la radio qu'à la télévision. Après avoir travaillé au Kenya et en Ouganda, Coletta Nyawira débarque en Éthiopie où elle s'installe et devient la correspondante du groupe iranien *Press TV*. La jeune Kenyane occupe cette fonction cumulativement avec celle de correspondante de *Channel Africa Radio*, un média basé en Afrique du Sud. Exposée à l'Union Africaine, elle ne voit véritablement l'Afrique qu'unie, indivisible, et capable de se dépasser.

Ambitieuse, elle fourmille de projets panafricanistes qui sont essentiellement liés à la communication audiovisuelle. Sur sa table, les piles de dossiers vont de la production de reportages de terrain aux émissions en studio, en passant par des documentaires. Titulaire d'une Licence en communication de masse, elle s'apprête à obtenir un Master en gestion de paix et sécurité. « Je veux vraiment être impliquée sur la scène africaine. Je veux représenter un maillon fort au service de l'Afrique qui émerge », martèle celle qui a accepté de répondre à mes questions.

Croyez-vous en l'émergence économique du continent africain ?

Coletta Nyawira Wanjohi : bien sûr que j'y crois ! J'y crois d'autant plus que l'Afrique est l'une des places d'investissements les plus rentables aujourd'hui dans le monde. Nous avons toutes sortes de ressources. Les ressources humaines, en particulier, apparaissent comme le fer de lance de notre croissance économique et notre démographie a vocation à croître. Nos ressources naturelles, comme toutes les autres, peuvent rapidement faire de notre continent un lieu de richesses et de prospérité si elles sont bien gérées. Comment expliquer qu'en 2015, nous continuons d'exporter des matières premières au lieu de créer de la valeur sur place ? Avec une gestion appropriée de nos États, les jeunes Africains n'auraient même pas idée d'aller risquer leur vie en mer Méditerranée dans la quête d'une « meilleure vie en Europe ». Les drames de l'émigration africaine sont la preuve que nos gouvernements ont failli. Nos économies sont certes jeunes, mais elles ont déjà la force et le potentiel nécessaires pour qu'un grand nombre d'Africains puissent contribuer à leur émergence et bénéficier des fruits de leur croissance.

S'il fallait vous aider à contribuer au développement rapide de l'Afrique, quels leviers pourrait-on activer ?

La plupart des jeunes leaders africains ont une vision assez claire de ce qui doit être fait pour rendre l'Afrique meilleure. Mais comment matérialiser cela ? Là est le vrai challenge. Un certain nombre a les aptitudes nécessaires à la réalisation de grands projets pour le continent. Mais avoir l'accès à l'information à haute valeur ajoutée qui nous permettrait de nous impliquer davantage, et d'être plus utiles, demeure un défi. S'ils étaient mieux informés, un grand nombre d'Africains ayant les compétences et un intérêt à s'impliquer dans les projets constructifs auraient déjà fait réaliser des sauts quantiques à notre continent.

Sur un autre volet, les entreprises et autres organisations pouvant offrir des opportunités de travail et d'épanouissement aux Africains du continent sont quasiment toutes obsédées par les parcours académiques. C'est le règne de la « diplomite ». Je reconnais qu'il est important d'avoir des qualifications académiques, mais il est encore plus important que ces entités donnent la chance aux Africains désireux de prouver ce dont ils sont capables. Il est de notoriété publique que ce ne sont pas tous ceux qui brandissent des diplômes qui ont la faculté d'exécuter, de manière pratique, un certain nombre de choses. Il y a donc clairement une nécessité, pour les organisations concernées, de permettre aux individus de montrer ce qu'ils peuvent faire sur le plan pratique au lieu de les refouler simplement en regardant leur *background* académique.

Par ailleurs, les organisations doivent avoir le courage de donner la chance à ceux qui n'ont pas d'expérience professionnelle. Il faut bien commencer quelque part un jour… Parmi ceux-ci, certains sont compétents et ont la passion de convaincre. Je pense qu'ils méritent d'avoir la chance d'exercer. Si cela est appliqué, nous aurons plus de jeunes Africains travaillant sur des projets africains. La mise en œuvre d'une telle dynamique pourrait booster notre économie.

Si vous étiez élue chef de l'Etat de votre pays, dans les 24 heures, quelles seraient vos trois premières décisions ?

Concrètement, lorsque je considère ce qui se passe actuellement dans mon pays, le Kenya, où le gouvernement est littéralement en train de faire des coupes budgétaires à des postes névralgiques, comme de ne pas payer les enseignants à leur juste valeur, cela me donne envie de devenir Présidente de la République. Oui, je rêve de mettre de l'ordre dans ce secteur clé que représente la fonction publique. Laisser ce gigantesque segment à la traine, c'est assurément ouvrir la voie à la corruption, à l'inégalité, à l'arbitraire et à la désillusion ; autant de facteurs qui peuvent nous entrainer dans une spirale de troubles, et nous l'avons déjà vécue dans ce pays.

Deuxièmement, je m'attèlerais rapidement à créer de l'emploi durable. Nos gouvernements disent très souvent qu'ils créeront des emplois cependant nous avons toujours des milliers, sinon des millions, de chômeurs particulièrement parmi les jeunes. Moi Présidente, je mettrai les intelligences nécessaires au sein du gouvernement afin qu'elles me produisent une stratégie tangible qui indiquera comment amener les citoyens à se surpasser, apprécier leurs efforts, aussi minimes soient-ils, et donc apprécier leur contribution à la croissance économique du pays.

Troisièmement, je réfléchirais à la meilleure manière d'optimiser les politiques d'investissements pour donner à mes concitoyens plus de contrôle sur la marche de notre économie. Je regarderais les secteurs au sein desquels nous avons des citoyens qui ont des compétences et j'insisterais que ces secteurs soient contrôlés par nous-mêmes. Cela dans l'optique de rejeter l'idée de voir mes concitoyens dépendre des étrangers pour survivre ou de se soumettre à leurs politiques. Je mettrais en place une stratégie donnant la priorité à mon peuple devant les étrangers dans les bénéfices des investissements. Nos concurrents le font très bien. Cela ne développerait pas seulement une relation de confiance avec le peuple, cela lui donnerait aussi un sens des responsabilités. C'est cela dont mon pays a besoin. Pour les compétences, dans les nouveaux secteurs tels les industries extractives, j'investirais dans la formation de mes concitoyens en les envoyant dans des pays plus avancés, dans ces domaines, afin qu'ils acquièrent les aptitudes nécessaires et reviennent chez-nous opérer dans ces secteurs.

Et pour les secteurs où nous ne pouvons pas éviter d'avoir l'engagement de capitaux étrangers, les accords et les contrats signés seraient ceux qui avantagent aussi réellement mon pays. L'argent des investisseurs étrangers serait dirigé vers les secteurs défaillants afin qu'on n'assiste pas à une multiplication des investissements étrangers à la défaveur du pays qui les accueille.

Jacques Jonathan Nyemb

Avocat d'affaires,
étudiant à l'Université de Harvard

Cameroun

Crédit Photo : Jacques Jonathan Nyemb

Avant d'être admis à l'Université de Harvard, le Camerounais Jacques Jonathan Nyemb a exercé comme avocat d'affaires chez l'américain Cleary Gottlieb Steen & Hamilton LLP. Ancien de la London School of Economics, et major du Master of Law à Paris II Panthéon Assas, ce jeune spécialiste des politiques publiques, d'énergie et de ressources naturelles analyse l'Afrique émergente avec une précision d'horloger.

Jacques Jonathan Nyemb est un jeune avocat d'affaires camerounais spécialisé dans les politiques publiques d'énergie et de ressources naturelles. Précédemment avocat collaborateur au sein de Cleary Gottlieb Steen & Hamilton LLP, un cabinet américain de premier plan, ses créneaux sont les financements de projets et les financements structurés dans les secteurs de l'énergie, du pétrole et du gaz, des mines et des infrastructures.

« Membre du Groupe d'Experts chargé de réviser l'Acte uniforme relatif au droit des sociétés commerciales et du groupement d'intérêt économique applicable dans 17 pays africains membres de l'Organisation pour l'Harmonisation en Afrique du Droit des Affaires (OHADA), je suis aussi co-fondateur de l'African Business Lawyers Club (ABLC) et du Collectif OSER L'AFRIQUE », tient-il à préciser.

Étudiant à l'Université Harvard (MPA HKS) et co-président de l'Africa Caucus, au moment où paraît cet ouvrage, il est titulaire d'un Master of Laws (LL.M.) de la London School of Economics et également diplômé de l'Université Paris II Panthéon Assas (MDBF), major de sa promotion.

Membre du conseil d'administration de diverses organisations à but non lucratif, auteur de plusieurs articles dans des revues générales et spécialisées, c'est aussi un panafricain passionné d'histoire et d'art qui a accepté de répondre à mes questions.

Croyez-vous en l'émergence économique du continent africain ?

Jacques Jonathan Nyemb : la définition du concept d'émergence est encore très floue et il est toujours difficile de parler de l'Afrique en général tant les disparités entre pays et régions sont grandissantes.

Néanmoins, si on entend l'émergence comme la fin d'un cycle marqué par des crises politiques, économiques et sociales, pour une grande majorité des pays africains, la réponse est bien évidemment oui. En effet, selon les prévisions de la Banque mondiale, la croissance de l'Afrique varie aujourd'hui entre 5% et 17%

pour une trentaine de pays ; ce qui est bien au-dessus de la croissance de plusieurs pays européens, américains voire asiatiques.

Toutefois, si l'émergence venait à apprécier si, oui ou non, un pays offre à une large majorité de ses citoyens la possibilité de satisfaire des besoins de base (se loger, se nourrir, s'éduquer ou se soigner), tout en créant le cadre permettant à ces derniers de construire un futur prospère pour eux et pour leurs enfants (emploi décent, entrepreneuriat, etc.), de nombreux défis restent à élever en Afrique : déficit énergétique, faible sécurité alimentaire, insuffisance de l'offre d'éducation et de santé, écosystèmes d'innovation peu nombreux...

Prenons un exemple pour terminer. La jeunesse est toujours présentée comme la chance de l'Afrique. Quand on sait que dans certains pays, les taux de chômage dépassent largement les 30% et que la jeunesse compte globalement pour 60% de l'ensemble des chômeurs en Afrique subsaharienne, on a de fortes raisons de penser que la jeunesse s'apparente, à ce jour, plus à une bombe à retardement qu'à un feu d'artifices pour le continent africain. En bref, les raisons d'espérer existent mais des efforts considérables restent à réaliser pour que les fondamentaux soient acquis.

S'il fallait vous aider à contribuer au développement rapide de l'Afrique, quels leviers pourrait-on activer ?

J'ai la conviction profonde que l'Afrique regorge de talents. La question essentielle demeure comment libérer ces énergies et permettre à ces talents d'exprimer le meilleur de leur potentiel. Il s'agit alors principalement de créer un écosystème capable de catalyser l'énergie créative de nos talents.

Sur ce point, le droit doit jouer un rôle fondamental en ce qu'il établit les règles du jeu, les normes à respecter au sein de l'écosystème. Il est ainsi vital de promouvoir, accompagner et renforcer des plateformes de concertation et d'action telles que celle que nous avons créée à travers l'*African Business Lawyers Club*. Ces dernières soutiennent, dans la durée, les efforts de toutes les parties prenantes, visant à faire du droit un vecteur, non seulement de bonne gouvernance, dans nos organisations privées et publiques, mais également d'attractivité de notre environnement des affaires, pour les acteurs locaux et internationaux.

Par ailleurs, œuvrer en vue de favoriser un écosystème capable de catalyser l'énergie créative de nos talents suppose également la multiplication de laboratoires d'innovation (espaces de travail partagé, incubateurs, centres de recherches, écoles et centres d'apprentissage innovants, etc.) non seulement en milieu urbain mais également en milieu rural. Ces derniers encourageront la créativité et permettront le développement, par nos futurs génies africains, des connaissances, du savoir-faire et des compétences nécessaires au plein succès de leurs initiatives. La diaspora ne doit pas également être en reste.

Si vous étiez élu chef de l'État de votre pays, dans les 24 heures, quelles seraient vos trois premières décisions ?

Premièrement, créer une instance « Vérité & Dignité » chargée par ses actions et ses recommandations de réconcilier le peuple camerounais avec son passé durant les années de luttes d'indépendance au Cameroun ,et de poursuivre l'œuvre de construction nationale ;

Deuxièmement, procéder à une déclaration de patrimoine et astreindre la haute fonction publique camerounaise à s'y conformer également, offrant ainsi un gage de transparence et d'éthique dans la gestion de la chose publique ;

Troisièmement, convoquer des « Assises Nationales de l'Éducation et de la Culture » en vue d'encourager la créativité et instiller la passion de l'effort, du mérite et de l'excellence auprès des jeunes générations, et plus largement.

GRACE ONDO METHOGO

ÉTUDIANTE EN SCIENCES POLITIQUES
À LA SORBONNE
GABON

Crédit Photo : Grace Ondo Methogo

Stagiaire à l'Ambassade du Gabon en Corée du Sud, Grace Ondo Methogo sui-vait déjà la coopération économique et industrielle entre Libreville et Séoul. Diplômée d'un Master de recherche en histoire contemporaine des relations internationales à la Sorbonne, elle est, à son jeune âge, l'une des rares spé-cialistes de la diplomatie économique coréenne sur le continent noir. D'où le regard asiatique qu'elle porte sur l'émergence de l'Afrique.

Née au Gabon, Grace Ondo Methogo a été élevée entre Libreville et Paris. Après une licence d'histoire et une licence de sciences politiques à la Sorbonne, elle obtient un Master de recherche en histoire contemporaine des relations internationales. « Je me suis spécialisée sur la diplomatie économique coréenne en Afrique francophone et plus globalement sur les questions de diplomatie économique asiatique en Afrique, précise-t-elle. Je reviens d'un an en Inde où j'ai pu poursuivre ma formation et l'enrichir d'une expérience académique en Asie. »

Après un parcours tourné vers la recherche, Grace Ondo est finalement admise en Master professionnel de science politique, spécialité intelligence économique. Si elle tient tant à achever son parcours universitaire de la sorte, c'est parce qu'elle a pour objectif d'avoir une compétence concrète dans la collecte, l'analyse et la diffusion d'informations utiles aux décideurs africains. « Nous ne sommes pas nombreux à nous être spécialisés sur les relations afro-asiatiques, un aspect pourtant incontournable de toute prise de décision diplomatique en aujourd'hui Afrique », explique-t-elle.

A défaut de contribuer directement au «Gabon Émergent», son ambition est de mettre son expertise au service d'une organisation dans laquelle elle croit et avec laquelle elle partage des valeurs fortes pour l'émergence de l'Afrique. Tête bien faite et bien pleine, c'est une jeune leader, désireuse de donner plus à l'Afrique émergente qui a accepté de répondre à mes questions.

Croyez-vous en l'émergence économique du continent africain ?

Grace Ondo : demander à un Gabonais s'il croit en l'émergence, c'est assez délicat...

Pour parler plus sérieusement, je crois en l'émergence économique de l'Afrique car elle sera dans l'intérêt de certaines grandes puissances. Les premières puissances mondiales chercheront de plus en plus à ce que les grands pays producteurs de matières premières ou à fort potentiel en termes de marché ou de géostratégie, leur ressemblent.

L'émergence, selon moi, devrait être définie comme un mouvement vers la normalisation, vers des échanges facilités et une meilleure compréhension mutuelle entre pays « développés ».

Cette émergence sera, selon moi, réclamée, voire imposée, par les partenaires des pays africains. D'un point de vue réaliste, c'est une question de survie et de maintien de l'État que de s'engager dans la voie de la normalisation. Le monde a trop besoin de l'Afrique pour la laisser prendre une route différente de la sienne.

Cette définition laisse toutefois deux questions ouvertes.

Premièrement, quel sera l'intérêt pour le continent de suivre cette voie ? Saura-t-il être assez politiquement réaliste pour en tirer les meilleurs bénéfices?

Deuxièmement, dans notre monde multipolaire, la norme devient multiforme. Alors sortir la tête de l'eau, oui, mais pour nager vers quels rivages ? Le classique capitalisme libéral occidental ? La superpuissance chinoise ? La bien-pensance indienne ? Nous n'assisterons pas à l'émergence, je pense, mais à des émergences africaines, sûrement rivales.

S'il fallait vous aider à contribuer au développement rapide de l'Afrique, quels leviers pourrait-on activer ?

Le développement rapide du continent doit, selon moi, obligatoirement passer par le développement de pays leaders, servant de locomotives à des sous-régions. Du fait des enjeux transnationaux très pesants en Afrique et de l'interconnexion des réseaux de décision, les leviers principaux seraient ceux de l'influence ou du lobbying et de l'information.

L'action la plus efficace serait de mobiliser les décideurs autour d'une vision commune, voire d'une idéologie régionaliste. Là où l'influence devra vraiment jouer un rôle, c'est évidemment pour convaincre les pays alentour de la nécessité et des intérêts réels à soutenir une véritable politique régionale. Les leviers de l'influence et de l'information seront, selon moi, centraux pour informer et convaincre les leaders de la nature très concrète des retombées de cette prise de risque.

La coopération régionale est ce qui permettra de déclencher un rapide développement de l'Afrique. Elle nécessite l'amélioration des infrastructures, des communications, des échanges commerciaux. Elle implique la création et le renforcement d'intérêts économiques communs, ce qui, sur le moyen et le long terme, engendre une stabilité de fait ainsi qu'une normalisation des économies et des formes de l'État. Je pense ici à l'exemple de l'ASEAN. Du point de vue du développement humain et de l'amélioration de la qualité de vie, elle permet une mobilité légale des personnes et des biens, et donc des savoirs et des savoir-faire.

Si vous étiez élue chef de l'État de votre pays, dans les 24 heures, quelles seraient vos trois premières décisions ?

Je ne vois pas comment cela pourrait arriver ! Je ne suis pas une grande convaincue du système représentatif, et reste persuadée que, malgré toutes ses bonnes idées et sa vision, un chef de l'État est malheureusement souvent contraint de ne pas voir ses décisions appliquées. Toutefois, supposons que nous soyons dans le meilleur des mondes...

La toute première chose que je mettrais en place serait un audit de l'ensemble de mes administrations. J'assumerais le fait de faire appel à des experts nationaux et étrangers, notamment ceux venant de pays ayant réussi à se développer rapidement et de façon solide. L'objectif de cette décision serait de m'assurer, avant de lancer la suite de mon programme, d'avoir un État fonctionnel, efficace et réactif. Je mettrai tout en œuvre pour repérer les fonctionnaires compétents et utiliser au mieux les ressources humaines dont je dispose. Un petit pays se doit d'être réactif et attractif, au risque de décourager quiconque souhaiterait y investir. La réactivité et l'attractivité d'un pays passent par une administration efficace et compétente. Cet audit, pour rejoindre la question précédente, inclurait évidemment les institutions régionales, dynamisées et concrétisées.

Ma seconde décision serait une refonte de l'éducation. J'insisterais lourdement sur l'instauration de cours d'éducation civique. L'éducation nationale en Afrique ne doit pas être un calque d'autres systèmes. L'Afrique, et notamment le Gabon, ont besoin de former leur jeunesse à l'estime de soi en tant qu'individu et en tant que nation. Certaines valeurs de probité et de goût de l'effort sont centrales et devraient, je pense, être enseignées à tous les âges.

Une réelle pression sur la réussite scolaire doit être instaurée - ce qui rejoint la première décision. Un État méritocratique pousse ses citoyens à avoir le goût... du mérite. J'investirais sur les infrastructures scolaires, le salaire des professeurs, ainsi que sur la création d'un hub scientifique.

Je m'arrête, un instant, sur cet aspect qui, est selon moi, fondamental. Tout comme l'économie, l'éducation doit être spécialisée. Il est crucial, dans le monde d'aujourd'hui, de se distinguer en tant que nation sur le plan de la compétence intellectuelle et scientifique. Un pays « en développement » se doit d'investir dans un secteur scientifique précis. L'Inde l'a fait dans le nucléaire et le spatial. L'État a capitalisé sur les savoir-faire pour attirer les investisseurs étrangers et développer une réelle indépendance intellectuelle et scientifique.

Or, dans une vision tournée à l'origine vers le développement du spatial et du nucléaire, l'Inde n'aurait jamais eu besoin de former, en masse, des scientifiques ou d'investir dans la formation universitaire. Les retombées touchent aujourd'hui tous les domaines et ont permis à l'Inde d'avoir un incroyable avantage comparatif, par exemple, dans l'externalisation des services informatiques ou l'industrie pharmaceutique.

La troisième décision serait, en parallèle, la mise en place d'un plan quin-quennal.

L'État doit avoir à rendre compte de l'avancement de ses décisions. Je prends ici l'exemple de la Corée qui a mis au travail des millions de personnes durant les années 60 et 70. Cela s'est fait grâce à la mobilisation d'un peuple, conscient de son unité nationale, avec une vision précise de l'avenir et de comment y arriver. Cette mobilisation, bien sûr, ne s'est pas faite uniquement sur de bons senti-ments. Un plan efficace doit prévoir des gratifications et des sanctions lorsque les objectifs prédéterminés sont atteints ou non.

Pour le Gabon, le premier plan que je mettrais en place serait celui permet-tant d'atteindre l'autosuffisance alimentaire. Les sommes dépensées en impor-tation de nourriture seraient, à la place, investies dans la transformation des terres arables, un soutien économique attrayant aux agriculteurs et la création de chaines de valeur et d'approvisionnement dans le pays, en s'appuyant sur ses voisins au sein d'une réelle coopération régionale.

Comme vous le voyez, mes premières décisions ne seraient pas de donner un toit, des hôpitaux et des maisons à mes concitoyens. Les pays sortis de façon ful-gurante, mais pérenne, de la misère sont des pays où une génération s'est sacri-fiée au travail, avec la certitude que leurs efforts seraient reconnus et valorisés, et qu'ils porteraient leurs fruits de façon certaine.

MARYLÈNE OWONA
FONDATRICE ET PRÉSIDENTE DE KOUABA
CAMEROUN

Crédit Photo : Marylène Owona

Lorsqu'elle crée Kouaba en 2013, Marylène Owona entend surfer sur une Afrique encroissance. Deux ans plus tard, son agence, Prix de l'innovation de la Banque africaine de développement, figure parmi les 50 *startups* les plus innovantes d'Afrique. Malgré la vitesse et les retombées de la reconnaissance continentale, cette entrepreneure panafricaine ne perd pas de vue que l'émergence reste une offre soumise à condition.

« **A**près avoir travaillé pour Puma et pour Le Figaro, j'ai rejoint une importante agence de communication parisienne où je pilotais les stratégies digitales de comptes tels que Nestlé Waters France », confie-t-elle.

Très vite, l'appel de l'Afrique se fait pressant. Marylène Owona décide de quitter la zone de confort salarial pour se lancer dans l'entrepreneuriat. Ainsi naît Kouaba, agence digitale panafricaine spécialisée dans le marketing et les applications innovantes. Son but : optimiser les performances de ses clients en leur délivrant des données à haute valeur ajoutée.

Fondée en 2013, basée à Douala et Paris, la jeune entreprise jouit déjà d'une exposition continentale grâce aux distinctions accumulées durant l'été 2015. Classée dans le Top 50 des *startups* les plus innovantes par le New-York Africa Institut en août, Kouaba a également reçu le Grand Prix du 1er week-end de l'innovation de la Banque africaine de développement en octobre 2015. Celle qui a accepté de répondre à mes questions est aussi lauréate 2015 du Prix Jeune Talent et TIC de l'Organisation des Femmes Africaines de la Diaspora (IFAD).

Croyez-vous en l'émergence économique du continent africain ?

Marylène Owona : non, je ne crois pas en l'émergence de l'Afrique, du moins en l'émergence de l'Afrique que l'on nous vend dans les journaux : un continent à l'histoire unique, qui s'éveille soudainement à la modernité, maîtrise les codes de la consommation à l'occidentale, et agit de manière exemplaire aussi bien dans ses institutions que dans l'innovation permanente de sa jeunesse. Émergence semble être un mot magique auquel on habitue les Africains pour justifier des choix politiques dans certains pays. Comme si, tout d'un coup, tout se mettrait en place, tout seul, pour sortir nos économies de l'ornière.

Je crois aux possibilités d'une Afrique qui, au fil des années, a su s'approprier et réinventer le terme innovation. Une Afrique qui, au-delà des clichés, s'impose peu à peu comme un véritable moteur mondial. Tous les jours, je rencontre des artisans qui se battent pour boucler leurs journées, des vendeuses qui haranguent sans fin la foule pour écouler leur marchandise... J'ai rencontré, il y a quelque temps, une jeune coiffeuse qui travaillait dans un marché. Chaque jour, un organisme de micro-crédit venait ponctionner une partie de ses gains de la journée. Ils lui étaient restitués mensuellement ou trimestriellement, ainsi elle s'assurait, sans peine aucune, ses soins de santé et l'accès à l'éducation de ses enfants. C'est la conjugaison des efforts communs et d'autres facteurs qui permettrons à l'Afrique de se développer. Six des dix économies à la croissance la plus rapide sont issues du continent. Avec plus de 250 millions de personnes âgées de 15 à 24 ans, nous avons la population la plus jeune au monde, un atout incommensurable qui permet de croire en notre capacité d'être un vivier de talents. Mais plus que d'y croire, il est temps que les États jouent leurs rôles pour nous permettre d'atteindre pleinement nos objectifs. Pour emprunter le chemin de l'émergence, il faudrait au préalable qu'il soit éclairé... Comment le faire dans le noir, sans électricité, ni eau, ni garantie aux soins, ni logement ? Il est certain que nous tendons, peu à peu, avec le travail et l'ingéniosité de chaque Africain vers une Afrique dont les pays seront aux premiers rangs mondiaux de l'économie. Mais cette Afrique n'existera que sous condition de l'implication des différentes parties prenantes. Ne dédouanons pas ces parties de leurs rôles... Il en va de notre succès commun.

S'il fallait vous aider à contribuer au développement rapide de l'Afrique, quels leviers pourrait-on activer ?

Comme je l'indiquais plus tôt, nous avons l'atout de la jeunesse pour nous. Mais cette jeunesse n'est pas exploitée à sa juste valeur. Elle passe souvent par un cursus universitaire inadéquat, ce qui crée des frictions entre l'offre et la demande sur le marché du travail. Il en résulte des taux de chômage catastrophiques.

Il faudrait plancher sur un programme qui mettrait la jeunesse au cœur de la croissance :

En développant des formations en adéquation avec les besoins du marché du travail. Technologie, agriculture élaborée, artisanat modernisé... autant de domaines et de filières qui ont des besoins et demandent à être renforcés. Des formations adaptées pourront permettre à la jeunesse d'être un acteur mondial majeur en matière d'*outsourcing*. Pourquoi ne pas aussi mobiliser les plus âgés pour un transfert de connaissances et de compétences ? La jeunesse ne peut se suffire à elle-même.

En créant de véritables zones de libre-échange en Afrique, des zones qui fonctionnent en pratique et pas seulement en théorie. L'inclusion économique de la jeunesse passe aussi par un marché sous régional commun. Je prendrais l'exemple de la zone franc CFA qui est une aberration : quand je fais un virement à Abidjan, il met au moins 10 jours à parvenir à son destinataire et me revient souvent plus cher qu'un virement en France. Et quand je vais en Côte d'Ivoire, je ne peux pas utiliser les Francs CFA camerounais, qui ont pourtant la même dénomination et la même valeur. Autant de handicaps pour les jeunes commerçants, taximen, entrepreneurs qui veulent se déplacer d'un pays à l'autre.

En revalorisant les métiers de l'artisanat et de l'agriculture. On parle beaucoup d'experts en technologie aujourd'hui en Afrique mais on a de moins en moins de cordonniers talentueux. Là où l'autosuffisance alimentaire était une évidence dans de nombreux pays hier, elle est aujourd'hui un leurre, victime de l'exode rurale et de l'insuffisance de la productivité. Outiller la jeunesse donc et mettre en place une communication efficace pour ces domaines.

En vendant une marque Afrique, un label d'excellence qui protègerait les découvertes faites sur le continent tout en aidant à les valoriser à l'International.

En accompagnant les États, entreprises, collectivités à une meilleure connaissance des marchés africains via les données. De nombreuses politiques sont mises en place sur la base de croyances. On jauge à l'œil ce qui serait juste sans s'appuyer suffisamment sur les *data* qui sont pourtant de justes représentants de la réalité.

Enfin, en mettant l'accent sur l'éducation citoyenne, à l'école et au quotidien, afin que le savoir vivre ensemble ne soit pas une légende et afin que l'amour de son pays prévale dans les actes et décisions du quotidien. Chaque citoyen africain doit se demander, non pas ce que son pays fait pour lui, mais ce qu'il fait pour son pays.

Si vous étiez élue chef de l'État de votre pays, dans les 24 heures, quelles seraient vos trois premières décisions ?

Cette idée est bien loin de mes ambitions mais si j'avais 24h :

Je ferais du développement des infrastructures un chantier prioritaire afin de garantir un accès à l'eau, à l'électricité et aux soins de base notamment pour les plus vulnérables. L'État ne peut pas et ne doit pas tout faire mais ces points sont des droits basiques qui peuvent radicalement changer la vision et l'orientation d'une société.

Je lancerais un chantier national d'assainissement de l'économie qui travaillera sur la réévaluation des prêts toxiques étrangers qui, à terme, étrangleront l'économie ; ainsi que sur la gestion des ressources naturelles et l'éradication de la corruption qui gangrène le système tout entier au travers des déclarations de patrimoines de toute la chaîne et l'amnistie totale de ceux qui rendraient à l'État les fonds détournés.

Je mettrais en place tous les outils nécessaires pour valoriser la culture et l'histoire du Cameroun anglophone et francophone, aussi bien à la télévision, dans les manuels d'éducation que dans les musées. Si l'on sait d'où l'on vient, alors on sait où on va. Il est temps pour nous de connaitre notre histoire, notre génie, nos richesses de tout le pays... De l'apartheid qui a prévalu à Douala, au rôle protecteur des nationalistes comme Um Nyobe, en passant par la richesse culinaire... Il y a tant de choses à savoir.

Rigobert Pinga Pinga

Spécialiste de la gouvernance, du risque et du contrôle auprès de la Banque mondiale

Cameroun

Crédit Photo : Rigobert Pinga Pinga

Après 8 ans comme directeur de mission chez Ernst & Young, le Camerounais Rigobert Pinga Pinga aide, depuis 10 ans, la Banque mondiale dans l'amélioration continue de ses processus opérationnels, comptables et financiers à travers les missions d'audit interne et de conseil. S'il était Président, il s'attaquerait de toute urgence à l'amélioration durable du système sanitaire, à l'intégration des TIC dans l'éducation et au financement des petites entreprises.

Rigobert Pinga Pinga est spécialiste de la gouvernance, du risque et du contrôle. Depuis bientôt 10 ans, il aide le Groupe Banque mondiale dans l'amélioration continue de ses processus opérationnels, comptables et financiers, à travers les missions d'audit interne et de conseil. « Avant de rejoindre la Banque mondiale, me précise-t-il, j'ai été directeur de mission chez Ernst & Young où, pendant 8 ans, j'ai conduit de nombreuses missions, délivrant une expertise technique et du conseil à diverses organisations publiques et privées, notamment dans les domaines de la finance, de l'agro-industrie, des services et du développement. » Diplômé de l'ESSEC de Douala, expert-comptable inscrit à l'Ordre des Experts-comptables du Cameroun (ONECCA) et membre de l'institut des experts-comptables des États-Unis (AICPA), c'est un jeune leader pétri d'expérience qui a accepté de répondre à mes questions.

Croyez-vous en l'émergence économique du continent africain ?

Rigobert Pinga Pinga : je suis un Afro-optimiste ! Je crois en l'émergence économique de l'Afrique pour au moins deux raisons : la diversité de ses ressources naturelles non encore pleinement exploitées et le potentiel de son capital humain.

Depuis toujours, notre continent est très courtisé pour ses ressources naturelles abondantes et variées. Un pays comme la République Démocratique du Congo est, à lui seul, un condensé de biodiversité, de minerais et de ressources hydrauliques.

Malgré les taux de chômage à deux chiffres, le capital humain africain reste un atout stratégique majeur. Sa jeunesse, sa vitalité, et surtout son accessibilité constituent son avantage comparatif.

Oui, je crois en l'émergence de l'Afrique. Je crois en une émergence planifiée, programmée, soutenue par une croissance économique suffisante, capable de favoriser le développement réel. Je ne crois pas en une émergence opportuniste dont les fondements sont fragiles. Mon constat est que la plupart des pays au Sud du Sahara semblent danser sur cette valse que j'appelle « émergence décrétée». Certes, peu à peu on voit des classes moyennes jaillir de partout. Mais il serait souhaitable que les effets de la croissance de notre continent se ressentent dans toutes les couches sociales, surtout celle des plus démunis, et ce, de façon durable.

S'il fallait vous aider à contribuer au développement rapide de l'Afrique, quels leviers pourrait-on activer ?

Je ne suis pas économiste mais mon expérience dans le domaine du développement en Afrique m'incite à proposer trois leviers. Par ordre d'importance je citerai : l'amélioration durable du système sanitaire, l'intégration des TIC dans l'éducation et le financement des petites entreprises.

L'importance d'un bon système sanitaire n'est plus à démontrer. C'est un facteur stratégique du développement. Dans l'absolu et de manière un peu cynique, si le système sanitaire est défaillant, il n'y aurait presque plus personne pour parler des problématiques du développement. C'est dire si son impact sur les autres leviers du développement est important. Paradoxalement, le volet santé se voit allouer de très faibles pourcentages des budgets annuels nationaux. Relever ces taux de façon substantielle serait un bon signal. Certes, avec l'aide des partenaires bilatéraux et multilatéraux, nos États ont réalisé d'importants investissements dans le secteur, notamment en matière des soins de santé primaire. Mais visiblement les résultats obtenus restent faibles, accentués par le fort taux d'expatriation des médecins formés sur place. Il va falloir trouver des solutions incitatives pour un retour de ce personnel médical. Malgré l'embargo, le Cuba a réussi à bâtir une certaine réputation en matière de santé. Nos pays pourraient s'inspirer de son modèle. Par ailleurs, on en aura peut-être fini avec le paludisme, la tuberculose ou le Sida – c'est mon souhait en tout cas – mais l'obésité, et le lot de maladies cardio-vasculaires qui l'accompagnent, s'installeront du fait du changement des habitudes alimentaires. Il va falloir anticiper ! Enfin, je me plais souvent à dire qu'un indicateur de la performance et de l'efficacité de nos systèmes sanitaires serait le nombre d'évacuations sanitaires vers d'autres pays ou continents.

Le deuxième levier est l'intégration des TIC dans l'éducation. L'avènement de l'internet est une chance pour l'éducation en Afrique. L'internet offre un accès économique au savoir. À mon avis, il est grand temps de donner un coup de balai au modèle éducatif en cours dans la plupart de nos pays. Car plus d'un demi-siècle après les indépendances et malgré la révolution internet, les modèles éducatifs semblent figés. L'innovation reste circonscrite au niveau des démarches individuelles. En 2006, j'ai développé, avec un ami, un projet intitulé « Educamer ». Il œuvre pour l'intégration des TIC dans l'éducation. Presque dix ans après sa création, et sans subvention aucune, c'est un succès ! Des *success stories* de ce genre existent dans d'autres pays. Imaginons l'impact d'une telle démarche au niveau national ou sous-régional ! La volonté politique à ce niveau est essentielle !

Le troisième levier que je propose est le financement des petites entreprises. L'initiative privée est la clé du développement. Le financement via les marchés financiers est proche de zéro, par conséquent le crédit bancaire demeurera encore longtemps la source principale de capitaux, pour peu que les banques locales sortent de leur frilosité et jouent leur rôle traditionnel : accorder des crédits ! En attendant, le besoin de financer les entreprises est là. Surtout les plus petites, créatrices d'emplois directs et de valeur ajoutée. La majorité des pays au sud du Sahara ont entrepris d'importants programmes gouvernementaux (projets structurants) et presque rien de concret pour le financement des PME. En tant que Camerounais, je salue et me réjouis de la création récente de la Banque Camerounaise des PME (BCPME). Le gouvernement camerounais a répondu ainsi au besoin crucial des PME : l'accès aux capitaux.

Pour me résumer, un système sanitaire efficace, une éducation de qualité boostée par l'intégration des TIC et la mise en place d'un mécanisme efficace de financement des petites entreprises sont, à mon humble avis, trois leviers de sortie du sous-développement sur lesquels des actions concrètes peuvent être menées à court et moyen termes. À ces trois leviers, j'ajouterai un vecteur transversal : la bonne gouvernance, notamment dans les finances publiques. La gouvernance est la clé. Elle est dans la perception, la façon d'être, de faire... Elle requiert bien sûr un système de sanctions craint, efficace, et aussi des hommes de qualité pour le rappeler et l'implémenter.

Si vous étiez élu chef de l'État de votre pays, dans les 24 heures, quelles seraient vos trois premières décisions ?

D'abord, injecter un souffle nouveau au sein de l'équipe gouvernementale. Je confierais les postes ministériels clés à des personnes nouvelles et volontaires qui sont, dans leur domaine respectif, de bons techniciens et surtout de bons meneurs d'hommes.

Ensuite, constituer une équipe *ad-hoc* chargée d'organiser de larges concertations avec la société civile, les associations professionnelles, les principaux syndicats, etc. pour recueillir leurs *desiderata* et points de vue sur des sujets spécifiques tels que le service public, la décentralisation, le respect de la chose publique, l'éducation, etc.

Enfin, planifier des rencontres avec les principaux opérateurs économiques et corps de métier pour leur redonner confiance et discuter des propositions de réformes économiques et fiscales.

Lalie Rabeharison

Présidente fondatrice de Panafrican Linkup & Advisory Network

Madagascar

Crédit Photo : Lalie Rabeharison

Photographe officielle de la Présidente de la République Centrafricaine, Samba Panza, en 2014, Lalie Rabeharison, 38 ans, est l'auteure de nombreux articles, de reportages et de portraits d'artistes et dirigeants Africains. Présidente fondatrice de *Panafrican Linkup & Advisory Network*, la fiancée d'Antananarivo s'est promis de faire émerger le tourisme cinématographique en Afrique, en commençant par la Tanzanie.

L alie Rabeharison est née à Ankadifotsy, un quartier d'Antananarivo, à Mada-gascar, et a émigré en France à l'âge de 6 ans. « Ayant eu un enfant jeune, révèle-t-elle, on peut dire que mon parcours académique a rapidement été tronqué. Mais ce n'est pas la seule raison : j'ai toujours craint le savoir français, et par extension le savoir à l'occidentale qui, à l'égard d'une jeune fille issue de l'immigration, telle que moi, portait les rouages et les stratégies qui ont fait le triste succès de l'esclavage, de la colonisation et, dans une époque où j'ai grandi, la difficile condition de la double identité où, dans la pratique, on ne se sent jamais vraiment Français. »

Cette crainte existentielle a conditionné la jeune Malgache à devenir autodidacte et à acquérir du savoir de façon alternative. « Cette altérité et cette double culture, confie-t-elle, ont probablement forgé l'artiste que je suis aujourd'hui. » C'est par validation des acquis et expérience que la fiancée d'Antananarivo a obtenu un DEUG en communication et une Licence en cinéma. C'est dans la même veine qu'elle s'apprête à passer son Master en marketing territorial.

Tout au long de son parcours, l'écriture et la photographie ont toujours été une planche de salut pour elle. Photographe et auteure indépendante depuis 2003, elle a écrit des dizaines d'articles à caractère social, et illustré, à travers ses images et ses mots, des portraits d'artistes et de dirigeants, et des reportages sur des travaux d'associations ou des faits d'actualité. En 2014, elle devient la photographe officielle de la Présidente de Centrafrique, Samba Panza.

Lalie Rabeharison est aujourd'hui présidente de *Proximités*, une association qui porte le projet *Panafrican Linkup & Advisory Network* (P.L.A.N.). « Même si la structure est amenée à évoluer, signale-t-elle, ce projet porte la mesure de mes ambitions. Il a vocation à soutenir le développement économique par la conception et le déploiement d'activités touristiques et culturelles innovantes. » C'est dans ce cadre qu'est né le projet pilote avec la Tanzanie pour l'émergence du tourisme cinématographique, une exclusivité qu'elle a bien voulu me confier.

Croyez-vous en l'émergence économique du continent africain ?

Lalie Rabeharison : on a parlé du rêve américain, on parle aujourd'hui du rêve africain. Sauf qu'en considérant les problématiques qui règnent sur le continent, le rêve est exclu et les solutions urgentes. Je me sens un peu coupable de ne pas agir davantage, plus vite, plus fort.

Néanmoins, je crois à cette émergence, et avec ce que je peux apporter avec mes petits moyens, pour qu'elle soit tangible.

Je crois, bien entendu, à l'émergence économique du continent à condition qu'elle repose sur d'autres sources que les matières premières, et donc à partir du moment où elle s'oriente vers les enjeux déterminants de la diversification. Mais des États l'ont compris : la Guinée Équatoriale, par exemple, a justement alloué le milliard pour investir sur cette diversification. L'exemple d'investissement consenti avec sagesse et organisation est donné. Reste à le suivre. Le problème, justement, est que l'Afrique est vaste, et l'état des économies, d'un pays à l'autre, est inégal. Alors l'émergence se fait plus vite, pour les uns et moins vite pour d'autres. L'émergence, oui, à condition donc d'éradiquer la notion « fourre-tout » de l'Afrique et de considérer individuellement les atouts et les freins de chaque pays pour y parvenir.

Je crois, bien entendu, à l'émergence économique, à condition de bien prendre en compte les freins que sont le terrorisme, la circulation alarmante des armes à feu, la corruption, les affrontements fratricides inter-ethniques, tribaux, religieux, communautaires et j'en passe.

Je crois, bien entendu, à l'émergence économique fondée sur la réussite du partenariat diaspora/pays d'origine. Il faut néanmoins que les pays d'origine assurent aux éventuels « inpats » des conditions optimales d'accueil. Le Cameroun a développé, en cette matière, une politique exemplaire d'accueil de sa diaspora aux États-Unis ; le projet *Keur Salam* au Sénégal est efficace, car il offre à sa diaspora un parc immobilier à acquérir pour le retour au pays. Le « Cahier d'un retour au pays natal » doit inventer son écriture dans bien d'autres pays où aucune organisation n'est prévue.

Je crois au rêve de Renaissance formulé par nos aînés comme un message qui a fait son effet, et donc comme une lutte qui n'a pas été vaine, car bon nombre de personnes, au sein de la diaspora africaine, souhaitent rentrer et apporter les connaissances, le talent et les compétences qu'elles ont acquises. Mais se limiter à cette notion serait une idée un peu caricaturale du développement, car je crois surtout que c'est l'Afrique qui a à apprendre à ses enfants qui ont été disséminés. Lorsque je vais à Madagascar, je parle peu. Pas parce que je ne parle plus ma langue, mais parce que j'apprends tellement des miens que la place est surtout à l'écoute : système de production, culture et civilisation, innovation, poésie, sans compter la restitution de pièces du puzzle manquantes à la perte identitaire que cause le déracinement. Dans ces moments de silence nécessaire, la photographie prend toute sa dimension de mémoire fixe, et inscrit tout ce qu'une culture orale n'a pas coutume de consigner.

Donc, l'émergence de l'Afrique, j'y crois définitivement, mais surtout parce que c'est cette dernière qui détient sa propre définition du développement. La réalité des obstacles doit trouver des résolutions dans la prise de responsabilité d'un pouvoir exécutif soucieux d'y répondre réellement.

S'il fallait vous aider à contribuer au développement rapide de l'Afrique, quels leviers pourrait-on activer ?

Primo, celui des industries créatives, en général, celui de l'industrie cinématographique, en particulier. Le cinéma constitue un levier de développement d'envergure car il est organisé comme une industrie qui comprend des gammes de produits bien identifiées, un système structuré – de la production à la distribution – et engage des dépenses et des ressources pour lesquelles s'est établi un écosystème économique qui lui est propre.

Les métiers de l'audiovisuel s'inscrivent dans un cadre organisé dont les pratiques en termes d'affaires sont spécifiques. Ce cadre, inscrit dans un contexte mondialisé et une logique de réseau formée en microcosme, doit trouver un espace de référence à forte identité pour l'exécution de prestations audiovisuelles, tant en pré qu'en post-production des œuvres, tant pour le processus créatif que pour les activités de nature financière ou institutionnelle qui s'y jouent : l'Afrique, dans sa globalité et sa diversité, est ce terrain idéal, encore largement sous- exploité.

Le Maroc et l'Afrique du Sud ont la grosse part du gâteau sur ce secteur, et j'assume le propos qui va suivre : j'estime que le territoire de référence pour l'industrie cinématographique en Afrique n'a pas encore trouvé son identité sur ces pays, leaders pour le moment. Entre l'ancien esclavagiste et le berceau de l'apartheid, il va de soi que le cœur de l'industrie cinématographique, à identité africaine, se joue ailleurs. On saluera bien entendu Nollywood, Riverwood, Swahiliwood et autres Gallywood, mais l'offre de services à l'égard de l'ensemble de l'industrie doit prendre son envol, sur des standards internationaux, au-delà d'un cinéma juste communautaire et continental. Il faut frapper plus fort, en s'assurant d'une portée plus lointaine. L'agressivité a parfois du bon lorsque son taux de transformation relève de l'innovation et de la prise de pouvoir gagnée avec une certaine élégance.

L'avènement d'un territoire en lieu emblématique de production cinématographique est un enjeu qui, s'il atteint la renommée qu'il vise, lui garantit une récurrence de revenus stables et une incrémentation pérenne au sein d'une industrie où l'attractivité est portée par la force du réseau et des références. La création de richesses que cette notion englobe, en plus des gains en termes d'image, est essentielle pour l'Afrique.

Le secteur du tourisme est le premier bénéficiaire de cette image, à travers lequel le territoire est promu pour la spécificité d'une activité et la qualité de son environnement et de ses espaces.

Le potentiel du continent regroupe les critères d'éligibilité pour répondre à de tels enjeux. Il est néanmoins nécessaire qu'il concède à des investissements publics conséquents et déploie une politique économique compétitive et innovante pour conquérir les marchés historiques et émergents de l'industrie cinématographique. Les enjeux de la sécurité et la concordance d'une offre saisonnière, sur certaines régions, aux conditions climatiques complexes, doivent porter à la plus haute mesure de réflexion pour que cette entreprise fasse son effet de levier.

Deuxio, peut-être parce que je viens d'un pays qui compte une forte majorité d'agriculteurs, je crois fortement au développement rapide de l'Afrique par l'avènement innovant du secteur agricole et particulièrement à la force de frappe économique de l'apiculture. Le continent regorge de pays tels que la Tanzanie, Madagascar, le Cameroun et le Togo, pour ne citer que quelques-uns, dont on ne connaît pas le miel, à l'heure où l'extinction des abeilles est une préoccupation pour les plus hautes institutions internationales, qu'elles soient médicales, vétérinaires, agricoles, économiques... L'Afrique, qui a subi les affres du colonisateur, pourrait sauver le monde en grand pollinisateur. Jeu de mots à part, oui, j'y crois ! Surtout lorsque l'on considère les emplois et la nécessaire industrialisation – durable de nos jours – cela va de soi que cette filière peut générer de beaux produits, en plus des problèmes de santé publique que le miel et les produits dérivés de l'apiculture résolvent.

Par ailleurs, le retour à une considération de produits de consommation sans traitement chimique a toutes les chances de profiter économiquement à l'Afrique s'ils sont achetés et exportés dans un cadre équitable qui a besoin de davantage de garanties et d'équité que l'estampillage *Max Havelaar*. À Madagascar, par exemple, point d'industrialisation ni de chimie : tous nos fruits et légumes sont « bio », n'en déplaise à la certification que l'on n'a pas les moyens de payer pour le « prouver ». Ce serait une source importante de revenus si elle était exploitée justement.

Tercio, la transmission des connaissances et des savoirs est aussi fondamentale: un continent qui compte autant de jeunes en a grand besoin. Beaucoup sont capables mais peu ont les moyens d'étudier. Il faudrait, dans de nombreux pays, renforcer les capacités de formation et d'éducation. Les apports se font une fois ces jeunes formés et opérationnels. Il faudrait monter des tontines pour financer les doctorants. Ces derniers devraient rembourser en prodiguant leurs connaissances, une fois le diplôme en poche. Comme je le disais plus haut, c'est avec ce type de pratiques typiquement africaines que l'on voit que l'Afrique détient elle-même les clés de son développement. Ces connaissances doivent également servir au secteur privé lorsqu'il est déficient : la rentabilité des entreprises ne peut être effective qu'avec une aptitude à établir les diagnostics et les solutions nécessaires à alimenter leur croissance. Les connaissances et les compétences de haut-niveau sont ici le chaînon manquant pour assurer leur pérennité et leur évolution et, à plus large considération, à contribuer au développement économique du pays.

Si vous étiez élue chef de l'Etat de votre pays, dans les 24 heures, quelles seraient vos trois premières décisions ?

24h, c'est peu. On n'a pas construit Rome en un jour, et c'est calqué sur un même fuseau politique qu'on ne saurait, en un temps aussi court, résoudre les nombreux problèmes d'un pays pourtant aussi riche que Madagascar. Ma réponse va découler de la logique issue des réponses prodiguées plus haut.

Moi Présidente, je favoriserai la virtualisation de l'argent et la sécurisation des versements, mais c'est en lien avec la suite. Je procèderai à un renforcement judiciaire - pour ne pas dire à une révolution féroce - de lutte contre la corruption et de rétablissement de conditions de sécurité optimales pour circuler dans le pays. Cette action serait à vocation double : il s'agirait non seulement de rassurer et protéger les étrangers et relayer efficacement la protection des investissements, mais aussi de protéger la population qui souffre aujourd'hui de la dégradation affolante de la sécurité qui règne depuis 5 ans et des cas de rackets qui affaiblissent des gens sans défense.

J'exigerai des investisseurs, dans l'extension de cette réforme, qu'ils respectent les populations locales. Je ne tolèrerai pas la pollution des eaux ou le déplacement des populations de leur terre d'origine pour tout ce qui concerne les secteurs de la construction ou d'exploitation, par exemple, de l'ilménite. Certains comprendront parfaitement de quoi je parle. C'est inadmissible, et cela doit être condamné par le pouvoir exécutif qui a la responsabilité de protéger son peuple, avant que ce dernier n'envisage de se protéger par les armes et cause, en conséquence, un contexte de guerre civile là où il suffirait juste d'instaurer des règles fermes mais justes. Je pourrais comprendre que mon peuple en vienne à de telles résolutions, par désespoir, mais je n'encourage pas la violence là où le pouvoir se doit d'agir pour éviter les conflits et favoriser le dialogue.

Madagascar doit sortir de son enclavement insulaire et de sa dépendance aux bailleurs historiques. Si cette collaboration fonctionnait réellement, le pays ne serait pas dans le naufrage dans lequel il s'enlise depuis. On a plus le sentiment de nager en une forme revisitée de colonisation que dans l'appropriation d'une authentique indépendance ; même si l'image est plus subtile parce qu'on est habillé à l'occidentale, le leurre demeure impossible face à la grossièreté de la situation. On n'invente pas une collaboration réussie à force de pacification et de cache-misère.

Je crois que de nouveaux partenariats économiques doivent s'instaurer afin de se libérer de ces leitmotivs historiques grotesques, mais dont l'absurdité est impactante.

Je favoriserai donc la coopération avec des partenaires économiques tels que le Japon, la Corée du Sud. Ces États ont su se redresser d'évènements historiques qui auraient pu les anéantir et les asservir par des formes de dépendance économique où ils auraient eu tout à perdre, qu'il s'agisse des lendemains douloureux d'Hiroshima ou de la ruine causée à la Corée par le Guerre de Corée. Je serais d'avis que Madagascar établisse un lien d'échange et de coopération économique fort avec ces pays, par ailleurs intéressés par le continent. D'autre part, je développerai les partenariats économiques interafricains, avec des pays proches comme les pays d'Afrique de l'Est – Kenya, Tanzanie, Namibie, Mozambique, pour la création d'un hub touristique commun – et des économies fortes telles que la Guinée Équatoriale ou l'Angola, pour les inviter à axer la diversification de leurs investissements sur notre pays.

Enfin, la politique de santé est une catastrophe et les équipements sont rares à Madagascar, bien que nous ayons de brillants médecins à qui on ne donne pas les moyens d'exercer dignement leur indispensable métier. Moi Présidente, j'engagerai une politique d'urgence pour la construction d'hôpitaux et de centres de soins.

Palesa Rankhasa

Fondatrice et gérante
de ITU Espace Design

Afrique du Sud

Crédit Photo : Palesa Rankhasa

Originaire de Mohlakeng Township, à l'ouest de Johannesburg, Charlotte Félix-Faure, née Palesa Rankhasa s'est établie à Grenoble où elle gère sa boutique/gallérie « iTU Espace Design ». A l'image de l'Afrique qui émerge, cette ancienne vendeuse en magasin de grande distribution prépare un double doctorat : « PhD in Business administration » à l'Université Grenoble Alpes et à l'« University of Witwatersrand » en Afrique du Sud.

L a vie n'a pas toujours été facile pour elle. Née à Mohlakeng Township, à l'ouest de Johannesburg, Charlotte a suivi une formation de sciences naturelles « Bachelor's of Science, chemistry » à l'Université de Cape Town pendant 3 ans. « Je n'ai pas pu compléter cette formation faute de moyens financiers conséquents », confie-t-elle. Après quelques années de travail comme vendeuse en magasin de grande distribution, elle reprend courageusement ses études de commerce et obtient le diplôme « Advanced Marketing Management » de Damelin Business School, à Johannesburg, en 2005.

Arrivée en France, Palesa Félix-Faure continue ses études à l'École de Management de Grenoble où elle obtient un diplôme de « Bachelor's in International Business » en 2006 et un « Master in International Business » à 2008. Depuis septembre 2015, celle qui a accepté de répondre à mes questions est doctorante dans un double programme de « Ph.D. in Business administration » à l'Université Grenoble Alpes en France et à l'« University of Witwatersrand » en Afrique du Sud.

Croyez-vous en l'émergence économique du continent africain ?

Charlotte Palesa : oui. Je crois beaucoup en l'émergence économique de l'Afrique. Je pense que nous sommes nombreux à croire que le temps est venu pour l'Afrique de devenir grande. L'Afrique a tout ce qu'il faut pour réussir une croissance durable, sans dépendre des ressources venant de l'extérieur. Selon le rapport « Revue annuelle sur l'efficacité du développement», édition 2013, de la Banque africaine de développement, la croissance africaine est surtout le produit d'une meilleure gouvernance économique et d'un plus grand dynamisme du secteur privé.

Selon ce rapport, le secteur privé est le principal moteur de la croissance économique sur le continent et cette croissance est de plus en plus tirée par la demande interne. Cette dernière a par conséquent, augmenté les niveaux du commerce et de l'investissement, avec un taux de croissance annuel des investissements étrangers quintuplé depuis 2000. Les améliorations dans des do-

maines tels que l'accès au financement et à la qualité des infrastructures devraient contribuer à améliorer la compétitivité globale de l'Afrique. Le continent
est aujourd'hui le plus dynamique dans le monde selon diverses études.

L'Afrique possède d'énormes avantages grâce à ses ressources naturelles, à
sa taille, à la jeunesse de sa population (la plus jeune au monde). Cela devrait
attirer les grandes entreprises mondiales qui cherchent de nouvelles opportunités de croissance et d'investissements. Il y a une croissance rapide de dépenses
de consommation en Afrique. Elles ont atteint près de 600 milliards USD en 2010.
Ces dépenses de consommation devraient augmenter à près de 1 trillion USD en
2020 si l'on en croit le rapport 2011 du cabinet Accenture.

Tous les rapports d'études menées par différentes agences de recherche,
montrent que l'Afrique est en train de monter en flèche. Bien entendu, je ne
me fonde pas uniquement sur ces rapports, mais aussi sur mon expérience personnelle, en parlant aux jeunes et en voyant toutes les actions menées par des
Africains tous les jours. Je dirais qu'il y a un mouvement positif et optimiste dans
le développement du continent. Chacun a envie de faire partie de cette belle
histoire, d'écrire son nom dans l'histoire. Cela est visible à travers le nombre de
startups qui sont en train de se répandre partout en Afrique et il y a des idées
innovantes qui y émergent.

**S'il fallait vous aider à contribuer au développement rapide de l'Afrique,
quels leviers pourrait-on activer ?**

L'entrepreneuriat est devenu un facteur important dans la vie de toute économie développée ou en développement, et sa capacité à contribuer à la création
d'emplois et la réduction de la pauvreté a été bien observée. L'entrepreneuriat
est une source d'innovation et de changement, et par conséquent stimule des
améliorations de la productivité et de la compétitivité économique , d'après les
agences spécialisées des Nations Unies.

Donc, je souhaite que l'on trouve des moyens de développer l'entreprenariat en Afrique, surtout pour les jeunes âgés de 15 à 25 ans. Je pense qu'il faut coupler ceci avec une éducation adaptée et qui optimise l'esprit d'entrepreneuriat. Par exemple, des cours de codage informatique pourraient être dispensés dans les lycées. Il faudrait aussi développer des compétences dans le domaine de l'agriculture pour les jeunes et inciter l'entrepreneuriat dans ce secteur.

Je souhaiterais avoir une aide pour mener des études, des recherches afin de trouver de meilleurs moyens pour créer des structures efficaces en vue de soutenir les jeunes entrepreneurs et aussi attirer d'autres vers l'entreprenariat. Mais en même temps, l'entreprenariat ne devrait pas être un moyen pour les États de ne plus investir suffisamment dans la création d'emplois dans les pays. Les jeunes ne devraient pas être poussés à l'entrepreneuriat pour des raisons politiques et pour baisser les chiffres de chômage.

Si vous étiez élue chef de l'État de votre pays, dans les 24 heures, quelles seraient vos trois premières décisions ?

Moi Présidente, ma première décision serait d'investir massivement dans l'éducation de qualité. Et de faire en sorte qu'aucun jeune ne soit exclu d'une institution faute de moyens pour payer ses études. Je considère l'éducation comme le meilleur investissement qu'un pays puisse faire pour assurer son avenir. Sauf si les dirigeants comptent sur l'ignorance du peuple pour acquérir des votes.

Moi Présidente, ma deuxième décision serait d'investir et soutenir des programmes d'entrepreneuriat et d'innovation. En facilitant l'accès aux financements et en mettant en place une politique favorisant la création d'entreprise. Cela est primordial pour développer l'économie dans le long terme.

Moi Présidente, ma troisième décision serait de mettre en place des dispositifs et programmes pour améliorer et développer les infrastructures du pays afin de faciliter la pratique du commerce et la vie en général.

Rapelang Rabana

Fondatrice et Présidente
de Rekindle Learning
Botswana

Crédit Photo : NYFA

Née au Botswana, il y a 31 ans, Rapelang Rabana a choisi l'Afrique du Sud pour se déployer. Diplômée en informatique de l'Université de Cape Town, elle est la présidente fondatrice de Rekindle Learning, une startup spécialiste des solutions de e-leaning pour mobiles. Sélectionnée dans l'Oprah Power List 2012, elle a fait partie du ranking 2013 des "30 meilleurs jeunes entrepreneurs africains" du magazine Forbes. Son analyse de l'émergence africaine se fait essentiellement sous le prisme du digital.

Présidente fondatrice de Rekindle Learning et co-fondatrice de Yeigo Communications, Rapelang Rabana est née au Botswana, avant d'émigrer à Johannesburg, en Afrique du Sud. C'est au Cap, où elle obtient un baccalauréat scientifique spécialisé en informatique, qu'elle attrape le virus du numérique. Avec Yeigo Communications, elle lance en compagnie de ses associés et anciens camarades de classe, les premières applications VoIP mobiles, permettant à plusieurs centaines de milliers de Sud-Africains de téléphoner et d'envoyer des messages gratuitement via Internet.

Aujourd'hui, Rapelang Rabana surfe sur le poids de la démographie africaine et l'exposition, sans cesse croissante, des Africains aux mobiles. Depuis le début, « nous avions conscience qu'internet changerait radicalement l'avenir de la communication en matière de coût, mais aussi de variété d'interactions », confie celle qui a accepté de répondre à mes questions.

Croyez-vous en l'émergence économique du continent africain ?

Rapelang Rabana : l'émergence économique du continent africain est un fait indiscutable. Sans dépendre d'un calendrier, qu'on le veuille ou pas, elle arrivera inéluctablement. Le continent possède les taux de croissance les plus élevés dans le monde, j'ai expérimenté cette émergence dans mes entreprises. La technologie a créé de nouvelles industries et des marchés entiers. Les exemples du Kenya et de l'Afrique du sud sont suffisamment éloquents à cet égard.

S'il fallait vous aider à contribuer au développement rapide de l'Afrique, quels leviers pourrait-on activer ?

Si plus d'Africains avaient l'accès à une connexion rapide et permanente, le potentiel de développement serait exceptionnel et la croissance exponentielle. À mes yeux, il suffirait d'avoir un continent uni et connecté pour que les ingrédients de l'émergence soient réunis.

Si vous étiez élue chef de l'État de votre pays, dans les 24 heures, quelles seraient vos trois premières décisions ?

Si je me retrouvais à la tête d'un pays africain, mes trois premières décisions seraient les suivantes :

Accroître le soutien gouvernemental au profit de l'éducation et de l'assistance à l'enfance gratuitement dès l'âge de 6 mois pour un minimum 6 heures par jour. Le développement précoce de l'enfant fournira les avantages significatifs, à long terme, pour le développement cognitif et productif. D'une manière précise, cette décision servira énormément à ce que les femmes puissent rester actives et constituer une main d'œuvre ayant un impact direct sur la productivité économique.

Délivrer des autorisations rapides aux acteurs du secteur privé impliqués dans la fourniture des services d'internet.

Réduire nettement les tracasseries administratives pour que les entreprises s'établissent et se développent, en particulier en termes d'accès aux marchés et aux placements. En outre, les étrangers pourront commencer à investir dans les entreprises étatiques, grâce à un visa dédié, comme c'est le cas au Chili.

Aboubacar Sadikh Ndiaye

Cyberactiviste, CEO de Ultra Social
Sénégal

Crédit Photo : Aboubacar Sadikh Ndiaye

C'est la superstar de la blogosphère sénégalaise. 50 *likes* minimum par *post* sur Facebook. Aboubacar Sadikh Ndiaye est un monstre de *e-reputation*. Auteur de deux ouvrages sur le web 2.0 et les nouveaux medias, c'est lui qui a lancé le hashtag *#SenStopEbola* pour tenir le virus mortel loin des frontières de la Téranga. Pour lui, l'émergence totale du continent noir passe par la création d'une Silicon Valley africaine.

"Je suis un citoyen africain, né au Sénégal, et résidant à Dakar », se décrit d'emblée Aboubacar Sadikh Ndiaye. Expert et consultant en stratégie 2.0, il est CEO de l'agence Ultra Social, un cabinet d'*e-reputation* et *Community Management* parfaitement implanté dans le cyberespace sénégalais. Membre fondateur du Réseau des bloggeurs du Sénégal, c'est aussi un formateur en communication digitale et *social media marketing* qui a accepté de répondre à mes questions.

Croyez-vous en l'émergence économique du contient africain ?

Aboubacar Sadikh Ndiaye : oui j'y crois. L'Afrique émergera s'il plaît à Dieu. Et tous les signaux le prouvent. Nous avons de la matière première, des terres cultivables, des bras pour travailler, et des cerveaux dans tous les domaines clefs : agriculture, technologies, industrie, mathématiques, informatique.

En plus des ressources rares dont nous disposons suffisamment, l'Afrique est l'avenir du monde du fait qu'elle constitue un marché énorme pour l'économie de la consommation. Avec un important taux de natalité et une majorité de jeunes, tous les vieux continents, notamment l'Europe, se tourneront vers nous pour avoir de la main d'œuvre d'ici 2030.

À l'ère de l'économie de la connaissance et du capital immatériel, l'Afrique découvre et participe, au même moment, à l'innovation technologique et au développement du marché des services émergents à très forte valeur ajoutée. Par contre, l'innovation doit être soutenue par la mise en place d'un véritable pôle technologique, une Silicon Valley à l'africaine.

S'il fallait vous aider à contribuer au développement de l'Afrique, quels leviers pourrait- on activer ?

Les leviers, il y en a beaucoup, et à mon avis, il faut commencer par ceux qui nous permettent d'être autonomes et véritablement indépendants pour ne pas dire compétitifs.

Tout d'abord, je parlerai de l'agriculture. Il faut miser sur l'agriculture, car en cette période de raréfaction des terres cultivables, l'Afrique peut s'appuyer sur cette ressource qui est abondante chez-elle. Nous devons miser sur l'agriculture pour atteindre l'autosuffisance alimentaire et rétablir l'équilibre de la balance commerciale. Il faut faire de même pour l'élevage et la pisciculture afin d'assurer une indépendance alimentaire totale et définitive au continent.

Ensuite, il y a le levier de la coopération énergétique. L'Afrique peut miser sur le fort ensoleillement, et l'abondance du vent et des cours d'eau, pour bâtir une politique énergétique à l'échelle du continent. Rien que le fleuve Congo, et celui du Sénégal, ainsi que la mise en place de centrales solaires dans le Sahara ou des éoliennes géantes dans nos forêts et nos océans, peuvent garantir une production énergétique suffisante à plusieurs pays. Pour arriver à une telle indépendance énergétique, il faudrait s'appuyer sur une coopération sud-sud forte, avec une libre circulation des hommes, des compétences et des biens.

Il faudra également miser sur le levier de l'innovation et des nouvelles technologies. Développer des hubs et/ou incubateurs technologiques et agricoles avec plusieurs fonds de capital-risque pour les accompagner et soutenir l'innovation et la créativité. Dans la même dynamique, nous devons créer des zones franches industrielles et de services afin de soutenir les *startups* à fort potentiel.

Il y a également l'éducation et la formation qui doivent être au cœur des priorités des politiques publiques. Nous devons construire des universités et centres de recherche pouvant accueillir et former des milliers d'ingénieurs et d'experts de tout genre et dans tous les domaines, de la technologie, de la finance, du management et des sciences humaines et sociales. Des compétences capables de relever tous les défis présents et futurs de l'émergence et de la compétitivité sont nécessaires.

En outre, il y a un levier aussi important que les premiers axes cités : c'est la mise en place d'une monnaie africaine qui posera les bases d'une Afrique forte capable d'échanger et de commercer avec le reste du monde de manière juste, équitable et indépendante.

Toutes ces pistes, à mon avis, doivent venir compléter les projets de mise en place d'infrastructures routières, ferroviaires, et autres, nécessaires à la mobilité et à la libre circulation des hommes, des ressources et des biens.

Si vous étiez élu chef de l'État de votre pays, dans les 24 heures, quelles seraient vos trois premières décisions ?

La première mesure, si je me retrouvais à la tête de mon pays, le Sénégal, serait de diminuer considérablement les fonds politiques. Je mettrais ces économies à la disposition de la création d'entreprises via un fonds de capital-risque pour soutenir l'innovation technologique, agricole et industrielle.

La deuxième mesure serait d'interdire la mendicité et le phénomène des « talibés » au Sénégal avec de fortes mesures de coercition.

La troisième serait de lancer un appel d'offres pour l'attribution de plusieurs licences 4G afin de booster les services virtuels, accélérer les échanges d'informations et de contenus pour une meilleure compétitivité des Sénégalais et une augmentation du taux de contribution des TIC dans la croissance du PIB.

LANSANA GAGNY SAKHO

DIRECTEUR GÉNÉRAL DE L'OFFICE DES FORAGES RURAUX

SÉNÉGAL

Crédit Photo : Lansana Gagny Sakho

Après une vingtaine d'années chez Coca-Cola, Philips Morris, Colgate Palmo-live et Sc Johnson Ltd Co, Lansana Gagny Sakho crée le cabinet « Experts Visions» en 2008 pour changer de trajectoire. Mais le 1er octobre 2014, le Président Macky Sall le nomme directeur général de l'Office des Forages Ru-raux (OFOR). Objectif : piloter la réforme de l'hydraulique rurale au Sénégal. Cette réforme, une première en Afrique noire, vise à régler les problèmes d'accès à l'eau de 8 millions de Sénégalais.

"Je commencerai par remercier Allah... Je suis conscient que j'ai eu la chance de faire partie de ces 4% d'Africains dont les parents avaient les moyens de leur donner une bonne éducation. J'ai eu de la chance. Oui ! Je dis bien de la chance parce que je ne suis pas plus méritant que les autres. De la chance parce qu'on ne choisit pas ses parents. Je remercierai toujours mes parents qui m'ont forgé et inculqué certaines valeurs. Des parents qui, à un certain moment de la vie, m'ont permis de prendre les bonnes décisions » entame le Sénégalais Lansana Gagny Sakho.

Il a passé près d'une vingtaine d'années dans des multinationales (Coca-Cola, Philips Morris, Colgate Palmolive, Sc Johnson Ltd Co). « Ce fut des moments fabuleux dans ma carrière qui m'ont permis de développer de fortes aptitudes managériales et d'impacter positivement sur le cours des affaires en Afrique, explique-t-il. Mon apport se situe surtout en termes de renforcement de capacités et de création de nouveaux chefs d'entreprise jadis dans le secteur informel. Nous avons assisté et accompagné près de 50 chefs d'entreprises afin de mieux formaliser leur activité pour en assurer la pérennité. J'ai aussi activement participé à la formation de près d'un millier de leaders africains que nous avons accompagnés et formés aux techniques du management les plus modernes. Ce fut des moments fabuleux de « *give back to Africa* ».

Le 1er octobre 2014 marque le tournant dans sa carrière, « l'aboutissement d'un rêve », reconnait-il : servir le pays qui lui a tout donné. C'est donc un leader humble, pointu et reconnaissant qui a accepté de répondre à mes questions.

Croyez-vous en l'émergence économique du continent africain ?

Lansana Gagny Sakho : qu'est-ce l'émergence ? Si vous parlez de développement économique du continent, je vous demanderai si nous avons vraiment le choix ? Nous sommes confrontés, depuis nos indépendances, à la problématique du développement économique et social du continent.

La part de l'Afrique dans la population mondiale, en âge de travailler, évoluera de 12,1% en 2005 à 17% en 2030, pour atteindre 22,1% en 2050 ! Si l'Afrique ne change son système de création de valeur, sa marginalisation va continuer à s'accélérer. Nous n'avons simplement pas le choix. La priorité sera d'arriver à l'impérieuse nécessité de bâtir une vision sur le long terme pour repenser le mode de création de richesses de nos pays. Les pistes de solution devraient s'articuler autour de la redéfinition du cadre institutionnel de l'appui au secteur privé. Nos états devraient réaffirmer, sans équivoque, leur volonté politique de faire du secteur privé, le moteur du développement économique du continent.

Émergence ou développement économique, nous devons y arriver. Émergence oui, mais personne ne fera le job à notre place. Nous devons retrousser les manches, arrêter d'accuser systématiquement les autres. La victimisation ne peut pas prospérer dans un monde de compétition internationale où les plus faibles sont appelés à disparaître.

S'il fallait vous aider à contribuer au développement rapide de l'Afrique, quels leviers pourrait-on activer?

Le développement ne peut pas être rapide. Il faut plusieurs décennies de travail sans relâche. Si développement, il doit y avoir, il me semble que nous devons agir sur deux leviers.

Le premier levier serait la transformation structurelle de nos économies. Deux décennies d'expansion économique sur le continent ont généré des attentes d'emplois décents pour la jeunesse, sans réellement augmenter considérablement la capacité de les fournir. Nous devrons nous orienter vers une augmentation des taux de transformation structurelle de nos économies. La planification économique du continent ne doit pas continuer à être fondée sur de simples extrapolations de la croissance. Ce qui manque à nos pays, ce sont des industries commerciales modernes qui peuvent transformer le potentiel en réalité, en agissant comme le moteur interne de croissance de la productivité. Il faut obligatoirement réorienter l'agenda de nos États vers une stratégie de croissance inclusive, créatrice d'emplois et durable.

Le second levier concernera le développement de l'entreprenariat à travers l'innovation. Ce levier pourra permettre de régler, en filigrane, le problème du chômage des jeunes. Il existe une relation positive et statistiquement significative entre l'entrepreneuriat et l'innovation. L'innovation est faible en Afrique, non pas parce que les personnes capables d'innover n'existent pas, mais plutôt parce que l'on ne permet pas à l'esprit d'entreprise d'éclore.

La question de l'innovation, sur le continent, ne peut être abordée sans poser le problème de son financement. La structuration de l'offre de financement, en Afrique, n'est simplement pas adaptée au développement de l'innovation. Les aspects de rentabilité et de maîtrise des risques restent prépondérants dans l'appréciation des requêtes de financement des projets. Ce qui amène les institutions financières à souvent privilégier des financements à court terme au détriment des ceux à moyen et long terme.

De façon globale, pour sortir le continent de sa marginalisation économique, il faut à la base une intensification de l'intégration régionale et le renforcement de la coopération économique qui constituent un axe important pour l'insertion de l'Afrique dans l'économie internationale. Les regroupements régionaux, politiques et économiques, représentent les principales forces influentes sur la scène mondiale.

Le commerce interafricain représente seulement 11% du commerce total en Afrique. Comparativement, le commerce inter-asiatique représente 52% et en Europe 82%. Les organisations régionales Africaines doivent être traitées comme des instruments de facilitation de l'intégration des pays d'Afrique dans l'économie mondiale.

Quand vous analysez l'espace de la CEDEAO, la Côte d'Ivoire, le Ghana et le Nigeria, pèsent beaucoup en termes économiques et de population. À eux seuls, ils réalisent la plus grande partie des exportations agro-alimentaires de la région. Ces pays disposent aussi de capacités productives plus importantes qui leur permettent d'envisager l'exportation de produits agricoles transformés. Les défis tournent uniquement autour de l'amélioration de la productivité de nos économies, c'est ce à quoi le monde nous appelle depuis la fin de nos indépendances.

Il faut développer des programmes et des stratégies pour consolider davantage les cohésions sous-régionales . Il ne sert à rien de se limiter à la protestation ou de s'ériger en forteresses protectionnistes contre la mondialisation.

STELLA SANOGOH

ENTREPRENEURE, ÉCRIVAINE

CÔTE D'IVOIRE

Crédit Photo : Stella Sanogoh

Epouse Soro, Stella Sanogoh Adja Mariam Mahre n'est pas une écrivaine comme les autres. Diplômée en finance, ancienne auditrice, entrepreneure, organisatrice d'évènements culturels, mais aussi pigiste et bloggeuse, l'Ivoirienne de 27 ans a plus d'une corde à son arc. A 360°, son analyse de l'émergence africaine interroge : les philosophes peuvent-ils exercer le pouvoir ?

Titulaire d'un Master en finance comptabilité ainsi que d'une Licence en audit comptable et contrôle de gestion, Stella Sanogoh a occupé pendant trois années (2012-2015), les postes de gestionnaire financier puis d'auditeur interne dans la microfinance en Côte d'Ivoire.

Confiante et dynamique, par nature, elle a acquis une vision panoramique du fonctionnement d'une entreprise avant de se lancer, contre toute attente, dans l'aventure entrepreneuriale. Mais le chemin de la reconversion professionnelle est parfois semé d'embûches...

Pour autant, la jeune leader de 27 ans n'en démord pas, résolue à atteindre ses objectifs. Chez elle, la foi qui soulève les montagnes n'est pas un vain mot qui frappe l'air sans briser la bière des convictions. C'est du vécu. Son analyse de l'émergence africaine en est tout imprégnée.

À Abidjan, sans attendre l'aide publique, Stella Sanogoh a mis en place des ateliers d'écritures combinés à des cafés littéraires. En collaboration avec d'autres institutions locales, elle organise, à intervalles réguliers, des évènements culturels très courus, à l'instar de la célébration de la 23e journée internationale de l'écrivain africain dédiée à l'illustre Bernard Dadié. L'écrivaine-entrepreneure qui a accepté de répondre à mes questions s'apprête à ouvrir sa propre maison d'édition, et à investir dans le livre numérique africain.

Croyez-vous en l'émergence économique du continent africain ?

Stella Sanogoh : avant de répondre à cette question, permettez-moi de faire un petit constat :

Avec un peu plus d'un milliard d'habitants, l'Afrique est le deuxième continent le plus peuplé au monde. La population y est jeune et dynamique avec un âge médian de 19 ans. Les ressources naturelles y sont nombreuses et variées, l'Afrique regorge de potentialités, et pourtant, la majorité des pays considérés comme les plus pauvres au monde se trouvent sur notre continent. Pourquoi ?

Parce que de nombreux maux empoisonnent les États africains et constituent un véritable frein à leur émergence.

Peut-on parler d'essor des pays africains quand les besoins fondamentaux tels que l'électricité, l'accès à l'eau potable et à l'éducation ne sont pas comblés ? À titre d'exemple, seul un quart de la population africaine a accès à l'électricité, ce, à des tarifs plus élevés que ceux supportés par les populations occidentales.

Peut-on prétendre au développement quand la démocratie n'est qu'illusoire ? Les guerres intestines, la corruption et l'ingérence de l'extérieur dans les affaires africaines, le pillage des richesses de nos pays dans une indifférence scandaleuse ne font qu'affermir l'assujettissement d'un continent et l'appauvrissement de ses populations.

Des maux, l'Afrique en est gangrenée. Sans pessimisme aucun, je pense que l'émergence africaine qui, pour moi, n'est pas seulement liée au développement économique mais aussi à la liberté et au respect des droits fondamentaux auxquels doit pouvoir jouir tout être humain, n'est pas inaccessible. Nous voyons naître une nouvelle génération d'Africains, déterminés à se battre pour l'essor de leur continent. Certes pour l'instant, il s'agit d'une minorité mais cette dernière va grandissant. Il faudra du temps, mais l'émergence est un objectif que l'Afrique finira par atteindre.

S'il fallait vous aider à contribuer au développement rapide de l'Afrique, quels leviers pourrait-on activer ?

Les facteurs qui garantiront au continent africain un essor rapide sont selon moi les suivants :

En interne :

Accroître l'accès aux biens et services fondamentaux. Je pense notamment à l'eau potable, à l'électricité, aux routes et aux soins de santé.

Assurer une meilleure formation des populations : réduire le taux d'analphabétisme et privilégier des formations axées sur les besoins spécifiques du pays.

Former une élite et faire un travail en profondeur sur le changement des mentalités : encourager l'excellence, définir une vraie stratégie de communication propre à chaque pays autour de l'éveil des populations.

Favoriser les échanges intercontinentaux.

Opter pour une lutte sévère contre la corruption.

En externe :

Privilégier les relations gagnant-gagnant avec l'extérieur dans la diplomatie.

Rompre progressivement avec tous les engagements pris qui ne préservent pas les intérêts des populations africaines.

Œuvrer pour l'apurement de la dette ou, à défaut, de la limitation de celle-ci en optimisant l'exploitation des atouts économiques propres à chaque État africain.

Plus d'indépendance dans la politique économique africaine : à titre d'exemple, mettre un terme à l'arrimage du franc CFA sur l'Euro.

Si vous étiez élue chef de l'État de votre pays, dans les 24 heures, quelles seraient vos trois premières décisions ?

Si j'étais élue chef de l'État de Côte d'Ivoire, dans les 24 heures, cela voudrait dire que la majorité de la population ivoirienne a cru en mes capacités à tenir un gouvernement et à apporter ma contribution au développement de notre pays pendant les cinq prochaines années. C'est une tâche lourde en responsabilités et en obligations.

En premier lieu, je m'assurerai d'être entourée d'une équipe compétente et dévouée au développement de notre pays, indépendamment du bord politique dont puissent être issus ses membres. Je reste convaincue que l'opposition à son importance dans la construction d'une Côte d'Ivoire réconciliée.

En second lieu, je demanderai un audit complet des différents points stratégiques (sécurité, économie, diplomatie, situation sociale) pour avoir une vision claire de la situation réelle de mon pays telle que mon prédécesseur me l'a laissée. C'est pour moi un ensemble d'informations que tout Président fraîchement élu se doit de détenir avant de se mettre au travail. Ces informations devront être définies par ordre de priorités.

Pour finir, je m'attellerai à réaliser le programme que j'ai proposé aux populations, programme qui a fait de moi la première femme Présidente de la Côte d'Ivoire. La réalisation de ce programme devra essentiellement être associée à une politique de communication claire de sorte à permettre aux populations d'en suivre les différentes étapes. Cette politique de transparence permettra à l'Ivoirien de faire sa propre lecture des réussites mais aussi des échecs que mon gouvernement et moi-même pourrions rencontrer tout le long de mon mandat.

Konan Anderson Seny Kan

Professeur permanent
à Toulouse Business School

Côte d'Ivoire

Crédit Photo : Manuel Huynh

Konan Anderson Seny Kan est docteur en sciences de gestion, option comptabilité, Contrôle de Gestion et Audit (CCA). Professeur permanent à Toulouse Business School, il publie dans de prestigieuses revues telles que la *Harvard Business Review*. Prix du « Meilleur évaluateur » de l'Association américaine de management en 2011, c'est un expert rigoureux qui entreprend ici de déchiffrer l'émergence de l'Afrique.

Ses enseignements portent sur la comptabilité financière (en français), l'analyse financière (en français et anglais), le business plan (en français et anglais), les méthodes de recherche en CCA (en français). Au titre de ses activités de recherche, Konan Anderson Seny Kan est membre du groupe de recherche interdisciplinaire Comptabilité, Contrôle de Gestion & Pilotage de la Performance. Ses travaux portent sur la gouvernance d'entreprise des groupes multinationaux, la gouvernance et RSE dans les organisations africaines (publiques, privées et ONG), le management africain et en termes méthodologiques sur l'Analyse Quali-Quantitative Comparée (AQQC). Il anime régulièrement un atelier méthodologique sur l'AQQC pour les doctorants du Centre de Recherche en Management de l'Université Toulouse 1 Capitole.

Les résultats de ses recherches donnent lieu à plusieurs communications dans des congrès internationaux. Il publie dans des revues à comité de lecture telles que : *African Management Studies, Journal of Business Ethics, Journal of Business Research (à venir) et Society and Business Review (à venir)*. Il publie également dans des revues professionnelles comme *Harvard Business Review*. Membre du comité scientifique de la revue *Journal of Innovation & Knowledge*, il est représentant de la *Global Innovation and Knowledge Academy* en France.

En 2011, la division *International Management* de l'Academy of Management (AOM), l'Association américaine de management, lui a décerné le prix du meilleur évaluateur. Membre du comité scientifique de la Conférence Africaine de Management, Conférence annuelle de la Société Africaine de Management, il est également chargé de la stratégie et du développement de la société PG Trading. Co-fondateur de la *Diplomatique d'Abidjan*, c'est aussi un musicien, auteur de l'album « *Opened Mind* », paru en 2010, qui a accepté de répondre à mes questions.

Croyez-vous en l'émergence économique du continent africain ?

Konan Anderson Seny Kan : c'est une question relativement complexe que vous posez. Dans le fond, il y a des interrogations sous-jacentes dans votre question. Qu'est-ce que l'émergence économique ? Que recouvre cette notion qui est devenue un élément de langage que l'on retrouve dans tous les discours actuels sur l'Afrique ? Le mot « émergence » renvoie à quelque chose de totalement irruptif. Quelque chose de tellement soudain qui peut paraitre impossible d'en comprendre les causalités. Et donc comment peut-on prévoir son occurrence ? Supposons même que l'émergence économique soit quelque chose de plausible, alors l'Afrique émergerait d'où et de quoi ? Je comprends bien que l'émergence économique renvoie à des seuils atteints par les indicateurs macroéconomiques. Même là aussi, il peut donc être intéressant de savoir qui fixe ces seuils. Est-ce que les finalités pour lesquelles ces seuils sont fixés sont en lien avec les préoccupations sociétales des populations africaines ? Cette émergence économique est décrétée par qui ? Bref ce que je veux dire c'est que je ne perçois pas très clairement le développement des sociétés qui résulte ou résulterait de cette émergence économique. Autrement dit, est-ce que l'émergence économique vaut un développement de la société ? Il me semble qu'il y a quelque chose de complètement anachronique dans le débat sur l'économie de l'Afrique. Effet, les pays considérés comme les plus avancés économiquement dénoncent de plus en plus leur logique productive et son corollaire – la consommation de masse. C'est à croire même que les nombreuses alternatives de production et de consommation sont devenues de nouveaux crédos d'affaires ! L'Afrique semble donc emprunter un chemin que ceux-là même qui l'ont tracé semblent trainer des pieds pour l'emprunter. Il faut vraiment se poser des questions quand celui qui a tracé une voie semble s'en détourner. Pour être très honnête avec vous, mon Afrique rêvée n'est pas une Afrique qui émerge économiquement - ce n'est pas une finalité - mais une Afrique qui se transforme tout en consolidant ce qu'elle a de riche dans son africanité. En mon sens, c'est cette interrogation sous-jacente qui est essentielle dans l'effervescence et l'enthousiasme qu'il y a autour de la prétendue santé économique de l'Afrique.

Konan Anderson
Seny Kan

S'il fallait vous aider à contribuer au développement rapide de l'Afrique, quels leviers pourrait-on activer?

Je ne crois pas au développement rapide d'un ensemble formé de 54 entités ayant chacune une diversité de situations culturelles et institutionnelles. Pour être plus précis, je pense que quel que soit le rythme de développement envisagé, le préalable est la stabilité politique. Et quand j'évoque la stabilité politique, je ne fais aucunement allusion à la question des conflits armés. Ce n'est pas parce que je ne les condamne pas ou qu'ils ne sont pas être condamnés. C'est tout simplement que l'angle de questionnement de ces conflits n'a jamais été le bon. Ces conflits sont une des multiples conséquences d'une cause fondamentale qui est la faiblesse institutionnelle des États africains. Si nous parvenons à mettre en place des institutions crédibles, c'est-à-dire des institutions dont la légitimité est partagée et dont l'autorité peut être pourtant contestée dans un cadre de recherche de consensus permanant, alors nous aurons fait un pas de géant. Or très peu de pays africains ont ce courage. Les États africains font des mélanges des genres quelque peu surprenants. Là où il faut des refontes institutionnelles, ils proposent des réformes. Là où il faut des orientations stratégiques inédites, ils proposent de la continuité. Là où il faut des réflexions nouvelles, ils proposent des outils désuets à des problèmes récurrents qui sont devenus complexes du fait d'une forme d'inertie généralisée. La stabilité politique ne viendra que par la refonte institutionnelle qui prendra en compte l'authenticité de notre africanité. Je pense que d'une manière générale, nous nous renions dans toutes nos actions de modernisation.

Un autre levier important est de parvenir à passer progressivement d'une société d'apprentissage de la connaissance du monde à une société qui, tout en restant ouverte au monde, développe une profonde connaissance d'elle-même. Ce glissement est important pour rendre visible la créativité des populations et parvenir à porter un projet de société dans lequel les individus s'identifient avec conviction.

Si vous étiez élu chef de l'Etat de votre pays, dans les 24 heures, quelles seraient vos trois premières décisions ?

Je vais régulièrement en Côte d'Ivoire. Et je me rends de plus en plus compte que le travail à faire est titanesque.

Toutefois, il me semble que rompre avec le dualisme institutionnel qui prévaut en Côte d'Ivoire peut être une première décision forte qui contribuerait à la stabilité politique. Cette contribution à la stabilité politique serait partielle mais serait toute de même une vraie avancée politique. Ce dualisme institutionnel est lié au fait qu'il existe une juridiction traditionnelle et une juridiction dite moderne. La coexistence de ces juridictions ne traduit pas nécessairement une cohabitation intelligente en raison du fait que leurs frontières respectives ne sont pas tout à fait perceptibles. Au contraire, cette coexistence entraine des remises en cause mutuelles des règles de vie en société. L'exemple typique, en Côte d'Ivoire, est celui du foncier. Nous avons remplacé une règle d'indivision de la terre, me semble-t-il, beaucoup plus cohérente avec les pratiques foncières traditionnelles véhiculant une responsabilité sociétale collective, par une individualisation de la propriété foncière qui, à terme, créera d'autres problèmes sociétaux en raison de l'expropriation qu'elle génère mécaniquement. Nous devrions peut être nous tourner un peu vers le Ghana pour comprendre le travail institutionnel d'envergure mené pour parvenir à cette stabilité politique.

La deuxième décision pourrait être la refonte du système éducatif qui a non seulement perdu sa qualité d'antan, mais aussi et surtout sa reconnaissance internationale. Nous avons même réussi à décaler les années universitaires par rapport aux calendriers universitaires des autres pays. Ceci pose la question de la mobilité des étudiants et même des enseignants.

La troisième et dernière décision serait la mise en œuvre d'une véritable politique culturelle centrée sur la valorisation de notre africanité et de valeurs qu'elle incarne. Très clairement, l'Afrique a besoin de leaders progressistes capables de trouver la bonne alchimie entre développement économique et authenticité culturelle.

MARIE TAMOIFO NKOM

PRÉSIDENTE FONDATRICE DE JEUNESSE VERTE DU CAMEROUN
CAMEROUN

Crédit Photo : Marie Tamoifo Nkom

C'est un pur produit du Cameroun. Titulaire d'une Licence en droit à l'Université de Yaoundé II, Marie Tamoifo fait ses classes comme bénévole au sein de l'ONG Global Village Cameroun avant de devenir consultante pour GTZ. En 1997, elle crée la Fondation AJVC. En 2010, elle est reçue par le Président Obama au titre de jeune leader. L'émergence de l'Afrique, elle en parle désormais avec les grands de ce monde.

A 40 ans, Marie Tamoifo Nkom peut être fière de son parcours. Mais elle ne s'arrête jamais et ne s'en satisfait pas. Cette communicatrice sociale, comme elle se définit, a initié plusieurs programmes et projets locaux, nationaux et internationaux, contribué à la rédaction de divers rapports techniques, organisé et dirigé des tournées et campagnes à travers le Cameroun et l'Afrique centrale. Son obsession : être en mesure d'identifier les meilleures pratiques, solutions et activités visant à améliorer les conditions de vie des populations et plus particulièrement des femmes et de la jeune génération du continent africain. « Mes activités, explique-t-elle, mettent l'accent sur la mise en réseau, le développement communautaire, le leadership féminin, la participation aux prises de décision et le bénévolat régional et international. »

En 2005, elle est désignée porte-parole pour les Objectifs du Millénaire pour le Développement (OMD). En août suivant, elle est l'une des lauréates du Prix du Roi Mohammed VI, lauréate du Prix Excellence Jeunesse du Cameroun, et décorée Chevalier national du mérite camerounais. En décembre de la même année, au Mali, elle est élue porte-parole de la Jeunesse africaine lors du Sommet des Chefs d'États de la France et de l'Afrique au Mali. En 2005, elle est chargée de mettre en place un Conseil de la jeunesse africaine à la suite des Conseils nationaux de jeunesse.

En 2010, Marie Tamoifo Nkom est invitée, avec d'autres jeunes d'Afrique, par le Président des États-Unis d'Amérique Barack Obama. C'est une icône de la jeunesse africaine, désireuse de contribuer à l'émergence de l'Afrique, qui a accepté de répondre à mes questions.

Croyez-vous en l'émergence économique du continent africain ?

Marie Tamoifo Nkom : à chaque chose, son contexte. Mon constat d'actrice de développement, est relatif à ce que je vis au quotidien sur le terrain, lors de la conduite des projets de développement, m'amène à dire que l'émergence économique du continent africain est plus que possible. Il faut y croire même si cette croissance de l'Afrique n'ira nulle part si elle ne change pas de vitesse et surtout si la vision première n'est pas celle de changer la vie de la majorité des Africains en mettant l'être humain au centre de toute action. L'Afrique est riche en ressources humaines, naturelles politiques et économiques. Mais qu'attendons-nous pour explorer ce potentiel ? Pourquoi ne pas travailler réellement à associer le secteur privé, la société civile et toutes les énergies disponibles pour relancer l'économie africaine ? Nous devons apprendre des leçons du passé mais plus penser à demain. Si la population est mise en confiance, elle mettra à contribution ses compétences. Là où le monde bouge, nous devons courir pour y arriver. Le continent africain reste malgré tout ce lieu où tout est possible économiquement. Nous devons préserver cela car demain nous n'aurons plus rien comme ressources si nous gaspillons ce que nous avons. De plus en plus d'Africains savent qu'ils ont leur expertise à offrir au monde et qu'il est temps d'agir. Ils savent que l'Afrique a quelque chose à apporter au monde, pas seulement des matières premières ou des biens matériels, mais ce que nous sommes, notre sensibilité particulière, notre génie, notre façon d'être via notre culture. Des acteurs majeurs tels que les entrepreneurs africains et une nouvelle génération de cadres économiques et sociaux, leurs réseaux d'affaires, la société civile, ont pris le pari de rendre réelle l'émergence de l'Afrique par leurs travaux de recherche, initiatives et innovations. La société civile africaine en fait partie, et devra faire partie du dynamisme socio-économique et entrepreneurial d'une Afrique positive, en proposant des analyses et solutions concrètes aux risques économiques et politiques qui peuvent encore persister.

S'il fallait vous aider à contribuer au développement rapide de l'Afrique, quels leviers pourrait-on activer ?

Nous devons actionner tous les leviers économiques, culturels, politiques et sociaux pour avancer. Il faut toucher le levier politique et la compétence institutionnelle qui devra élaborer, mettre en œuvre et assurer le suivi des politiques publiques destinées à corriger les dysfonctionnements de la société actuelle. Il faudra booster le levier administratif avec toutes ces lenteurs administratives observées de part et d'autre, ainsi que les piliers et secteurs de développement et de recherche. La stratégie devra créer plus d'emplois, plus d'opportunités, plus d'espace, plus de liberté d'agir, des salaires décents doublés d'un minimum pour améliorer les conditions de vie des citoyens. S'il est exact qu'en Afrique, la population active va exploser au cours des quarante prochaines années, nous devons investir dans l'éducation et la formation professionnelle, les secteurs économiques durables qui demeurent insuffisants, comparé aux efforts fournis par les pays asiatiques à partir des années 1960-1970. Le continent africain qui recèle de nombreux atouts naturels et une croissance démographique, doit pouvoir transformer son potentiel en création de richesses, à condition de persévérer dans des réformes structurelles et la liberté démocratique. Ce sont des préalables à l'attractivité des investissements tant locaux qu'étrangers. Je suis pour une formation, une éducation pour « un emploi pour tous » comme objectif premier, car on doit arrêter avec l'improvisation. Il faut prévoir, planifier, et assurer un cadre et un environnement propices pour résoudre le problème de détermination des niches d'emplois, d'orientation scolaire et universitaire et de débouchés économiques. À travers nos actions au sein de notre association, nous encadrons des jeunes au quotidien et nous travaillons, comme à notre habitude, avec des relais communautaires identifiés, des étudiants, des collègues de la société civile. Nous encadrons nos jeunes frères et petites sœurs à la maison et pourtant la plupart demeurent sans emploi ni opportunité. Notre bataille reste celle menée au niveau mondial sur les capacités de nos pays à savoir utiliser ce potentiel humain, social, culturel et économique.

Si vous étiez élue chef de l'État de votre pays, dans les 24 heures, quelles seraient vos trois premières décisions ?

J'ai une histoire avec le ministère de la Jeunesse de ce pays qui illustre très bien ce que je pense des changements à impulser car dans les autres pays, la considération est différente. On sait, dans ces pays, donner à César ce qui est à César. Si je devais assumer une aussi haute fonction, je me battrais pour prendre rapidement des décisions visant à redonner force, désir, amour et espoir aux citoyens camerounais. Dans le même temps, je procéderais à une véritable cure administrative pour éviter le cumul de postes pendant que d'autres sont au chômage et je nommerais une équipe gouvernementale rajeunie, qui inclut au moins

10 jeunes femmes et hommes âgés de moins de 45 ans. Je réduirais le nombre de postes ministériels et de charges. Les anciens ministres et hautes responsabilités de ce pays, dans tous les secteurs, seraient désignés membres du Sénat pour services rendus à la Nation. J'établirais une charte de déontologie et d'éthique pour tous les membres du gouvernement, en lien avec le peuple. Il faudra aussi remettre sur la table la question des bourses et subventions aux étudiants car le niveau de vie des parents a baissé et les familles peinent à envoyer leurs enfants à l'école, ainsi qu'un accompagnement des projets et programmes des acteurs de terrain. Je ferais faire un diagnostic global de la situation économique, politique, culturelle et sociale du pays afin de prendre des décisions mesurées et justes.

SARAH TEKLU

PROFESSEURE DE FRANÇAIS, TITULAIRE DU CAPEFLE

ÉTHIOPIE

Crédit Photo : Sarah Teklu

« L'Éducation et la recherche de connaissances ne s'arrêtent qu'au pied de notre tombe », scandait Haile Sellasie I. Sara Teklu en a fait son leitmotiv. Maîtrise en sciences linguistiques, prof de français, pâtissière, elle touche à tout ou presque, et sans arrêt. Pour elle, les difficultés ne sont pas des problèmes, mais des sources de solutions. Appliquée à l'Afrique, cette philosophie donne des résultats étonnants dans sa perception de l'émergence africaine.

Sara Teklu est née à Djibouti. Très tôt, elle quitte sa ville natale pour regagner la Mère-Patrie, l'Éthiopie. Elle fait ses études primaires et secondaires au lycée franco-éthiopien Guebre-Mariam, une institution française dans laquelle la langue de Molière est enseignée comme une matière secondaire. Dans sa quête de connaissances, l'Ethiopienne poursuit ses études supérieures en sciences de gestion à l'Université d'Addis-Abeba, en collaboration avec l'Université française de Poitiers.

En 2014, Sara Teklu peut enfin savourer son Certificat d'Aptitude Professionnelle dans l'Enseignement du Français Langue Étrangère (CAPEFLE). La même année, elle ouvre une pâtisserie/chocolaterie avec deux amis, accédant ainsi à sa quête. « J'ai pu réaliser l'un de mes rêves en épargnant de l'argent pendant cinq ans », confie-t-elle, avant de répondre à mes questions.

Croyez-vous en l'émergence économique du continent africain ?

Sarah Teklu : avant de répondre à cette question, il est important de voir la situation actuelle de notre continent. Certes l'Afrique est devenue un marché qui intéresse tout le monde. Ceci est prouvé par la forte présence des étrangers de toute nationalité qui s'y installent, qui investissent, qui se marient avec nos peuples... Il y a bien des raisons pour cet intérêt. Nous le savons tous que notre continent est riche en ressources humaines, financières, climatiques...

L'Afrique est une terre qui est encore vierge et fertile. Beaucoup peut être fait avec ce que nous avons. Mais tant que les menaces qui nous entourent ne seront pas éliminées, nous ne pourrons pas rendre cette émergence économique possible.

Tout d'abord, l'éducation doit être complètement modifiée. Pour moi, l'éducation peut être divisée en deux : la première étant l'éducation normale dont tout le monde parle et la deuxième est celle qui changera la mentalité de nos peuples africains. Quand je parle de mentalité, je parle de la mentalité africaine qui crée la haine entre nous, cette mentalité qui nous mène sur une voix néfaste, celle qui freine l'émergence économique de l'Afrique, celle qui nous transforme en monstres. Nous devons changer cela avant tout.

Nous parlons toujours du racisme des Européens et des Américains alors que le racisme existe entre les Africains. Il faut absolument unifier l'Afrique. Il est temps de créer une vraie union africaine. Étant le père du panafricanisme, Kwame Nkrumah s'est battu pour que l'Afrique soit unie et pour qu'elle ne soit plus utilisée comme un réservoir de matières premières pour l'Europe. L'éducation dont j'ai parlée plus haut doit aussi viser à créer cet esprit de panafricanisme dans chacun d'entre nous. La plus grande richesse que l'Afrique a est sa population jeune aussi. Mais c'est triste de voir les jeunes influencés par une mondialisation qui les mène à oublier leur histoire, leurs cultures et leur identité. Les jeunes africains ont oublié tous les anciens leaders comme Thomas Sankara, Amien Ahua, Patrice Lumumba, Ahmed Ben Bella, Nelson Mandela et tous les autres qui se sont battus et sacrifiés pour leur continent. Leur combat ne doit pas rester vain. Nous devons accomplir ce qu'ils ont commencé plutôt que de nous concentrer sur les célébrités, la mode, les riches du monde occidental. Les Occidentaux ont contribué au développement de leur continent. Et nous qu'avons-nous fait pour le nôtre ? Eux, ils peuvent se le permettre mais pas nous. Nous avons encore un long chemin à parcourir pour être les adeptes des richesses artificielles des Occidentaux.

S'il fallait vous aider à contribuer au développement rapide de l'Afrique, quels leviers pourrait-on activer ?

Il faut tout d'abord changer les politiques de gouvernance et nos gouvernements. Tout gouvernement doit savoir que la richesse du pays et du peuple doit être distribuée également à tout le monde. Le destin final de chaque Homme est connu : c'est la mort. C'est donc incongru de s'approprier de toutes les richesses d'un peuple parce que nous ne serons jamais enterrés avec nos richesses. Si nous parlons d'émergence économique de l'Afrique, les premières personnes concernées sont nos leaders. Ce qui m'étonne le plus est que tout le monde sait mais personne ne réagit par peur de perdre. Ce n'est pas juste de voir un peuple misérable n'ayant pas de quoi se nourrir, se vêtir, s'abriter alors qu'il y a des moyens pour sauver ce peuple. Après tout, ce qui fait d'un pays, un pays, c'est le peuple et non pas une personne qui le représente. Un pays se développe grâce aux agriculteurs, aux femmes, aux jeunes, aux enseignants, aux médecins... C'est l'ensemble de ses experts qui peut contribuer à l'émergence économique d'un continent.

Finalement, il est très important de commencer le commerce entre les pays africains. C'est ainsi que nous pourrons attirer la diaspora africaine et que nous arrêterons de dépendre du monde occidental. Non seulement l'Afrique ne bénéficie pas de toutes ses ressources humaines à cause de la fuite des cerveaux mais elle fait peur à son propre peuple et notamment à sa diaspora. Nous, les Africains, ne détestons pas notre continent mais il faut nous donner une chance pour pouvoir montrer et prouver ce que nous sommes capables de faire. Voilà, pour moi, les leviers qui pourraient contribuer à accroître l'économie de l'Afrique.

Si vous étiez élue chef de l'État de votre pays, dans les 24 heures, quelles seraient vos trois premières décisions ?

Je vais faire mieux : si j'étais chef d'un État, dans les 24 heures à venir, voici les trois décisions que je prendrais :

Ouvrir les frontières pour permettre de faire du commerce entre tous les pays africains et arrêter tout autre commerce avec d'autres pays.

Travailler en collaboration avec les chefs de tribus africains parce qu'ils ont le plus d'influence sur les populations locales. Souvenez-vous que les dernières atrocités racistes survenues en Afrique du Sud sont nées du lavage de cerveaux d'un chef de tribu. Nous devons les inviter à toutes les réunions de l'Union Africaine et nous devons leur montrer que, eux aussi, sont importants pour l'émergence économique de l'Afrique. N'oublions pas que ce sont des Sages et que nous pouvons apprendre beaucoup d'eux.

Nous devons impérativement revoir les accords de commerce avec la Chine et les autres. Ces accords pourraient engendrer des conséquences néfastes sur l'économie africaine à long terme.

CÉCILE THIAKANE

CHIEF SALES AND MARKETING OFFICER

CHEZ DREAMOQUAR

SÉNÉGAL

Crédit photo : Cécile Thiakane

Cécile Thiakane est Chief Sales and Marketing Officer chez la pétillante
Dreamoquar. Cette société « fait la croissance est spécialisée dans les big data
et le deep learning dont les technologies proviennant de la physique des para-
ticules. Titulaire d'un Master marketing et communication de l'Université
Panthéon Assas, cette adepte de l'Afro responsabilité décrypte l'émergence
africaine à l'aide de mots longues.

CÉCILE THIAKANE
CHIEF SALES AND MARKETING OFFICER CHEZ DREAMQUARK
SÉNÉGAL

Crédit Photo : Cécile Thiakane

Cécile Thiakane est *Chief Sales and Marketing Officer* chez la parisienne Dreamquark. Cette société à forte croissance est spécialisée dans les *big data* et le *deep-learning* dont les technologies proviennent de la physique des particules. Titulaire d'un Master marketing et communication de l'Université Panthéon Assas, cette adepte de l'Afro-responsabilité décrypte l'émergence africaine à l'aide de métadonnées.

D'une discrétion exceptionnelle, Cécile Thiakane travaille patiemment à répondre durablement aux problématiques d'entreprises des secteurs de l'assurance, de la santé, des cosmétiques ou du conseil, pour ne citer que quelques secteurs. La Sénégalaise ambitionne ni plus ni moins que de réinventer les modèles d'affaires de ses clients et de mobiliser les technologies pour sortir le continent africain du piège de la pauvreté dans lequel l'enferme le déficit des technologies. L'Afro-responsabilité du Dr Mondo ne quitte pas celle qui a accepté de répondre à mes questions.

Croyez-vous en l'émergence économique du continent africain ?

Cécile Thiakane : je crois en l'émergence de l'Afrique par les Africains et pour les Africains au travers d'une démarche concomitante des systèmes et des acteurs en référence au concept d'Afro-responsabilité développé par le stratège humaniste Dr Mathias Mondo, spécialiste de l'innovation technologique. Il mobilise les droits politiques, l'égalité et la liberté des acteurs, pour les amener à remplir leurs devoirs de sauvegarde des valeurs, de gouvernance et d'ouverture réfléchie au monde. Mondo implique davantage les Africains dans la conscientisation, l'assomption de leurs responsabilités, et la formation, toutes choses structurantes pour les systèmes économique, social et politique du continent. Je crois donc d'autant plus à cette Afrique émergente que la mise en œuvre du concept du Dr Mondo permettra peut-être, enfin, à l'Afrique de parler d'égal à égal avec ses interlocuteurs, de pleinement tirer profit du socle de *soft* et de *hard power* constitué par ses ressources naturelles, ses ressources intellectuelles et par le dynamisme de sa diaspora. L'Afro-responsabilité offre des possibilités de procéder à des rapprochements internationaux bilatéraux ou multilatéraux permettant à tout Africain de s'intégrer à un ensemble affectif ou intellectuel. L'on pourrait ainsi s'honorer de voir les universitaires et autres chercheurs qui lui sont étrangers venir s'enrichir de ses modèles de croissance.

S'il fallait vous aider à contribuer au développement rapide de l'Afrique, quels leviers pourrait-on activer ?

Le principal levier de développement rapide de l'Afrique est inéluctablement celui de la technologie et plus particulièrement, l'émergence des *big data* sur le continent. C'est une source inestimable de bien-être des populations qui reposera sur un savant mélange de volonté politique et de nouvelles technologies. Ce gap technologique sera comblé, et j'y contribue, par la mise en place de partenariats de transferts de compétences et des processus d'industrialisation du *Deep-learning* qui ont vocation à transformer autant les industries des services que celles des produits sur le continent.

Si vous étiez élue chef de l'Etat de votre pays, dans les 24 heures, quelles seraient vos trois premières décisions ?

Je lancerais de grands travaux visant à réduire de manière drastique les coûts de communications et à maximiser leur qualité.

La deuxième décision serait la réalisation des travaux d'infrastructures routières permettant de désenclaver les régions et d'assurer la mobilité des personnes et des biens intra et inter pays.

Enfin, un plan stratégique serait élaboré, qui prendrait la forme d'un vaste chantier de réformes de l'éducation en vue de sélectionner les métiers dans lesquels l'Afrique devrait se spécialiser pour être compétitive dans un contexte de mondialisation.

Serge Wa Lonla

Conseil en Business Development
Cameroun

Crédit Photo : Serge Wa Lonla

Serge Wa Longla appartient à la catégorie des entrepreneurs précoces. Après son Master 2 en ingénierie d'affaires obtenu à l'IDRAC LYON en 2014, il s'est associé à Cogna Diouf pour lancer Cauris Consulting, conseil en *business development*. Jusqu'ici, le jeune leader avait été acheteur junior, chef de projet à l'international et *business developer*, au sein de grandes entreprises françaises telles que ERDF. Pour lui, l'émergence de l'Afrique passe par l'adéquation entre les formations des jeunes et les besoins du marché.

S erge Wa Longla a toujours rêvé d'entreprendre en Afrique, sans attendre d'accumuler de nombreuses années d'expérience. Son Master en ingénierie d'affaires obtenu en 2014 est venu s'ajouter à l'expertise accumulée lors de ses courts passages au sein des entreprises françaises, le poussant à franchir le pas de l'entrepreneuriat.

En lançant Cauris Consulting, en compagnie du Sénégalais Cogna Diouf, le jeune leader camerounais entend accompagner les petites et moyennes entreprises étrangères sur les marchés africains. Son objectif, à long terme, est de devenir « un cabinet de conseil africain de référence internationale appliquant une logique de partenariat gagnant-gagnant avec sa clientèle. » Un tel positionnement donne forcément une lecture singulière de l'émergence africaine.

Croyez-vous en l'émergence économique du continent africain ?

Serge Wa Lonla : nul ne saurait ignorer que le continent africain est au centre de flux de toute nature à travers la mondialisation. Depuis le début du 21e siècle, l'Afrique est représentative d'une croissance moyenne soutenue due à une meilleure gouvernance de ses institutions. Dans une dizaine d'années, la population africaine dépassera le milliard d'habitants, un taux de croissance moyen qui avoisinera les 10%. Autant d'indicateurs qui démontrent que, dans un futur proche, l'Afrique sera la Chine d'aujourd'hui.

Le continent africain a un profil démographique unique : 50% de sa population a moins de 25 ans, ce qui garantit, dans les années à venir, une main d'œuvre mieux formée et plus productive. Les décideurs africains, à travers leur gouvernance, mettent sur pied, tous secteurs d'activités confondus, des projets structurants dans le but d'atteindre, à l'horizon 2020-2030, leur émergence économique. Tous les voyants économiques sont au vert. Il revient donc à ses fils de prendre leur destin en main au travers de décisions stratégiques visant à propulser le continent en tête de peloton.

S'il fallait vous aider à contribuer au développement rapide de l'Afrique, quels leviers pourrait-on activer ?

L'Afrique étant considérée comme le continent le plus jeune, pour les 50 ans à venir, notre système éducatif doit être profondément restructuré. Actuellement les formations administrées à nos jeunes sont loin d'être en phase avec les secteurs d'activités qui représentent, pour certaines économies, jusqu'à 50% de leur PIB. Nous manquons cruellement d'ingénieurs formés localement dans le domaine des hydrocarbures, de l'agriculture, des énergies, ce qui engendre l'exportation de nos matières premières à l'état brut qui, en retour, nous sont revendues au prix fort, une fois transformées dans le Nord. A l'inverse, on se retrouve très souvent en Afrique avec des médecins, des administrateurs civils, dont la majorité est au chômage. En cause : le manque criant d'infrastructures.

Par ailleurs, les Africains doivent renouer avec leur histoire, leur patrimoine culturel, leurs identités spirituelles, pour mieux se connaître et regarder dans une direction commune : celle de la prospérité. Les États Africains doivent redéfinir leur coopération avec leurs partenaires historiques occidentaux. Cela passe notamment par l'obligation, pour toute entreprise occidentale, de s'associer au tissu industriel local, dans l'élaboration des grands projets. Des fleurons industriels africains verront forcément le jour à travers le transfert de compétences technologiques acquis durant leur partenariat stratégique.

De plus, les secteurs public et privé doivent incontestablement créer des synergies pour favoriser l'emploi et l'émergence d'une classe moyenne, moteur par excellence de la croissance économique d'un pays en voie de développement.

Enfin, l'entreprenariat ne doit plus être considéré, en Afrique, comme une mission impossible au point d'envier la fonction publique caractérisée par un enrichissement illicite spectaculaire. Les futurs leaders et capitaines d'industries contribueront, en grande partie, à résorber le chômage massif des jeunes, ce que nous ne pouvons plus attendre des pouvoirs publics.

Si vous étiez élu chef de l'État de votre pays, dans les 24 heures, quelles seraient vos trois premières décisions ?

(Rires) Pour être élu chef de l'État, il faudrait déjà aspirer à occuper ces hautes fonctions ! Plus sérieusement, je m'identifie davantage à un entrepreneur-citoyen remplissant son devoir civique. Je laisse la politique aux politiciens.

Pour finir, en répondant à votre question, je rejoins ce mot de son excellence le Président de la République du Cameroun, Paul Biya Bi Mvondo, se prêtant à un exercice de questions-réponses : « n'est pas Président au Cameroun qui veut, mais qui peut. »

LISTE DES SIGLES ET ABRÉVIATIONS

ACP : Afrique, Caraïbes, Pacifique

AFEM : Association des Femmes Entrepreneurs du Maroc

ASEAN : Association of Southeast Asian Nations (Association des nations de l'Asie du Sud- Est – ANASE)

AUF : Agence Universitaire de la Francophonie

BAD : Banque Africaine de Développement

BCPME : Banque Camerounaise des PMEs

BRICS : Brésil, Russie, Inde, Chine et Afrique du Sud

BTS : Brevet de Technicien Supérieur

CAMES : Conseil Africain et Malgache pour l'Enseignement Supérieur

CEAN : Centre d'Études de l'Afrique Noire

CEDEAO : Communauté Economique des États de l'Afrique de l'Ouest

CEEAC : Communauté Economique des États de l'Afrique Centrale

CEFDHAC : Conférence des Forêts Denses et Humides d'Afrique Centrale

CEFIC : Conseil Européen de l'Industrie Chimique

CEO : Chief Executive Officer

CGEM : Confédération Générale des Entreprises du Maroc

CODESRIA : Conseil pour le Développement à la Recherche en Sciences en Afrique

COMIFAC : Commission des Forêts d'Afrique Centrale

CTIC : Croissance TIC

DESS : Diplôme d'Etudes Universitaires Générales

DEUG : Diplôme d'Etudes Supérieures Spécialisées

EBAD : Ecole de Bibliothécaires, Archivistes et Documentalistes

EHED : École des Hautes Études de la Décision

EPITECH : École pour l'Informatique et les nouvelles Technologies (European Institute of Information Technology)

ESAM : École Supérieure des Arts Modernes

ESG : École Supérieure de Gestion

ESSEC : Ecole Supérieure des Sciences Economiques et Commerciales

FNUAP : Fonds des Nations Unies pour la Population

GTZ : Agence de Coopération Internationale Allemande pour le Développement

HEIP : École des Hautes Études Internationales et Politiques

IBMT : Institut Britannique de Management et des Technologies

IFA : Initiative For Africa

IGAD : Intergovernmental Authority on Development

IHECS : Institut des Hautes Études des Communications Sociales

INSEEC : Institut de Hautes Etudes Economiques et Commerciales

IRIC : Institut des Relations Internationales du Cameroun

ISCAE : Institut supérieur de commerce et d'administration des entreprises

ISCOM : Institut Supérieur du Commerce

ITB : Institut Technique de Banque

CNAM : Conservatoire national des arts et métiers

LMD : Licence, Master et Doctorat

MBA : Master of Business Administration

MENA : Moyen-Orient et Afrique du Nord

MINUSCA : Mission intégrée multidimensionnelle de stabilisation des Nations Unies en République Centrafricaine

MPA : Master of Public Affairs

MVNO : Mobile Virtual Network Operator

NASA : National Aeronautics and Space Administration (Administration nationale de l'aéronautique et de l'espace)

NEPAD : Nouveau Partenariat pour le Développement de l'Afrique

NTIC : Nouvelles Technologies de l'Information et de la Communication

OCDE : Organisation de Coopération et de Développement Économiques

OHADA : Organisation pour l'Harmonisation en Afrique du Droit des Affaires

OIF : Organisation internationale de la Francophonie

OMC : Organisation mondiale du commerce

OMD : Objectifs du Millénaire pour le développement

OMS : Organisation mondiale de la Santé

ONU : Organisation des Nations unies

PME : Petites et Moyennes Entreprises

PMI : Petite et moyenne industrie

PPA : Parité de Pouvoir d'Achat

PwC : PricewaterhouseCoopers

RDC : République Démocratique du Congo

REJEFAC : Réseau des Jeunes des Forêts d'Afrique Centrale

RSE : Responsabilité Sociétale des Entreprises

TIC : Technologies de l'Information et de la Communication

TPE : Très Petite Entreprise

TVA : Taxe sur la Valeur Ajoutée

UA : Union Africaine

UE : Union Européenne

UEMOA : Union Economique et Monétaire Ouest Africaine

ULAJE : Union Littéraire et Artistique de la Jeunesse

UNCTAD : United Nations Conference on Trade and Development (Conférence
des Nations unies sur le Commerce et le Développement – CNUCED)

UNEP : United Nations Environment Programme (Programme des Nations Unies
pour l'environnement)

UNESCO : United Nations Educational, Scientific and Cultural Organization (Organisation des Nations unies pour l'éducation, la science et la culture)

UNICEF : United Nations of International Children's Emergency Fund (Fonds des
Nations Unies pour l'Enfance)

USAID : United States Agency for International Development (Agence des États-
Unis pour le développement International)

INDEX

INDEX DES ENTREPRISES

INDEX DES PRIORITÉS